W0404217

UNE VIE
POUR LES AUTRES

L'aventure du père Ceyrac

Du même auteur

Le Sérail, histoire d'une promotion de l'ENA, avec Jean-Michel Blanquer, Perrin, 1995.

Manifeste contre la pauvreté, avec Martin Hirsch, Oh ! Editions, 2004.

Jérôme Cordelier

UNE VIE POUR LES AUTRES

L'aventure du père Ceyrac

PERRIN
www.editions-perrin.fr

ISBN : 2-262-02074-4

A nos racines,
à nos rêves.

AVANT-PROPOS

J'ai rencontré pour la première fois le père Ceyrac à Paris, envoyé par la rédaction du magazine *Le Point*. Il a surgi dans la nuit d'une fin d'après-midi d'automne, la silhouette filiforme enroulée dans un pardessus gris, une écharpe indienne autour du cou. Sa démarche était hésitante, on aurait dit un boxeur groggy sortant d'un ring. Nous avions rendez-vous pour un portrait, exercice auquel le père Ceyrac se pliait de mauvaise grâce. « Pourquoi voulez-vous parler de moi ? Je ne suis pas intéressant, je ne fais rien, je suis aux côtés de mes amis indiens, c'est tout », disait-il. Nous avions discuté pendant plus d'une heure. A la fin de l'entretien, il s'était exclamé : « Vous, vous viendrez en Inde ! »

A l'époque, j'étais à cent lieues d'imaginer que cette prédiction se réaliserait un jour – et de cette manière.

Quelque temps plus tard, Xavier de Bartillat, directeur des éditions Perrin, m'a proposé d'écrire la biographie du père Ceyrac. Je dois dire qu'au début j'ai hésité. Il s'agissait d'un projet de longue haleine, l'intéressé avait refusé toutes les propositions dans ce sens qui lui avaient été faites, et j'avoue sincèrement que, contaminé par l'air du temps, l'idée d'écrire un livre sur un prêtre ne m'enthousiasmait pas outre mesure. Je craignais l'austérité du sujet.

Comme j'avais tort...

Après avoir pris quelques assurances auprès de Véronique Ponchet-Harris, nièce du père Ceyrac, et de Maurice Joyeux, l'un de ses cadets jésuites, me voici parti dans l'aventure... A commencé alors une « course-poursuite » avec le père Ceyrac, qui a duré près de deux ans. « Je ne suis pas intéressant, je ne fais rien... » Combien de fois l'ai-je entendue cette phrase ? Ceux qui le connaissent le savent : l'homme n'est pas du genre à s'asseoir derrière une table ou dans un fauteuil confortable pour raconter ses batailles. C'est peu de dire qu'au début il s'est montré réticent au projet... Sans, toutefois, jamais me fermer sa porte.

Pendant près de deux ans, j'ai tenté de suivre les traces du père Ceyrac, entre Paris, la Corrèze, le Lot et l'Inde, j'ai interrogé ses frères et sa sœur, ses proches, ses amis, et nombreux témoins qui l'avaient connu aux différentes périodes de sa vie, j'ai essayé de reconstituer son histoire, le destin exceptionnel de cet homme qui, parti de France en 1937, a traversé l'histoire de l'Inde et du Cambodge, sans jamais dévier de sa ligne de vie : le service des plus pauvres. Mais l'entreprise – évidemment – aurait été vaine si le père Ceyrac n'avait pas accepté, chemin faisant, de se confier. Ce livre s'est écrit en voyage, dans des voitures, des trains, sur des coins de table, comme cela, par petits bouts, en suivant le mode de vie du père Ceyrac – et le cheminement de sa mémoire. Au terme de cette aventure, je n'ai pas la prétention d'avoir réussi à percer les nombreuses facettes de cet homme hors du commun.

Avant-propos

Comment enfermer une personnalité aussi vivante dans un livre ? Eternel homme du mouvement dévoué aux autres, le père Ceyrac restera toujours un personnage à la fois familier et insaisissable. Et c'est tant mieux.

J.C.

PROLOGUE

Combien de fois a-t-il remonté ce quai d'Egmore Station ? Combien de fois a-t-il pris le Pandian Express de 21 h 30 qui relie Chennai (Madras) à Madurai, à cinq cents kilomètres plus au sud du pays ? Il n'a jamais compté. Ce voyage, il l'a accompli à des dizaines, des centaines de reprises. Allongé dans un train, ou bien assis dans une voiture, calé dans un bus, juché sur une moto... Chennai-Madurai : il pourrait suivre la route les yeux fermés. Depuis près de soixante-dix ans, il sillonne le sud de l'Inde. Il sait tout du pays tamoul, son pays, sa patrie, sa terre, il en connaît tous les détours, tous les replis, le plus petit village, le moindre monticule, chacun des visages, les lignes des paysages, les rides du peuple, ces « pauvres gens à l'allure de gentilhommes », comme il ne cesse de les célébrer... Des milliers de kilomètres parcourus, des milliers de visages croisés. Près de soixante-dix ans de vie indienne. Pas un jour sans une rencontre... Que voulez-vous ? Il ne tient pas en place...

Ce n'est pas l'âge qui va y changer quoi que ce soit. Toute sa vie durant, il a filé vers l'avenir, droit, sans s'attarder sur le présent... Bien sûr, aujourd'hui, ses jambes sont plus lourdes qu'autrefois. Mais le cœur lui est d'une fidélité à toute épreuve. On peut être nonagénaire et continuer à être porté. En avant. Toujours plus loin. On le voit à sa démarche, alors même que la vieillesse la ralentit : son torse et sa tête précèdent ses jambes, il est comme tiré vers l'avant. Le buste gonflé et la tête tendue vers le ciel... Tant qu'il peut avancer, il ne s'arrêtera pas....

Sur le quai d'Egmore Station, il passe à un étal acheter quelques biscuits, une bouteille d'eau, la presse du jour, *The Hindu*, le quotidien, et les hebdomadaires, *India Today*, *The Week*, *Outlook*, *Front Line*, il y a le choix... Quelles sont les nouvelles ? Il a ses habitudes. Le lieu lui rappelle – un peu – la gare d'Austerlitz, à Paris, celle d'où l'on part pour la Corrèze, *sa* Corrèze, cette terre où il est née et qu'il a quittée, en 1937, à l'âge de vingt-trois ans, pensant ne plus jamais revenir, pour devenir missionnaire ici, en Inde... Depuis 1937... De ce pays, cet homme au visage cuivré, au corps décharné, aux vêtements rapiécés, a épousé le destin, vécu les élans et les catastrophes, connu les seigneurs et les misérables... Toute sa vie, discrètement, il aura navigué entre la petite et la grande histoire, entre l'Occident et l'Orient, entre ceux qui ont tout et ceux qui n'ont rien. *Coffee... coffee...coffee...* Une bonbonne à la main, d'une voix saccadée, les petits porteurs d'Egmore Station interpellent les voyageurs à l'entrée des wagons.

Il écoute, il regarde, il hume l'ambiance. Il a toujours aimé les gares. Il se souvient qu'à une époque, dans Howrah Station, la plus ancienne et la plus connue gare de Calcutta, les gens naissaient, mouraient, faisaient l'amour... Les gares, les hôpitaux, il n'existe pas de meilleurs lieux pour connaître l'Inde. Ah ! flâner sur les quais. Cette vie qui grouille, ces grappes d'hommes, de femmes, d'enfants qui mangent, dorment, jouent, tous par terre... Arriver au petit matin dans une gare, ouvrir la porte du wagon alors que le train roule toujours, se tenir sur le marchepied et sortir la tête au-dehors, pour s'enivrer des odeurs, contempler les paysages, voir les hommes qui partent au travail, les enfants dans leurs petits uniformes qui s'amusent sur le chemin de l'école, la journée qui s'éveille... Il connaît par cœur le plan ferroviaire de l'Inde, les gares de départ, les gares d'arrivée, les correspondances. Sur la route, bloqué à un passage à niveau, il faut le voir sauter de la voiture, se faufiler sous la barrière, guetter le train annoncé, la main en visière, au milieu de la voie... Puis, regarder passer ces convois indiens interminables, compter les wagons – ils sont jusqu'à soixante-quinze, parfois.

Les ports, les aéroports, ce n'est pas la même ambiance, pas les mêmes émotions. La vie y est moins présente. Les départs par bateaux sont trop lents, trop tristes. Les avions sont l'apanage des riches, personne ne se parle dans les aéroports...

Il trotte le long du Pandian Express, commentant l'actualité du jour. Il cherche son wagon, un « Sleeper Class II », la dernière catégorie, une simple banquette, sans draps ni couverture, l'air qui passe à travers les fenêtres ouvertes... Vous trouvez cela inconfortable, vous ? Ah bon ! Du doigt, il cherche son nom et la place qui lui est assignée sur la liste des voyageurs affichée à l'entrée.

Il grimpe dans le train, son petit sac à dos sur l'épaule – il voyage toujours léger – dans lequel il a mis un pantalon, une chemise de rechange, un châle, son bréviaire usé jusqu'à la corde et dont il ne se sépare jamais, les lettres auxquelles il doit répondre, et des liasses de billets de banque, des centaines de milliers de roupies, pour donner.

Il n'est pas mécontent de quitter Madras. Enfin, quelques jours de répit. C'est un homme harcelé à la résidence du Loyola College. Jamais tranquille. Le téléphone, incessant. Les dizaines de mendiants qui le poursuivent dans les galeries du Loyola College, jusque devant la porte de sa chambre. Il a de plus en plus de mal à supporter. Trop de misères. Trop d'angoisses. Il a besoin de repos et de silence. Le train s'ébranle. Il se recroqueville sur sa banquette, et cherche le sommeil, bercé par le roulis ferroviaire. Le père Pierre Ceyrac descend vers le sud.

PREMIÈRE PARTIE

La formation

CHAPITRE 1

DES RACINES FRANÇAISES

L'histoire a débuté dans le sud-ouest profond de la France, sur une terre qui fut naguère l'un des plus importants fief du royaume. Du IXe au XVIIIe siècle, la vicomté de Turenne s'étendait sur trois provinces – une partie du bas Limousin, du haut Quercy et du Périgord sarladais – et trois évêchés. Les seigneurs des lieux régnaient sur cent mille habitants, cent onze paroisses et mille deux cents villages. Leurs pouvoirs étaient presque souverains ; le roi les avaient exempts d'impôts, ils avaient le droit de réunir des états généraux, de battre monnaie, d'anoblir. Ils portaient des noms illustres – les Comborn, les Roger, comtes de Beaufort, les Comminges, les La Tour d'Auvergne... Ils ont mené des croisades, donné au catholicisme les papes Clément VI et Grégoire XI, et fourni à la Couronne des bataillons de combattants et des cohortes de courtisans...

La destinée de ces vicomtes de Turenne s'est arrêtée cinquante ans avant la révolution, en 1738, lorsque Charles Godefroy de Bouillon vendit le glorieux héritage au roi Louis XV, pour acquitter des dettes de jeu... Mais si l'on peut dilapider une fortune, on n'efface pas une mémoire ancrée dans un territoire neuf siècles durant. L'empreinte des vicomtes de Turenne n'a jamais disparu. Leur souvenir reste vivace de nos jours encore dans cette forteresse qui fut leur demeure principale et continue de défier les environs, depuis le sommet de la tour César où grimpent désormais, chaque année, des milliers de touristes. Il est inscrit dans les vieilles pierres des alentours, les restes d'un castel, d'une bastide, ou encore dans ce village qui porte toujours le nom que lui avait donné Raymond Ier de Turenne de retour de la première croisade, un patronyme de Terre sainte qui surgit comme une incongruité au beau milieu du terroir français : Nazareth.

La famille Ceyrac est imprégnée de ce long passé. Ses racines plongent dans les fondations de ce territoire. Ses premiers ancêtres connus à ce jour vivaient déjà à la fin du règne de Charles V, pendant la guerre de Cent Ans, dans la cité de Collonges qui avait été érigée en châtellenie par les vicomtes de Turenne. Sous leur influence, les Ceyrac devinrent calvinistes en 1570 avant d'abjurer leur foi devant l'évêque de Limoges en 1685 et de revenir dans le giron catholique. Les Ceyrac constituent l'une de ces vieilles familles françaises soudée par l'histoire, les traditions, une culture transmise de génération en génération, avec ses légendes, ses hautes figures et même ses propres expressions. Les membres de cette tribu ont de tout temps versé leur tribut à l'Eglise et à l'Etat. Certains se sont faits religieux et religieuses, d'autres se sont consacrés, depuis 1815, à la vie politique nationale – plutôt du côté de la droite.

Ils forment un clan aux ramifications multiples – qui

s'enorgueillit même d'un aïeul, par alliance, Karl Simrock, éditeur de Brahms, de Beethoven et de *La Flûte enchantée* de Mozart... Un clan enraciné en France, entre le Massif central et la vallée de la Dordogne, dans cette basse Corrèze à laquelle ceux qui y sont nés restent attachés jusqu'à la mort, une terre moins aride que les plateaux du Limousin mais moins riche que les sols du Quercy, à mi-chemin de la rude Auvergne et de l'avenant Midi.

La famille a ses attaches sur une petite portion de ce territoire, entre Collonges et Meyssac, deux villages distants d'une poignée de kilomètres, lorsque la terre devient de grès rouge, par l'effet d'une faille géologique. Les Ceyrac sont établis à Collonges depuis le XVIe siècle, et logent, depuis la fin du XVIIe siècle, dans une maison de maître tout en sobriété, à l'écart du bourg, dénommée « La Serre ». Celle-ci est devenue une « maison de campagne » quand, en 1823, Jean-François Ceyrac de La Serre a acquis la charge de notaire du bourg voisin, Meyssac, et a dû s'engager à habiter au siège de l'étude. La famille a, donc, déménagé à deux kilomètres. Le nouveau notaire a acheté une grande maison de ville sur la place centrale du Jet-d'Eau, à l'angle de la Grand-Rue, belle bâtisse typique, sans fantaisie architecturale – façade en grès rouge, petits balcons en fer forgé, toit en tuiles d'ardoise. La maison et l'étude ne sont depuis jamais sorties de la famille. Les Ceyrac sont notaires de père en fils à Meyssac depuis le début du XIXe siècle. Bernard a hérité de l'étude et de la maison de son père Jean-François, et il a transmis l'ensemble à son fils Paul.

Un mètre quatre-vingts, des cheveux blond-roux, des

yeux bleu-vert électrique, un léger embonpoint et une moustache qui frise... Paul Ceyrac ressemble a une gravure de la IIIe République. Celui-ci vient de reprendre, le 31 juillet 1910, le siège de conseiller général du canton que son père avait perdu face à la gauche, en 1886. Comme le fut son père, et comme le furent ses aïeux avant lui, Me Paul Ceyrac est un notable de Meyssac.

A l'époque, un notaire est une personnalité importante. Il traite de toutes les questions de droit rural et familial : contrats de mariage, achats et ventes de biens immobiliers, actes de notoriété (les cartes d'identité n'existent pas), successions, donations... Il est bailleur de fonds, gestionnaire des biens familiaux et, le cas échéant, le récipiendaire des secrets – pour les paysans, le notaire est alors l'homme de conseil que l'on vient voir, il représente la loi.

L'homme est doté d'une constitution robuste, d'un caractère joyeux, et d'un bon coup de fourchette. Mais, à trente-deux ans, il vit toujours seul, dans la maison familiale de la place du Jet-d'Eau, avec ses parents qui commencent à vieillir – Bernard a soixante-treize ans, Amélie, soixante-neuf ans – et sa jeune sœur Jeanne – elle a vingt-trois ans. Paul n'est pas encore marié. Mais deux sœurs de Saillac, Mme de Nucé et Mlle Séguré, guettent le sémillant notaire du coin de l'œil. Les deux femmes sont entremetteuses – un genre d'office fréquent à l'époque, surtout à la campagne. Elles connaissent une jeune fille qui vit chez son père, dans le Lot : Suzanne Murat de Montaï. Elle a vingt-cinq ans, les cheveux très bruns, le teint mat, les yeux noirs... Elle paraît intelligente, robuste, vive. Et elle descend d'une famille de la noblesse de robe, lignée de juristes établie dans le village d'Assier depuis 1422. Cette petite

Suzanne ferait avec certitude une bonne épouse pour Paul.

La jeune fille a perdu sa mère quand elle était âgée de huit ans. Elle a passé son enfance avec son frère Jacques dans une grande maison en pierres blanches typique du Lot – façade XVIIIe siècle, arrière XIVe. Le père, un ancien banquier, devenu veuf jeune, est un homme d'un autre siècle qui gère ses domaines et, chaque jour, se rend à son cercle à Figeac, en tilbury. Les enfants sont confiés aux soins du couple de domestiques – aux soins, c'est beaucoup dire : ceux-ci ne cessent de se disputer... Les immenses pièces vides, chaudes l'hiver, froides l'été, le silence, pesant... Dans cette atmosphère terrible, une petite fille est condamnée à s'endurcir.

Suzanne a grandi seule sans mère, au milieu de cet univers confiné, Paul, lui, a été « couvé » par sa mère et ses neuf sœurs. Elle est froide, il est chaleureux. Elle est dure, très autoritaire, lui est un homme dans la force de l'âge, plutôt souple, conciliant. Elle est d'une ténacité à toute épreuve, ne se met jamais en colère, mais ne cède pas, il est volubile, emporté, parfois coléreux, « soupe au lait » comme l'on dit aujourd'hui. Ils ont grandi à une soixantaine de kilomètres de distance l'un de l'autre. Mais ils appartiennent à deux « planètes » différentes. La Dordogne les sépare. Paul vient d'une Corrèze à la nature profonde, vallonnée, couverte de châtaigniers. Suzanne, née à Marvejols et élevée à Assier, a grandi sur les plateaux rugueux des Causses. L'apparence physique est souvent trompeuse. Taillé à la hache, il est sentimental – on le lit dans ses yeux clairs. Petite, c'est un roc.

Qui pourrait croire à ce couple, sauf à verser dans les

clichés de roman de gare ? Il est vrai qu'à l'époque, surtout dans les campagnes, on ne tergiverse pas. La rencontre entre les futurs époux est arrangée dans un salon de thé discret de Brive-la-Gaillarde, à l'enseigne de « Noïde ». Suzanne arrive escortée de son père, Gabriel, Paul est accompagné de son frère, Henri. Ils ne se sont jamais vus, parlé, écrit auparavant ; ils se sont tout juste aperçus quelques heures plus tôt dans le train, à distance – en montant à la gare des Quatre-Routes, Paul et son frère ont jeté un petit coup d'œil en passant à Suzanne...

Ce sont deux inconnus qui se présentent l'un à l'autre ce jour-là chez « Noïde ». Mais on est entre gens du monde. Gabriel Murat de Montaï, ancien banquier, propriétaire terrien, est un homme distingué, séduisant, raffiné. Henri Ceyrac, commissaire principal de la Marine, est un conteur talentueux. L'affaire ne traîne pas. Quelques mois après leur rencontre, le 11 mai 1911 à Assier, Paul Ceyrac épouse Suzanne Murat de Montaï. Ils convolent en voyages de noces à Paris. A leur retour, les deux époux s'installent dans la maison de la place du Jet-d'Eau. Un fils, François, naît en septembre 1912, puis un second, Pierre, un an et demi plus tard...

*

Ce 4 février 1914, Pierre vient au monde dans la grande chambre du deuxième étage de la demeure familiale – celle qui donne sur la place, avec vue imprenable sur l'église. Son frère François est né dans la même pièce. Ses cadets Jacques, Bernard, Charles, et sa sœur Alix y naîtront aussi. Et, à chaque fois, pour tous les enfants, la même sage-femme préside à l'accouchement, Mme Brunie. Les Ceyrac n'ont pas l'habitude de déroger aux traditions. Paul, le père, était né dans la chambre voisine, comme ses douze frères et sœurs...

Me Paul Ceyrac a à peine le temps de profiter de son nouveau fils. Six mois après la naissance de celui-ci, le notaire doit quitter, en quelques heures, sa femme, ses deux enfants, son étude de notaire, Meyssac... La guerre a éclaté, il a trente-six ans, il est mobilisé pour le front. Le 20 août 1914, le soldat Ceyrac reçoit sa feuille de route. Il fera la guerre comme obscur canonnier de seconde classe comme il y en eut des milliers, à l'arrière.

Il est simple « troufion », mais se sait dans une position privilégiée. Paul Ceyrac ne fait pas partie de la « chair à pâté » comme il dit. « Les malheureux fantassins !, écrit-il dans une lettre à son père signée d'Arras, le 30 novembre 1914. Quelles pertes n'éprouvent-ils pas ! C'est l'arme sacrifiée. Nous les voyons partir aux tranchées le soir et quand au matin, ils reviennent, leurs rangs se sont éclaircis. Quelquefois, j'ai presque honte de notre sécurité relative. »

En partant, en août 1914, Paul pensait être de retour deux ou trois mois après, au plus tard à Noël, la guerre lui prendra quatre ans de sa vie. A quoi sert-il ? Il se sent inutile au combat, alors qu'à Meyssac on a besoin de lui. Comment s'en sort Suzanne ? En épousant Paul, la jeune fille solitaire a été propulsée dans une famille de treize enfants, très soudée, très catholique, son mari est à la guerre, elle doit se débrouiller avec quatre enfants – deux autres sont nés après François et Pierre, à la faveur des permissions du père : Jacques, en 1915, puis Bernard, en 1917 –, elle cohabite dans une maison qu'elle ne connaît pas avec ses beaux-parents, Bernard et Amélie... La proximité n'est pas toujours facile à supporter, même avec des nerfs aussi endurcis que le sont ceux de Suzanne... Quand celle-ci décide un jour de prendre un peu de champ et de retourner chez son père à Assier avec ses enfants, son beau-père s'alarme tout de suite dans une lettre à son fils de cette « fuite précipitée » et s'inquiète déjà de ne pas revoir ses petits-enfants. Il faut toute la diplomatie de Paul pour, du front, lettre après lettre, pacifier les relations... Quatre mois plus tard, Suzanne est de retour à Meyssac. La guerre de sa mère, c'est la première image que Pierre retiendra de la vie. Suzanne, épuisée, sortant de chez eux, le prenant par la main de ferme en ferme pour « ramasser » de la nourriture, un peu de pain par-ci par-là, des pommes de terre, des œufs, du lait pour ses enfants...

Pendant ce temps, sur le front, le soldat Ceyrac s'angoisse. Son étude de notaire va-t-elle survivre à son absence ? La petite entreprise, en équilibre précaire, est menacée. Dans l'urgence de son départ, Paul a juste eu le temps de demander au président du tribunal civil de Brive-la-Gaillarde la permission de confier les rênes à son père, notaire honoraire. Mais celui-ci a tout de même soixante-dix-sept ans et doit se démener, seul, avec les clients et les dossiers. Presque chaque jour, le père écrit à son fils qui, tant bien que mal, au milieu des combats, tente de gérer à distance ses affaires...

A mesure que les années passent, l'artilleur Ceyrac perd pied. Le 20 mai 1916, il est à la Mort-Homme, pendant la bataille de Verdun, le plus grand duel d'artillerie de la guerre. Début janvier 1917, à l'occasion d'une permission à Paris, devant ses sœurs, Madeleine, religieuse près de Versailles, Gabrielle et Marguerite, qui est alors ambulancière, Paul apparaît « exceptionnellement triste, déprimé ». « Je ne serais pas surprise, s'inquiète Gabrielle, dans une lettre à son père du 9 janvier 1917, qu'une certaine faiblesse physique n'accentue chez lui ces impressions noires qu'il a sur toute la ligne. Il m'a frappé par sa maigreur. Il a une tendance visible à se voûter. Il marche comme un homme fatigué, las, qu'on viendrait de décharger d'un poids très pesant. »

Paul Ceyrac est démobilisé en août 1918. Son retour à Meyssac est le premier souvenir d'enfance de ses deux fils aînés. « Je revois mon père dans le hall de la maison, rentrant de la guerre, sous une énorme masse de tissus, vêtu comme au combat avec sa capote, ses bandes molletières, ses godillots, son casque à la main », raconte François Ceyrac.

François a six ans, son frère Pierre, quatre ans. Ils vivent la guerre de 14 racontée par les adultes. Celle-ci fait partie de leur éducation. Leur père ne figure pas parmi les millions de morts au combat, il n'a pas été gazé, il n'a pas eu « la gueule cassée » ou un membre arraché... Mais la guerre provoque de multiples dégâts collatéraux. Ses fils percevront bien que leur père a laissé une grande part de lui-même sur les champs de bataille. Il ne leur confiera jamais l'horreur des combats, les angoisses pour ses affaires, sa famille, les tortures morales, l'ennui, la faim, le froid, la jaunisse, les bronchites, sa douleur à la mort – à la Pentecôte 1917 – de son père qui l'a suppléé à son étude, cet enfer de quatre ans qu'il portera après, comme un fardeau, toute sa vie durant. Paul Ceyrac ne recevra aucun dédommagement, même symbolique, pour service rendu à la patrie ; il ne sera jamais distingué, ni même simplement remercié par l'Etat. Pourtant, nul doute que ces quatre années pèseront à l'avenir dans la maison de la place du Jet-d'Eau, à Meyssac, et influeront sur l'enfance des petits Ceyrac.

Des cent mille hommes mobilisés en Corrèze, quatorze mille cinq cent trois ne sont pas revenus des combats. Parmi eux, soixante étaient originaires de Meyssac.

CHAPITRE 2

UNE ENFANCE PROTÉGÉE

Les noms de chacun de ces hommes sont gravés sur des monuments aux morts dont l'inauguration, dans l'immédiat après-guerre, ponctue la vie des villages. Ces stèles, souvent entourées d'un petit périmètre sacré, deviendront vite emblématiques des campagnes françaises. Ce sont des morts que l'on honore, mais la patrie que l'on célèbre. Chaque inauguration est prétexte à communion républicaine. Les anciens combattants défilent à travers la commune, drapeaux tricolores en bandoulière, fanfare en tête, suivis par un long cortège qui rassemble toute la population des environs. Sur le canton de Meyssac, Paul Ceyrac marche dans les premiers rangs. Le canonnier n'a pas été distingué pour faits de guerre, mais le conseiller général inaugure les monuments aux morts.

Après quatre ans de guerre, Paul a enfin retrouvé « son » Meyssac. A nouveau, les jours de foire – les 14 et 29 de chaque mois – la foule piétine dans la poussière de la place du Jet-d'Eau, où s'entremêlent hurlements de bêtes et harangues humaines. Les gros veaux limousins, les vaches, les porcs beuglent, meuglent, grognent... Les camelots interpellent le chaland, des chanteurs entonnent des ritournelles, quelques rebouteux en profitent pour proposer leurs miracles. Nombre de paysans ont parcouru à pied jusqu'à vingt à trente kilomètres pour mener leurs bêtes à la foire de Meyssac. La vie de ce bourg de mille deux cents habitants se déroule autour de cette place qui doit son nom à la fontaine construite en 1871. Ce jet d'eau est un point de rendez-vous, où l'on échange les dernières rumeurs. Deux fois par jour, le matin et le soir, passent les troupeaux de vaches, d'ânes et de chèvres. Chacun va son train de ce « pas ample et lent » des villageois d'antan qu'évoque l'écrivain Claude Duneton.

Les Ceyrac sont aux premières loges. Leurs fenêtres donnent de plain-pied sur la place. On a peine à imaginer de la rue l'immensité des lieux. On ne croit pas non plus que derrière cette façade plutôt simple se cache un enchevêtrement de pièces, de recoins desservis par des couloirs et des escaliers en colimaçon. Au rez-de-chaussée : deux boutiques – une épicerie et un coiffeur pour hommes –, la cuisine et l'étude notariale de Me Paul Ceyrac. Puis, au premier étage, la salle à manger, le salon, et la salle de billard, avec ses hautes fenêtres, grandes et bien proportionnées, sa belle bibliothèque, sa grande cheminée de chêne Louis XV, son billard acheté dans une vente en 1924, son chauffage central et son grand fauteuil Directoire. Un second bâtiment, sur le jardin, renferme quatre chambres à l'étage, et, au rez-de-chaussée, un petit logement pour les domestiques. Les deux édifices sont séparés par une cour, avec son gros platane, le bûcher, l'écurie pour le cheval, la buanderie où en hiver se cuisine le cochon – la bête, le ventre ouvert, pend des heures à la branche de l'arbre, avant qu'on la coupe en morceaux... Au bout se situe un petit jardin, bordé d'une allée de tilleuls.

La famille Ceyrac s'est reconstituée, après ces quatre années de séparation. Ce bonheur retrouvé transparaît sur une photographie de 1926 où les parents encadrent leurs six enfants. Paul, le père, à droite, semble un rien emprunté, Suzanne, la mère, à gauche, fixe l'objectif, portant dans ses bras la petite dernière, la seule fille, Alix, deux ans à peine. Et au milieu, se tient la troupe des garçons, culottes courtes et pulls bleu marine, d'où se détachent François, l'aîné, visage fermé, regard droit, et Pierre, le deuxième, la mine frondeuse, l'air méfiant, yeux grands ouverts – comme sa mère. Les trois autres semblent plus à la peine. Jacques et Bernard sont comme absents, Charles donne l'impression de s'ennuyer – à sept ans, on a autre chose à faire que de songer à la postérité...

Peu à peu, de retour de guerre, Paul Ceyrac a repris ses habitudes. La vie suit son cours tranquillement, même si la concurrence professionnelle est tendue. Avant 1914, ils n'étaient pas moins de quatre notaires installés sur le canton de Meyssac – trois au bourg, le quatrième à Turenne. Au début des années vingt, ils ne sont plus que deux. Edouard Blanc – qui a succédé à son père, lui aussi – a racheté les deux autres études rivales, qui ont périclité pendant la guerre. Mes Ceyrac et Blanc exercent – et vivent avec leurs familles – à quelques mètres l'un de l'autre. Mais leurs rapports se bornent à de simples échanges de politesse quand ils se croisent dans la rue. Bonjour, bonsoir, voilà... Les dames se fréquentent, mais les hommes s'ignorent. Edouard est licencié en droit, roule en automobile et a onze enfants, quand Paul n'a pas fait d'études supérieures juridiques, circule encore à cheval et n'a *que* six enfants. L'un a fait la guerre comme sous-lieutenant puis lieutenant, l'autre était simplement canonnier. Et, murmure-t-on, Adèle, la femme d'Edouard Blanc, est plus riche que Suzanne...

Paul Ceyrac porte un nom, il exerce une profession respectée. L'homme est une personnalité du canton. « Il sortait du rang habituel, il avait un esprit de noblesse, même si parfois il pouvait paraître un peu hautain », se souvient un ancien. « Il était grand, fort, il avait beaucoup d'allure, une belle prestance, renchérit un autre, l'ancien pharmacien René Puyjalon[1]. Ce genre de gens imposent du respect. Notaire, docteur, voilà qui pose une personne... »

Conseiller général, dans la foulée de la victoire du Bloc national aux législatives de 1919, Paul Ceyrac a repris la mairie tenue par la gauche depuis trente-quatre ans. Il a beau avoir des inclinations social-démocrates, dans la vie politique locale, il représente le camp de la droite. Mais les étiquettes ont-elles un sens dans cette « République au village » ? On est de droite ou de gauche. Du côté du curé ou de l'instituteur. Ou des deux. Tout dépend des circonstances... En 1919, le Dr Maurice Faige, le médecin de la famille, est l'adjoint de Paul Ceyrac à la mairie ; dix ans plus tard, chef de file des radicaux-socialistes, il ravit à celui-ci son fauteuil – qu'il occupera jusqu'en 1950. L'affaire subsistera dans la chronique familiale des Ceyrac comme le « tremblement de terre de 1929 »...

Les élections sont animées – « c'était vivant, les gars

1. René Puyjalon sera maire de Meyssac de 1977 à 1995.

galopaient dans les campagnes », lâche, avec euphémisme et nostalgie, un ancien. Mais ce sont toujours les mêmes figures qui s'affrontent, issues le plus souvent de la bourgeoisie des professions libérales – ce qui fait dire aux adversaires des radicaux qu'ils sont comme les navets : rouges à l'extérieur, mais blancs à l'intérieur.... Quand la joute tourne mal, on ferme les volets, on ne se salue plus dans la rue quelques jours... Puis, on se rabiboche – autour d'une bonne table – au gré des alliances de circonstance.

Tout village est un vase clos.

« Nous n'avions pas de voitures, on se mariait entre gens d'ici, au cimetière, presque toutes les familles de Meyssac ont encore aujourd'hui leur caveau, raconte Julien Soulier, qui tint longtemps la maison de la presse, un ami d'enfance des Ceyrac. A l'époque, le pays n'était pas très riche, la plupart des habitants vivaient de leurs terres, à la tête de petites exploitations. La population était en grande majorité composée de familles rurales et d'artisans, il n'y avait pas d'industrie. Nous restions entre nous. »

L'existence se déroule, sans drame ni fantaisie, dans la tranquillité un rien atone d'un village de la France profonde de l'après-guerre. Les Ceyrac sont des notables, ils disposent d'une cuisinière et d'une femme de chambre, mais ils ne vivent pas dans le luxe. Ils n'ont pas les moyens pour des dépenses somptuaires. Notaire de troisième catégorie, la compétence de Me Ceyrac se borne au canton de Meyssac. Ses clients ne sont pas fortunés. Son étude est une petite entreprise rurale qui emploie deux à trois personnes, dont la guerre a affecté le fonctionnement et les ressources... La vie des Ceyrac est cantonnée entre Meyssac et

Collonges. Lorsque arrivent les vacances d'été, Paul embarque la famille dans la Ford T qu'il a achetée, au début des années vingt, dans les surplus américains, jusqu'à Assier, la maison d'enfance de Suzanne, à soixante kilomètres. Parfois, ils poussent jusqu'en Lozère, à Saint-Chely-d'Ancher, chez tante Berthe, l'une des sœurs de Paul, mariée à un banquier, Maurice Clément. Mais pas plus loin.

Le début de la vie de Pierre Ceyrac coule comme une chanson douce, de part et d'autre de la vallée ondoyante de la Dordogne, à des années-lumière des drames et des souffrances que le futur missionnaire aura à affronter plus tard. C'est une enfance préservée, protégée, hors de la violence du monde, à l'écart du Mal dont Pierre constatera plus tard qu'elle fut une « joie perpétuelle ».

Dans ce conte, il n'y a pas d'ogre. Mais un château.

A Assier, en effet, face à la maison familiale se trouve un majestueux domaine bâti par Galiot de Genouillac, grand maître d'artillerie du roi, en 1535 – et dont la famille de Suzanne, les Murat de Montaï, fut propriétaire pendant plus de cent cinquante ans. Les petits Ceyrac ont annexé l'édifice. Pour signifier l'acte de propriété, ils ont gravé leurs surnoms dans les pierres : « Tom » (contraction de « petit homme ») pour François, « Roro » pour Pierre, « Manet » pour Jacques, « Nadou » pour Bernard... Ils courent dans les souterrains sombres qui débouchent dans la campagne environnante, et dont des corbeaux s'échappent en croassant...

Pendant les vacances, les enfants Ceyrac se fabriquent leur petit western à eux. Un jour, ils jouent aux cheminots avec la grande « locomobile » noire à vapeur qui tire la batteuse de blé, aux cuivres éclatants, portant une longue cheminée, et traînée par des bœufs sur les chemins caillouteux. Un autre, ils pédalent à vélo jusqu'à Rocamadour ou le gouffre de Padirac. Un troisième, souvenir mémorable, ils se plantent au milieu de la voie ferrée, ficellent leurs tabliers rouges au bout d'un bâton, et arrêtent le Paris-Toulouse.

Les Ceyrac sont de Corrèze, mais le Lot, le pays de leur mère, est leur « faiblesse », comme le dit joliment Pierre. Un beau parc d'attractions en tout cas. Un château, la « locomobile », une carriole, et la Dordogne – que Pierre appelle affectueusement « notre rivière ». Ces vacances dans le Lot représentent un avant-goût de liberté dans une vie serrée...

Dès les jeux d'enfance, les caractères se manifestent. « Nous organisions des forts dans le salon des parents, raconte François Ceyrac. J'étais le chef du premier, Pierre, du second. » François est un chef de bande-né. Il est l'aîné – cela compte –, c'est un garçon vif, batailleur. Pierre, lui aussi, sait se bagarrer, donner de la voix – la cohabitation de cinq frères, aux âges rapprochés, voilà qui forge le tempérament. Il aime l'histoire, la vieille histoire de France, les grandes batailles, l'épopée napoléonienne... Il porte une révolte en lui, on le lit dans son regard. Mais il est plus posé, plus réfléchi. François a un visage dur, qui ne transige pas et qu'assouplit un regard de velours – dont il sait jouer. Dès son plus âge, il apparaît tel qu'il sera plus tard. Avec cette tête d'un homme né pour dévorer la vie... Les traits de Pierre sont plus fins. Il est plus délicat, plus sensible – est-ce à cause de sa santé fragile ? Chaque année, en janvier ou février, sa bronchite est un sujet de tourments pour sa mère. Pierre est un garçon sentimental qui pleure assez facilement – atavisme Ceyrac ; François est un roc. L'un tient du père. L'autre, de la mère. En caractère, du moins. Car, physiquement, l'héritage s'inverse : Pierre a pris plutôt du côté de sa mère, François, de son père.

Les premiers rôles sont déjà distribués. Les deux frères sont en compétition. Mais le cadet respecte la préséance de l'aîné. Sa marge de manœuvre, de toute façon, n'est pas très étendue. Pierre est timide, et François écrase son monde. En Corrèze, on a coutume de dire du second qu'il est « tombé du banchou » – le mot désigne le petit banc à l'intérieur des cheminées. L'expression signifie qu'un cadet est toujours moins en faveur au sein de la famille...

Les deux frères sont concurrents, certainement, rivaux aussi, fatalement – même s'ils refusent de le dire. L'esprit de famille décrispe les tensions. En compétition, François et Pierre le resteront toute leur vie. En s'amusant. Chacun incarnera une famille de pensée, jusqu'à la caricature. Dans la ligne de leur mère pour l'un, de leur père, pour l'autre.

Cette part d'enfance, ce « merveilleux souvenir tendre » dont parle Pierre, les Ceyrac s'efforceront toujours de la préserver, comme l'on cultive un lieu de ressourcement. Quand ils en parlent, ils ne trichent pas – leurs yeux pétillent, le reste devient accessoire. A l'image de François Ceyrac, haute figure de l'establishment français, s'animant pour raconter ces moments, ses parents, la Corrèze et le Lot, dans son petit bureau derrière les Champs-Elysées, devant la presse du jour, des rapports économiques et les derniers livres d'actualité. Cet homme de pouvoir de plus de quatre-ving-dix ans jubile ici dans un immense éclat de rire, étouffe là un sanglot, puis, pour souligner son récit, entonne à tue-tête, près d'un siècle plus tard, *Le Chant du départ* que chantait son père et ses amis dans les rues de Meyssac après avoir pris la mairie à la gauche...

Pour Pierre, le souvenir de « cette joie perpétuelle » restera un ancrage indispensable. Une étape vitale au milieu des horreurs de l'humanité. Toute sa vie, même pendant les longues années où il en fut éloigné, le missionnaire conservera au fond de lui, comme dans un petit sanctuaire personnel, des noms, des visages, des images du « pays ». Parlez à Pierre Ceyrac de cette terre au bout du monde, vous verrez comme son visage s'éclaire...

*

Les épreuves et la nostalgie, évidemment, adoucissent la mémoire. Car si, chaque soir, Suzanne lit à ses enfants Mme de Sévigné, elle leur tient la bride sur le cou. Ils ont un rang à tenir, ils sont élevés dans cet esprit. L'éducation des enfants est au centre de la vie de famille. Mme Ceyrac, née Murat de Montaï, souhaite inculquer à ses fils et à sa fille les valeurs et les traditions auxquelles elle croit. Les enfants n'ont pas le droit de parler à table. Ils pratiquent l'escrime. L'instruction a lieu à la maison. Ils ont interdiction de « traîner dans le village ». Suzanne ne veut pas voir ses enfants « se commettre avec les gens du peuple », sauf au patronage catholique, sous la houlette d'un abbé qui organise pour les jeunes de Meyssac sorties dans la campagne, projection des films muets de Charlot – entre autres activités. Les enfants Ceyrac n'ont même pas le droit de sortir devant la maison pour jouer sur la place du Jet-d'Eau. Hors de question aussi qu'ils soient instruits à l'école laïque – celle de Jules Ferry et du petit père Combes. Suzanne apprend à lire et à écrire aux trois aînés. Puis, une préceptrice prend le relais. Une demoiselle Cheminand, d'abord, puis une demoiselle Marie-Louise Aymé, qui instruit les enfants Ceyrac, dans une salle de cinquante mètres carrés qu'a trouvée leur père à proximité de la maison. « Mlle Aymé », comme on l'appelle, demandera un jour à ses élèves d'écrire une composition française sur un sujet de leur choix. Pierre choisira de raconter le sauvetage de quelqu'un qui se noie... Cela ne s'invente pas. Le missionnaire point déjà sous le petit garçon en culottes courtes. Après les cours de Mlle Aymé, le curé de Saillac, l'abbé Combretoux, grand blessé de guerre – il a été trépané en 1914 – leur dispense des leçons particulières de latin et de grec.

Suzanne Ceyrac gouverne son foyer la poigne serrée. C'est une femme de caractère élitiste et monarchiste – personne ne lui fera changer d'avis. Elle est Action française, comme une bonne partie de la famille – et comme le seront ses fils François et Bernard (celui-ci sera même président de la section Action française à l'Ecole libre des sciences politiques, avant-guerre). Jusqu'à un certain point, tout de même... « Quand, en 1926, se souvient Bernard Ceyrac, Pie XI a condamné l'Action française, la famille est rentrée dans le rang, parce que nous sommes très papistes. Nous étions anti-munichois, désirant que la France s'affirme après les années néfastes du Front populaire. Mais nous étions antifascistes, anti-hitlériens. Nous étions de droite, nous l'assumions. Mais, pendant la guerre, quand Maurras a basculé complètement à droite, il avait des positions que nous ne pouvions plus assumer... » Son frère François Ceyrac partage les mêmes convictions.

« Je suis resté toute ma vie monarchiste, sauf pendant trois mois à l'Ecole normale supérieure, sous l'influence d'un petit groupe dirigé par Georges Pompidou, confie François Ceyrac, sans ambages. Je suis plutôt réactionnaire et brutal, comme ma mère. La famille est partagée entre réactionnaires et libéraux. »

Paul, lui, est républicain et social, proche du Sillon, le mouvement catholique d'action sociale et d'éducation populaire de Marc Sangnier, précurseur des futurs mouvements de démocratie chrétienne[1]. Le clivage politique entre les deux époux vire parfois au comique. « Le jour du 14 juillet, s'amuse François Ceyrac, mon père s'habillait avec sérieux, il ceignait son écharpe tricolore autour de la taille et montait à la mairie. Pendant ce temps, ma mère, elle, fermait avec gravité les volets de la maison – comme il était d'usage dans les campagnes, en signe de deuil. » Alors que ses frères François et Bernard sont influencés par leur mère, Pierre, lui, suit les orientations de son père. L'action que le missionnaire mènera plus tard en Inde sera fortement inspirée de celle du Sillon.

La famille Ceyrac est imprégnée de catholicisme. Comme l'est, à l'époque, l'organisation sociale. « La

1. Autour d'une revue, un mot d'ordre la « République démocratique », et un programme d'action sociale, Sangnier fédère plusieurs milliers de jeunes d'origines très variées. Son succès finit par inquiéter Rome, et le pape Pie X, le 25 août 1910, condamne les « théories du Sillon qui, sous leurs apparences brillantes et généreuses, manquent trop souvent de clarté, de logique et de vérité ». Son fondateur rebondit en créant la « Jeune République » en 1912, et en devenant député (Bloc national) en 1919. Aujourd'hui tombé quelque peu dans l'oubli, Sangnier, mort en 1950, eut pourtant droit à des obsèques nationales à Notre-Dame de Paris.

vie dans nos villages tournait alors autour du café et de l'église, résume d'une formule Julien Soulier. Les églises aujourd'hui ne servent plus qu'à enterrer, dans notre enfance, le curé faisait vivre le pays. » Suzanne Ceyrac enseigne le catéchisme, la famille a « sa place à l'église », comme l'on dit alors – en haut, près du chœur, un peu au-dessus de l'espace réservée à la famille du notaire Blanc... « Nous traversions le chœur en groupe pour gagner le banc, raconte François Ceyrac. Nous allions au banc, comme notre grand-père avant nous. »

Les Ceyrac sont très pieux, et ils ne s'en cachent pas. « Notre éducation a été marquée par le Trône et l'Autel ; chez nous, la religion passait en premier », résume Alix Ceyrac. La foi catholique est au cœur de l'éducation des enfants. « Pendant le mois de mai, le mois de Marie, nous montions tous les soirs à cinq heures à l'église recevoir le salut du Saint-Sacrement, raconte Bernard Ceyrac. Le curé bénissait la foule. On entendait *"San Paulus"*, et l'assistance, dans laquelle dominait les voix des femmes, répondait : "*Ora pro nobis !*" – « Priez pour nous ! ». Nous, les enfants, avions du mal à comprendre, et nous reprenions en chœur : Rominagrobis. En octobre, chaque vendredi, nous allions dire le Rosaire, cinq *Je vous salue Marie* et un *Pater Noster*. C'est dans cette ambiance-là que nous avons été élevés. »

Le second fils Ceyrac puisera dans cette éducation la source de sa vocation. Ce qui fait dire à son frère François que « Pierre est devenu religieux comme on joue à la balle, sans rupture avec sa famille, sans efforts, dans une grande simplicité ».

Il suit une voie familiale. Si du côté des Murat de

Montaï, aucun ancêtre n'a jamais pris l'habit, devenir prêtre ou religieux chez les Ceyrac n'a rien d'incongru. La religion est partie intégrante de l'héritage familial. Sous la Révolution, en 1790, un abbé Jean Ceyrac, curé de Ligneyrac, refusa de signer le serment de la Constitution civile du clergé, et, pour cette raison, fut déporté dans un ponton de Rochefort, l'un de ces vieux vaisseaux transformé en prison, avec cinq cents autres prêtres réfractaires – il y mourut en 1795... Vingt Ceyrac lui ont emboîté le pas.

Parmi les douze frères et sœurs de Paul Ceyrac, pas moins de... huit ont eu la vocation religieuse. Dans la maison de la place du Jet-d'Eau à Meyssac, l'un d'eux occupe une place particulière. Cet homme représente un mythe vivant pour toute la famille. Il s'appelle Charles. C'est le frère aîné de Paul.

CHAPITRE 3

« DEO GRATIAS »

Tout mythe grandit de l'absence. Charles Ceyrac est une figure lointaine, très lointaine. Il est missionnaire jésuite au fin fond de l'Inde. Que sait-on de lui ? Bien peu de choses. Dans les archives françaises de la Compagnie de Jésus, le dossier le concernant est mince. Une lettre manuscrite, datée du 24 mai 1937 et adressée à un révérend père. Quelques points de repères secs sur sa formation. Et une petite notice biographique – en latin – sur les « états de service » de *Carolus* Ceyrac. Dans les observations particulières, une seule mention : « En cas de décès avertir Me Paul Ceyrac, notaire à Meyssac, ou bien M. le curé Doyen de Meyssac (Corrèze). »

Charles Ceyrac a quitté Meyssac après la promulgation des lois Combes de 1905 qui interdisaient aux religieux d'enseigner en France, quelques jours après sa sœur Geneviève, entrée chez les sœurs du Sacré-Cœur. Charles est parti, pour l'Inde. Geneviève, pour la Colombie – enseignante de français aux jeunes filles de « bonnes familles » à Bogotá, elle mourra à Cuba en 1937. La famille les a accompagnés chacun à la gare des Quatre-Routes. On peut imaginer les scènes...

Embrassades sur le quai. Larmes. Le train qui s'ébranle... Ni Geneviève ni Charles ne sont revenus au pays.

Ils n'ont même pas pu assister à la mort de leur père, Bernard, fin mai 1917. Paul Ceyrac reçut une lettre de son frère Charles en octobre seulement – cinq mois plus tard. « Comme tu le dis, écrit d'Inde Charles à son frère, on est bien seul en pays étranger pour supporter les coups comme celui que j'ai reçu en apprenant la mort de notre pauvre papa. C'était un soir d'été vers 9 h 30. Je revenais d'assister un homme qui était mort entre mes bras. Voilà qu'on me remet un télégramme. "Père mort". J'ai senti comme un coup sur la tête et je suis resté hébété sans pouvoir penser à rien pendant quelque temps. Toute la nuit s'est passée sans sommeil, à penser à notre pauvre père. Tout le passé me revenant, comme tu le dis ; le collège, les sorties, les promenades sur la route de Collonges. Puis, ce qui me coûtait surtout, ce fut de rester un mois sans savoir comment Papa était mort [...] »

Paul vénère son frère – il n'en a que deux, Charles est l'aîné, et exerce sur les treize membres de la fratrie une sorte de magistère intellectuel. Celui-ci a quitté la France, contre son gré, sur ordre de ses supérieurs, auquel il ne pouvait se soustraire – un jésuite est astreint à un devoir d'obéissance. Il était déjà âgé – trente-cinq ans –, il a sauté dans l'inconnu.

L'Inde, à l'époque, c'est la *terra incognita*, d'ailleurs on dit encore les Indes – comme au temps de Christophe Colomb... Un monde. Cet oncle Charles, pour les enfants Ceyrac, vaut bien plus qu'un livre d'images. Il est le grand homme de la famille –, « un héros familier », comme le dit François Ceyrac. Paul et Suzanne ont baptisé leur dernier garçon de son prénom. L'oncle d'Inde échauffe les esprits enfantins. A quoi ressemble-t-il ? Aucun des enfants n'était né quand il est parti, il n'existe dans la maison qu'une photo de lui, solennelle, en habit de jésuite, le jour de son départ. Presque un portrait officiel... Où est-il précisément ? Que fait-il ? Comment vit-il ? Mystères. Les précisions manquent. Oncle Charles est parti « sauver les Indiens », raconte-t-on aux enfants. Les seuls liens qui subsistent consistent dans ces quelques lettres que Charles envoie à son frère Paul deux ou trois fois l'an – et dans lesquelles il ne cesse de s'enquérir de la vie de chacun à Meyssac. Chaque année, la famille lui adresse un sac de châtaignes corréziennes – c'est un rituel. Charles Ceyrac vit comme « broussard », au milieu de la campagne indienne, isolé du monde, immergé parmi les Indiens... Pierre s'emballe. Il imagine, et ne voit que la beauté du sacrifice. Il idéalise, et ne se doute pas des souffrances qu'endure cet oncle. Son esprit s'enflamme autour de cette icône familiale.

C'est en l'honneur d'un oncle, décédé l'année de sa naissance, que Charles fut baptisé de son prénom. Un oncle jésuite, lui aussi – né en 1835, entré à la congrégation en 1857, et mort, à Tivoli, en « odeur de sainteté », suivant l'expression consacrée, à trente-quatre ans. Les Ceyrac ont toujours vécu en Compagnie. L'esprit jésuite est au cœur de la famille. Hormis les deux Charles, six Ceyrac font partie de la congrégation des « Filles du Cœur de Marie » fondée par un jésuite[1]. Bernard et

1. La congrégation des Filles du Cœur de Marie a été fondée par le jésuite Pierre de Clorivière en 1791, après que l'Assemblée nationale eut décrété la suppression de tous les ordres religieux et la Constitution civile du clergé. Les religieuses ne portent pas l'habit, on ne les appelle pas « sœurs ».

Charles ont été scolarisés dans le collège jésuite de Saint-Joseph de Sarlat, dès la première année d'ouverture de l'école, en 1851. Leur mère, Maria, qui avait pour directeur de conscience un jésuite, avait fait promettre sur son lit de mort à son mari, Jean-François, que ses fils iraient chez les « bons pères ». La promesse de Maria a rejoint la légende familiale. Son vœu a été exaucé, au-delà de ses espérances. Plusieurs générations après la mort de cette aïeule, les garçons Ceyrac continuent de poursuivre leurs études secondaires à Sarlat. Paul et ses frères Charles et Henri y furent élèves entre 1875 et 1893. Aucun des fils de Paul ne déroge, donc, à la règle. Entre les années 1925 et 1939, les cinq frères Ceyrac se succèdent à Sarlat. Ils vont chez les « jèzes », comme l'on dit. Cette éducation marquera leurs vies.

*

Quand Pierre intègre Sarlat, en 1927, deux ans après son aîné François, il n'est pour ainsi dire jamais sorti du petit périmètre géographique de son enfance, entre Corrèze et Lot. Il a treize ans, et il s'éloigne pour la première fois du giron parental. Le départ de « Roro », comme on l'appelle alors dans sa famille, c'est le seul moment de sa vie où Alix, la petite sœur, entend Suzanne pleurer, seule, dans sa chambre, la nuit. La mère pressent-elle alors que son fils ne lui appartient déjà plus ? Même si sa décision n'est pas encore prise, Pierre commence à être taraudé par la vocation. Sarlat représente la première étape de son parcours jésuite. Une initiation.

Cette première confrontation a lieu dans un contexte

qui, aux canons de notre époque, peut paraître pour le moins rude. Saint-Joseph de Sarlat est une pension de garçons gouvernée par des règles de discipline draconiennes. Tout en défendant le « libre arbitre » de l'individu, les jésuites sont des hommes d'ordre, façonnés par une longue histoire, une série de figures et d'événements mythiques, près de quinze ans d'études spécifiques et une discipline (très) rigoureuse – quasi militaire. Le système d'éducation qu'ils ont mis en place est à l'aune de cette réputation. C'est la raison pour laquelle il a toujours suscité respect ou méfiance, et pourquoi, de tout temps, on a loué sa qualité, sa rigueur, son excellence ou au contraire combattu son autoritarisme, sa discipline, sa morale rigide.

Priorité de la Compagnie de Jésus, cet « apostolat de l'éducation », dont les fondements pédagogiques datent du XVIe siècle, met l'accent sur l'accumulation de connaissances – la « connaissance est unie à la vertu » –, la répétition des matières enseignées, le « don d'écrire »... Mais il vise aussi à modeler des caractères. Les principes établis par le fondateur de l'ordre, Ignace de Loyola, insistent sur la « formation de la volonté », l'« application des sens » – en développant création et imagination, expérience, motivation, désir et joie d'apprendre –, la « bonne discipline ». L'objectif – on s'en doute – n'est pas désintéressé. Il s'agit de former des élèves « bien instruits dans la doctrine chrétienne », qui ont pour modèle le Christ « dans le dépassement de soi », en tant qu'« Homme-pour-les-autres »[1]...

L'éducation est une clé d'influence. Et les héritiers

1. *Les Caractéristiques de l'éducation jésuite*, Maison généralice des Jésuites, Rome, 1987.

de Loyola sont des orfèvres dans cet art, qu'ils maîtrisent avec finesse – c'est leur force. Eux, qui comptèrent dans leurs rangs les confesseurs des rois Henri IV, Louis XIII et Louis XIV, ont toujours su influer sur les esprits avec doigté. Discrétion, subtilité, obéissance... Voilà leurs maîtres mots.

Obéissance n'est pas, forcément, synonyme d'allégeance. S'ils ont fait vœu d'obéissance au pape, ces pères ont toujours gardé scrupuleusement leurs distances vis-à-vis des pouvoirs, et de Rome en particulier – ils l'ont payé, chèrement. Ignace de Loyola n'était pas un légitimiste, un aparatchik de l'Eglise. Avant de s'engager, l'homme a été pris dans les turbulences terrestres. Réputé pour ses conquêtes féminines, son goût du jeu, et le maniement des armes, il fut même jeté en prison, « pour des actes très graves » – trop, peut-être, pour que la légende en retienne la nature. Loyola fut aventurier, mendiant, courtisan, combattant, chevalier, résistant, pèlerin, ermite illuminé et mystique – on croit souvent à tort les saints figés dans l'oint.

Chez les Ceyrac, Sarlat est objet de culte : seize membres de la famille y seront scolarisés. Mais Pierre a du mal à se sentir à l'aise dans cet univers où les trois quarts des élèves sont issus d'une bourgeoisie régionale aisée ou de la noblesse – certains portent de grands noms : d'Armagnac, d'Arcangues, Villèle, Bardinet, Hérard Dubreuil... Pierre trouve Sarlat trop élitiste, réservé aux fils de « bonnes familles », comme il le confiera, plus tard, à son frère Bernard – qui sera président de l'Association des anciens élèves.

Les éducateurs de Saint-Joseph de Sarlat tiennent leurs trois cent trente élèves dans un corset serré. Les pères sont présents à tous les maillons de la chaîne scolaire, ils sont recteur, préfet des études, surveillant, père spirituel, professeurs – comme Reix, un Briviste, en latin, grec, rhétorique, Humenry, de La Chapelle ou Vala en philosophie, Fabre en français ou l'abbé Buchou en mathématiques... La messe est obligatoire, chaque matin à sept heures. Le calendrier scolaire est rythmé par les fêtes religieuses – avant 1929, les vacances ne commencent que le lendemain du jour de Noël. Les élèves n'ont le droit de sortir du collège que pour des promenades dans Sarlat deux fois par semaine, les jeudi et dimanche après-midi. Ils doivent rester en rangs par trois, sanglés dans leurs uniformes bleu foncé à cols montants et rigides – que Pierre ne trouve vraiment pas confortables. La visite des parents n'est autorisée qu'un jour par mois – entre douze et dix-sept heures. La nourriture est préparée par des « frères convers » basques, et le seul plat qui, trois fois par semaine, fasse le bonheur des gastronomes, sont les fayots...

La majorité des élèves sont pensionnaires, et répartis par dortoirs de quatre-vingts lits. Pas de toilettes – un pot de chambre par personne, une cuvette et un broc –, pas d'électricité, pas de chauffage – même pendant les nuits à moins dix degrés. Une douche par semaine obligatoire – mais sans eau chaude. Extinction des feux à neuf heures le soir. Réveil le matin à cinq heures et demie – une heure plus tard les jeudi et dimanche. La cloche du collège teinte, un novice jésuite curé en soutane passe dans les dortoirs, en agitant une clochette et en marmonnant une phrase en latin à laquelle chaque élève doit répondre *Deo gratias*. C'est à se demander si l'on est au XXe siècle...

Aux yeux de ses frères, Pierre semble plutôt heureux. Il fait partie d'un petit groupe d'amis que leurs aînés, François en tête, appellent – avec un rien de condescendance – les « poneys », parce qu'ils ne sont pas très grands. Mais Pierre trouve tout de même le régime par trop spartiate. Les réveils aux aurores, le froid, l'absence d'eau courante, la glace qu'il faut casser l'hiver dans les cuvettes... Même l'inoxydable François a du mal à s'y faire. « Le régime des Jésuites était austère et sévère, se souvient François Ceyrac, mais l'enseignement de qualité : l'un faisait passer l'autre. Nous étions pris en charge heure par heure du matin cinq heures trente au soir neuf heures. Nous n'avions le droit qu'à trois récréations par jour, le reste du temps était dévolu au boulot. Toujours en rang et en silence, sinon c'est le bazar. A table, nous ne pouvions parler que lorsque l'on nous donnait le *Deo gratias*. Pendant le repas, un élève se livrait à une lecture édifiante d'un texte pieux, sur un ton *recto tono* – le plus monotone et ennuyeux possible, pour éviter que ceux qui avaient une bonne voix fassent les malins et qu'ainsi tous les lecteurs soient à égalité... A Sarlat, j'ai appris qu'un être humain peut souffrir des choses terribles à partir du moment où il suit une ligne cohérente... »

Fidèles aux programmes communs, les cours n'en obéissent pas moins aux propres critères jésuites. Le recours à la mémoire est un principe de base – les élèves apprennent par cœur des scènes de Corneille, Racine, Molière –, le grec et le latin prédominent. A l'époque, les jésuites bannissent de leurs collèges Voltaire, Diderot ou Michelet. Ils préfèrent Chateaubriand à Renan, Péguy à Anatole France, Claudel à Gide, Rimbaud ou Baudelaire... Les deux

France bataillent encore avec acharnement – avec l'interdiction faite aux religieux et religieuses d'enseigner, les pères de Sarlat ont dû s'exiler à Vitoria, en Espagne, jusqu'en 1920. Dans la plupart des lycées et collèges de France, l'histoire s'apprend dans un manuel, passé à la postérité, parce qu'il servira à plusieurs générations d'élèves : le fameux « Mallet et Issac ». A Sarlat, le livre de référence est l'œuvre... d'un historien jésuite. Autant dire que les regards sur les grands événements historiques – Ancien Régime, Révolution, Empire, Restauration... – ne sont pas toujours les mêmes. L'essentiel est d'en prendre conscience... « En hypokhâgne à Louis-le-Grand en 1929, Albert Bayet, un maître extraordinaire qui était l'un des leaders de l'anticléricalisme et écrivait dans *L'Œuvre* nous a fait lire *Les Provinciales* de Pascal, confie François Ceyrac, avec l'humour qui le caractérise. Son interprétation était aux antipodes de celle des Jésuites mais je dois dire que les deux versions se complétaient de façon admirable. »

Reçu du premier coup à ses deux bacs – rhétorique en juin 1928 et philosophie l'année d'après –, très bon élève en latin et grec, François souhaite s'orienter vers Normale Sup. Il a dix-sept ans, il veut être journaliste. Ami de son père, Henri de Jouvenel, sénateur et conseiller général de la Corrèze – et, par ailleurs, mari de Colette – dirige *Le Matin*, journal de centre gauche. C'est lui qui conseille à l'aîné des Ceyrac la voie « Normale Sup », d'où sortent de prestigieux journalistes – comme Léon Blum, Edouard Herriot et André Tardieu. François monte donc à Paris, et intègre la réputée hypokhâgne de Louis-le-Grand. Dans sa classe, le délégué des élèves – « le sec » dit-on – est un certain

Georges Pompidou alors « mince, ambitieux, mondain, assez impérial, autoritaire, fort séduisant sur le plan intellectuel » et qui « ne quitte pas d'une semelle Léopold Sédar Senghor », se souvient François Ceyrac.

Celui-ci échouera à sa première tentative à Normale. Il ne se représentera pas, préférant bifurquer vers l'Ecole libre des sciences politiques et la faculté de droit – le 13 juillet 1936, il commencera à travailler au Comité des Forges, inaugurant une carrière prometteuse.

Pierre, lui, pendant ce temps, est ailleurs. Reçu lui aussi à sa première tentative à ses deux bacs, en 1931, il a décidé de suivre une voie aux antipodes de celle de son frère. Ses préoccupations spirituelles qui le tiennent depuis son plus jeune âge, avant même son entrée à Sarlat, n'ont fait que se renforcer au long de la scolarité. Pierre veut être prêtre. Il est décidé maintenant. Il l'a dit de la manière la plus simple à son frère :

– François, je vais entrer au noviciat.

Pour les Jésuites, les collèges font aussi office de centres de recrutement – on les surnomme, parfois, des « jésuitières ». A l'époque, chaque année, deux élèves au moins à l'issue de leurs études manifestent leur désir d'entrer dans la Compagnie. Un évêque de la province du Maduré, en Inde, Mgr Faisandier, est venu à Sarlat pour « attraper les vocations » comme l'on dit alors – et, au passage, a confié à Pierre une petite photo d'identité de son oncle Charles. François n'est pas surpris par la décision de son frère. Pour lui, elle s'inscrit dans la logique d'une inclination naturelle...

Certains se lancent dans une vie par admiration pour un conquérant, un homme d'Etat, un prix Nobel scientifique, un écrivain célèbre, un grand sportif ou une star de cinéma. Pierre Ceyrac, lui, est fasciné par ces pères jésuites qu'il appelle des « aventuriers de la Foi ». Ils peuvent être de simples prêtres obscurs – comme son oncle Charles, ou ce père Butel, simple aumônier de la mer. Ou bien de grands saints, à l'image de François Xavier dont les maîtres de Sarlat parlent beaucoup à leurs élèves. François Xavier, premier jésuite à avoir foulé le continent asiatique au XVIe siècle, mort en face de la Chine, dont le corps est préservé à Goa, au sud de l'Inde, et qui fut canonisé en 1662 en même temps que son ami Ignace de Loyola par le pape Alexandre VII. Cette haute figure donne des ailes au jeune Ceyrac. Cet homme au cœur de feu qui a accompli des voyages extraordinaires, ce grand mystique poussé toujours plus loin par son amour absolu du Christ incarne l'aventure spirituelle. En 1931, Pierre Ceyrac, fils de Paul et de Suzanne Ceyrac, rejoint la Compagnie de Jésus. Comme avant lui, son oncle Charles Ceyrac. C'est un bon élève, appliqué, intelligent, sage. Mais un garçon fragile, très sentimental. Il paraît peu enthousiaste, il est timide, renfermé, secret. Il traîne. Que cherche-t-il ? Il a dix-sept ans, il ne connaît rien du monde.

CHAPITRE 4

LE NOVICE

– Pierre, es-tu certain de ton choix ?

Paul Ceyrac s'inquiète. L'homme n'est, *a priori*, pas hostile à la décision de son fils. Il est issu d'une famille où les vocations religieuses ne manquent pas, son oncle et son frère qu'il admire sont devenus jésuites, lui-même a été l'élève des pères à Sarlat. Cet univers lui est familier. Mais Paul Ceyrac mesure aussi la portée de cet acte, les sacrifices qu'il engendre. Pierre, qui est encore si jeune, en a-t-il conscience ? Son fils n'entre pas dans une carrière, il engage sa vie, il se dévoue corps et âme à la figure mythique de Jésus-Christ. Evalue-t-il avec précision ce que cela signifie ? Il ne quitte pas seulement Meyssac et la famille, il rompt. Tous resteront liés bien sûr, mais désormais Pierre aura une position à part. Un tel choix ne tolère aucune demi-mesure.

– Pierre, as-tu assez réfléchi ?

Pour sonder son fils, Paul Ceyrac décide de passer quelques jours avec lui à Paris, seul à seul, entre hommes. Pierre ne connaît pas la capitale, les seules grandes villes qu'il ait visitées sont Bordeaux et

Toulouse, son père veut lui montrer la vie avant qu'il entre au noviciat.

Ensemble, ils font la tournée des grands théâtres, des cinémas, des monuments, Montmartre, le château de Versailles... Le père et le fils n'ont jamais eu – et n'auront jamais plus – d'occasions de se retrouver ainsi en tête à tête. Paul raconte à Pierre l'histoire de la famille. Il parle de son frère Charles, le jésuite, et de sa sœur Geneviève, religieuse exilée en Colombie, qu'il n'a pas revus, qu'il ne reverra jamais...

Pierre se souviendra toute sa vie de cette semaine seul avec son père. Mais le Paris des années trente lui fait-il changer d'avis ? Non. Il répète à nouveau à son père :

– Je pars.

Paul Ceyrac argumente.

– Attends, réfléchis, tu es si jeune. Prends du temps pour voir Paris ! Pourquoi ne t'inscris-tu pas dans une grande école ? Tu pourras affirmer ta décision à la fin de tes études.

Non ! Pierre part. Il n'a peut-être que dix-sept ans, mais il est déterminé. Après une retraite de fin d'études dans une maison jésuite, en Dordogne, à Labarde, il est allé trouver le père provincial, responsable de l'ordre à Toulouse – l'une des quatre provinces françaises de la Compagnie, à laquelle est rattachée celle du Maduré, en Inde du Sud, où se trouve l'oncle Charles Ceyrac. Il a annoncé à celui-ci :

– Je veux entrer dans la Compagnie pour devenir missionnaire en Inde.

Son choix est clair et précis... Répond-t-il à une sorte de vision ? Non. « Je n'ai pas été terrassé comme saint

Paul sur la route de Damas, la vocation m'est venue progressivement », affirme Pierre Ceyrac.

Ce départ est guidé par une continuité, une logique. Son héritage familial, son éducation l'ont conduit vers ce moment – à une époque où les choix de vie n'étaient pas aussi libres qu'aujourd'hui. Il rêve d'ailleurs, d'aventures aussi, lui qui jusque-là a passé sa jeunesse dans un périmètre serré. Il se fait une grande idée de l'Inde, ce monde mystérieux... Mais, surtout, il est pris par une nécessité intérieure, « le besoin d'être missionnaire ». Peut-on comprendre quand on n'a pas ressenti soi-même un tel besoin ? Ignace de Loyola désirait « aider les âmes », Pierre Ceyrac veut être missionnaire en Inde pour « servir les pauvres ».

*

L'Ariès tangue. La voiture commence à zigzaguer sur la route... Un nuage de poussière, un bruit infernal... Encore crevé ! Oncle Jacques, le frère de Suzanne Ceyrac, n'en peut plus. Depuis qu'ils sont partis, les pneus de la voiture n'arrêtent pas d'éclater. Vraiment, ces routes du Gers sont dans un sale état. Et Pierre qui est attendu à Mons, tout près de Condom, pour « prendre la soutane », comme dit Jacques, toujours un peu taquin – surtout dès qu'il s'agit de religion... Quel voyage, mes aïeux ! Pendant que son oncle fulmine, Pierre, lui, se laisse bercer. Aujourd'hui, 9 octobre 1931, il entre au noviciat, première étape de la longue, très longue formation jésuite...

Pierre sera donc, d'abord, novice deux ans à Mons. L'endroit est assez agréable – c'est une ancienne propriété de la famille Montebello. Le régime est sévère, drastique. Lever quotidien à cinq heures. Début de la journée en prière. Puis travail dans les champs et les vignes – la maison produit un excellent armagnac, d'après les connaisseurs. Dans l'initiation jésuite, ces deux années sont celles du passage. Le novice quitte le monde païen et entre dans l'univers de la spiritualité. Il prend ses distances avec sa vie passée, sa famille, ses amis. Pierre, désormais, ne sera plus que de passage à Meyssac. Paul, Suzanne, ses frères, sa sœur viendront lui rendre quelques visites à Mons. « Mon père garnissait sa voiture, et nous partions pour Mons, se rappelle François Ceyrac. Devant Pierre, ma mère s'inquiétait de la moindre des choses, elle était suspendue à ses lèvres. Nous bavardions, de tout, de rien ; nous n'étions pas en colloque... »

Pierre s'éloigne des Ceyrac. Sa formation exige cette distance. Il change d'environnement. Il fait l'apprentissage d'un nouveau rapport à la vie, au temps, à l'argent. Le novice doit se « dépouiller » de son passé, découvrir « la pauvreté religieuse », apprécier la puissance de son « désir de Dieu », savoir s'il supporte la vie communautaire. En clair, le « candidat » éprouve sa motivation intérieure – le sacerdoce – et son adaptation extérieure – la collectivité religieuse. Ce noviciat est un temps de « probation » – le terme est celui retenu par Ignace de Loyola. Une période d'essai au cours de laquelle l'impétrant chemine progressivement avant d'être intronisé. Son rapport à Dieu n'est pas seul en question. Il entre dans une petite confrérie – trois mille membres en France –, très discrète, dépositaire d'une histoire de quatre siècles et qui sort à peine d'une mise à l'écart. Règles et rites ne se révèlent pas en un jour.

Pierre Ceyrac pénètre un monde de mystères. Qui ne se laisse pas apprivoiser avec facilité.

Le jeune jésuite s'inscrit dans une lignée. Ignace, le fondateur, lui aussi a cheminé longtemps. Il a eu de multiples mouvements intérieurs, de nombreuses expériences. La formation de ses héritiers suit les étapes de sa vie. Ces deux années de noviciat sont ponctuées de différentes expérimentations – dénommées « experiments » – au cours desquelles l'élève est confronté à des situations et des environnements exceptionnels. D'abord, pendant un mois, en silence, aidé d'un aîné, il reprend les *Exercices spirituels* de Loyola – le guide de chaque jésuite dans le monde. En quoi consiste ce document ? Il s'agit d'un livret de quelques pages dans lequel le fondateur de l'ordre a consigné ses expériences mystiques. L'auteur invite son lecteur à suivre son parcours spirituel, divisé en « quatre semaines » au milieu desquelles est intercalé une étape fondamentale : l'élection. Les deux premières semaines, le retraitant cherche à savoir si sa quête de Dieu est en accord avec son désir profond ; il médite sur la Genèse, chemine dans les Ecritures saintes, l'Ancien et le Nouveau Testament – c'est une « évangélisation de soi-même », résume un jésuite. Les deux semaines suivantes, il est mis à l'épreuve. Au cours de cette étape, le novice étudie les paroles divines et la vie du Christ pour essayer de s'y conformer. Il passe ensuite à une seconde étape, pratique. Loyola a prévu un service auprès des pauvres dans un hôpital. Puis, un pèlerinage – suivant toujours sa propre expérience, sur la route de Jérusalem. D'autres « experiments » consistent en des travaux ménagers, des cours de catéchisme aux enfants, des exercices de prédications.

Peu à peu, Pierre Ceyrac se fond dans un monde nouveau. Il s'immerge. Il découvre une autre vie. Le don de soi aux autres. Le temps du silence. La solitude. La prière. Il apprend la prière dans le silence – ce que la théologie appelle l'« oraison ». Il répète ces textes ancestraux qui se transmettent de pairs en pairs. Il fait l'apprentissage de nouveaux modes de communication. Comment passer deux heures seul face au Seigneur ? Comment vivre un mois de retraite en silence, à la manière d'un moine ? Ces expériences impressionnent le jeune novice. Recule-t-il ? Doute-t-il ? Non, assure-t-il. Il se sent porté, « porté par la grâce de Dieu ». « Je n'ai jamais ressenti autant de joie spirituelle qu'au noviciat », affirme Pierre Ceyrac avec plus de soixante-dix ans de recul. Sans le savoir, il emmagasine de l'énergie avant d'affronter les épreuves qui l'attendent en Inde...

Il s'initie. Dans son cheminement, le novice est accompagné par un aîné, un père qui tient le rôle de maître, le suit tout au long de la formation et auquel il doit rendre des comptes, confier ses actes, ses impressions, ses sentiments. Pour Pierre, il s'agit du père Nepper. Celui-ci a une science profonde de l'écriture sainte, il connaît l'hébreu, son exigence est à l'aune de ses qualités. Son jeune disciple le respecte comme un très grand maître spirituel.

Pierre Ceyrac n'est plus novice. Mais il n'est pas encore jésuite. La probation n'est pas achevée. Il lui reste des années de formation à accomplir. Il doit étudier, étudier encore et toujours – comme le fit Ignace durant sept années à Paris. Là aussi, le parcours est jalonné d'étapes, de degrés. A la sortie de son noviciat, Pierre part deux ans à Florenne, en Belgique, pour suivre ce que l'on appelle le « juvénat » – le terme signifie « jeunesse ». Ces enseignements consistent en une formation littéraire. Loyola a voulu que ses compagnons disposent d'un bagage intellectuel conséquent. Qu'ils connaissent la grammaire et la littérature – pour pouvoir lire, parler, écrire avec clarté. Qu'ils sachent les langues anciennes – pour décrypter le sens des écritures – mais aussi les langages vernaculaires – pour s'intégrer en profondeur au pays dans lequel ils officient. En parallèle à cette formation, Pierre suit donc une licence de lettres classiques et de philologie à la Sorbonne, à distance – il ne se rend que quatre fois par an à Paris, pour signer sa feuille de présence. Il approfondit le latin, le grec, la littérature, ce qu'on désigne alors par les « humanités »... La formation jésuite – entrecoupée par une période de « régence » qui consiste en deux années de service comme surveillant dans un collège – repose sur l'accumulation de connaissances et la répétition d'enseignements, de textes et de commentaires bibliques, de chapitres de l'histoire de l'Eglise, de dogmes chrétiens, immuables depuis des générations. A cette époque, antérieure au concile réformateur de Vatican II, l'Eglise est encore empesée dans des rites d'un autre âge – le prêtre sert la messe dos à l'assistance, et en latin...

Au cours de ces années de formation, Pierre est plongé dans les livres. Ses lectures sont – évidemment – à forte dominante spirituelle. Il est marqué par *L'annonce faite à Marie* de Claudel, *Les Prières à Notre-Dame de Chartres* de Péguy, *L'Evolution créatrice* de Bergson, ouvrage qui, largement diffusé par la presse à sa publication en 1907, propulse Dieu et les expériences mystiques dans les cénacles intellectuels de l'époque. Le jeune jésuite apprécie les auteurs mystiques. Il se laisse guider par *Le Chemin de la perfection*, ce parcours d'ascèse et de dévotion de la « Santa » espagnole Thérèse d'Avilá, court traité du XVIe siècle riche d'enseignements.

Pierre médite les sermons et traités du dominicain allemand Maître Eckhart, de la fin du XIIIe et du début du XIVe siècles – dont certaines des thèses seront condamnées par l'Inquisition, après la mort de l'auteur, la bulle papale du 27 mars 1329, *In agro Dominico*, jugeant que le religieux « a voulu en savoir plus qu'il ne convenait »...

L'étudiant paraît attiré par les œuvres qui remettent en cause l'ordre établi, qui bousculent la rigidité dogmatique catholique et ouvrent de nouvelles pistes de réflexions. Dans cette perspective, deux ouvrages le marquent plus particulièrement. L'un, *L'Action*, est une thèse de doctorat présentée en 1893 dans laquelle l'auteur, un jeune normalien, Maurice Blondel, tente de concilier raison et foi. Soixante-neuf ans avant Vatican II, le livre ouvre un vaste débat au sein de l'Eglise et influencera des générations de catholiques, alors que les rapports entre Dieu et la République, foi et laïcité aiguisent le débat politique. A la manière d'un Sangnier qui, avec son Sillon, explore de nouvelles voies d'engagements sociaux, Blondel, ancien condisciple de celui-ci au collège Stanislas à Paris, défriche un champ spirituel. Le ton et le propos de son essai sont donnés dès les premières lignes. « Oui ou non, interpelle d'emblée Blondel, la vie humaine a-t-elle un sens, et l'homme a-t-il une destinée ? »

Blondel, Bergson, Péguy, Claudel, Maritain, Massignon, Jammes... Les intellectuels se convertissent, l'exaltation mystique, en ce début de siècle, excite les meilleures plumes, sans déclencher l'ironie goguenarde du microcosme parisien. Mais l'Eglise, elle, se montre plus circonspecte. On n'amadoue pas un mastodonte avec des mots...

Plus tard, dans ces années de formation, Pierre découvrira un autre texte qui le bouleversera. Il est signé d'un aîné jésuite, Pierre Teilhard de Chardin. Celui-ci n'est pas encore le maître célébré qu'il deviendra plus tard – il sera même élu à l'Académie des sciences en 1950. Et ses œuvres philosophiques ne paraîtront qu'après sa mort, en 1955, à New York. Pour les jeunes jésuites, ce « cosmo-mystique », géologue, paléontologue et théologien, parti pour la Chine en 1923 dans le cadre d'une mission scientifique (il y restera jusqu'en 1945), est un prophète. Pour l'Eglise figée de cette époque, le savant – qui se définit comme un *free-lance thinker* – sent le soufre. Deux mondes séparent ces deux générations : le poids des traditions ecclésiastiques et l'immuabilité des dogmes.

Auteur aujourd'hui quelque peu oublié, Teilhard pour les jeunes prêtres de l'époque ouvrait une voie, dégageait de nouvelles perspectives. « Nous nous passions ses écrits en douce, tapés à la machine – comme tous les grands chercheurs, Teilhard était soupçonné par la Curie romaine, se souvient Pierre Ceyrac. Pour nous, il représentait un appel d'air incroyable. Teilhard avait une vision cosmique des choses, il nous sortait de l'Hexagone dans lequel nous étouffions. »

Le livre qui enflamme Pierre et ses camarades par l'énergie qu'il porte, ses élans visionnaires poussés par des fulgurances poétiques, c'est *Le Milieu divin*, *essai de vie intérieure* – il paraîtra aux éditions du Seuil en 1957. En le lisant attentivement, ce texte, dans lequel on retrouve les accents d'un Blondel ou d'un Bergson, paraît très actuel, à l'heure des débats sur le retour du spirituel, le déclin du christianisme et la mondialisation. La globalisation, y relève Teilhard, provoque l'« enrichissement et le trouble de la pensée religieuse ». « Le monde n'est-il pas en voie de se montrer plus vaste, plus intime, plus éblouissant que Jéhovah ? Ne va-t-il pas faire éclater notre religion ? Eclipser notre Dieu ? » s'inquiète le philosophe.

Son livre est un appel à l'action, un engagement à changer le monde. « Chaque homme, au cours de sa vie présente, n'a pas seulement à se montrer obéissant, docile, lance le jésuite. Par sa fidélité, il doit construire en commençant par la zone la plus naturelle de lui-même une œuvre, un *opus*, où entre quelque chose de tous les éléments de la Terre. Il se fait son âme, tout le long de ses jours terrestres ; et, en même temps, il collabore à une autre œuvre, à un autre opus qui déborde infiniment, tout en les commandant étroitement, les perspectives de sa réussite individuelle : l'achèvement du monde. »

Pierre sera prêtre jésuite. Il n'hésite plus. Il interpelle.

– Seigneur, que voulez-vous que je fasse ? Pourquoi suis-je sur la Terre ? Pour étudier ? Pour vieillir ? Pour mourir ? Non, bien entendu. Tout cela, je *dois* l'accomplir. Mais, au fond de moi, Seigneur, pourquoi suis-je fait ? Voilà la question. Quel est le sens de ma vie ?

A son époque, le choix qui est le sien a encore une

signification. Le prêtre est un homme respecté, consulté, chargé d'un statut social. Mais cette reconnaissance commence à s'effriter... Pourquoi quand on a vingt ans se lancer alors ?

« Il y a trois cents ans, ce choix répondait à une affaire sociale, entendue, intégrée au système : le deuxième enfant de la famille devenait religieux, constate Pierre Ceyrac. La vie religieuse est un point d'interrogation important dans notre monde actuel. De nos jours, elle devient une grande aventure, parce qu'elle se vit à contre-courant de l'époque. Les religieux et les religieuses sont des gens qui ont le courage de dire non. Ce refus, c'est entrer dans le mystère de Dieu. »

Celui qui parle ainsi est un vieil homme à la peau tannée et au visage creusé. Son pantalon est rapiécé, ses baskets usés, son grand manteau fatigué... Il est assis dans le petit parloir sombre d'une maison jésuite du centre de Paris. Il conserve malgré l'âge et les épreuves le regard vif, un immense sourire, et semble toujours prêt à bondir dès qu'on lui parle de rencontres, de voyages, d'aventures... Dans une pièce voisine, des hommes et des femmes attendent pour le voir – des jeunes, souvent. Au bout du téléphone, d'autres trépignent. Cet homme nonagénaire est missionnaire jésuite en Inde depuis près de soixante-dix ans. Et quand il dit ces mots, quand il évoque cet engagement, cette « grande aventure à contre-courant » qui fut la sienne, ces hommes et ces femmes « qui ont le courage de dire non », le père Pierre Ceyrac pleure.

*

Il a arrêté son choix, celui-ci est irrévocable. Suivant la tradition, au cours d'une cérémonie eucharistique très sobre, Pierre dépose sur l'autel, sa profession de foi : « Moi, Pierre Ceyrac, je fais profession [...] et je promets pauvreté, chasteté et obéissance pour toujours. Je promets aussi de m'employer particulièrement, selon qu'il me sera ordonné, à instruire les enfants et les pauvres. Je promets en outre une obéissance spéciale au souverain pontife pour les missions confiées par lui. » Et, devant ses pairs, il signe. Il n'a pas encore été ordonné prêtre. Mais il vient de prononcer ses vœux, les mêmes trois vœux depuis saint Benoît et saint Bernard de Clairvaux. Pauvreté, chasteté, obéissance...

Il s'est déchargé de son service militaire, qui a consisté en dix-huit mois à Toulouse, puis en Corrèze, à La Courtine près de Meymac, sous les ordres du général Maginot – il rédigeait des lettres d'amour pour ses camarades qui ne savaient pas écrire... L'Inde l'attend. La beauté, la grandeur, le mystère de l'Inde... Tous ces (grands) mots auxquels il ne cessera jamais d'associer ce pays. Il en a rêvé, il en rêve. Il l'imagine en songe, plus qu'il ne la voit – c'est si loin l'Inde, à l'époque... Les supérieurs jésuites lui font quelques difficultés ? Il menace de quitter la Compagnie, et de devenir père Blanc. Il veut être missionnaire, et veut vivre en Inde. Rien ne peut contrecarrer ce serment d'enfance.

Avant de partir, il souhaite rendre visite à Henri de Lubac, un homme pour lequel il gardera, jusqu'à sa mort, un infini respect, un grand aîné jésuite, de la même génération – et de la même trempe – que Teilhard de Chardin. Ce futur résistant et cardinal vit et enseigne à Fourvière, l'une des places fortes du catholicisme français, symbole de sa puissance ancestrale, colline dédiée à Dieu et qui surplombe la ville de Lyon. Le jour où il reçoit Pierre, Lubac est en excellente compagnie. Deux pères dont les patronymes sont depuis restés dans l'histoire de l'Eglise l'accompagnent : Jean Daniélou et Jules Montchanin.

Lubac enseigne alors la théologie fondamentale et l'histoire des religions à la faculté de théologie de l'Institut catholique de Lyon[1]. Daniélou, autre jésuite, agrégé de l'université et docteur ès lettres, se consacre à l'exégèse biblique et à la connaissance du judéo-christianisme – il est l'un des premiers prêtres à étudier la théologie sous un angle vraiment scientifique... Esprits indépendants, les deux hommes, comme Teilhard, avant d'être promus par le concile Vatican II, subiront les foudres conservatrices de la curie romaine. Quant au troisième compagnon de cette équipée lyonnaise, Montchanin, alors jeune prêtre à Lyon, il s'installera deux ans plus tard, en 1939, en Inde où Pierre le retrouvera s'efforçant péniblement d'appendre le tamoul avec les enfants des écoles.

Lubac, Daniélou, Montchanin... Le novice Ceyrac passe la journée entière, en compagnie de ces trois noms qui marqueront la pensée chrétienne. Ils connais-

1. Après la publication de son ouvrage, *Surnaturel*, en 1946, Lubac sera interdit d'enseignement théologique pendant dix ans, accusé par certains de ses pairs de « crypto-modernisme », selon l'expression de son ami dominicain Yves Congar, futur inspirateur de Vatican II, dans son *Journal*. En 1957, il deviendra membre de l'Institut, trois ans plus tard, le pape Jean XXIII le nommera à la commission théologique à Rome, pour préparer Vatican II... Jean Paul II le fera cardinal en 1983.

sent le latin et le sanskrit, ils débattent sur l'existentialisme de Gabriel Marcel, la théologie d'Urs von Baltasar, la philosophie de Kierkegaard... Pierre écoute, savoure... « Je ne connaissais rien de tout cela, je ne disais pas un mot, j'étais étonné, raconte-t-il. J'étais dans la forêt avec trois hommes d'une grande clarté, les êtres les plus intelligents qu'il me fût donné de rencontrer dans ma vie, des génies. Lubac restera mon père spirituel. Plus tard, à chaque fois que je reviendrai à Paris, jusqu'à sa mort, je ne manquerai jamais de lui rendre visite. »

Un candidat à la prêtrise ne saurait rêver plus belle intronisation. Pierre Ceyrac part sous les meilleurs auspices poursuivre sa formation en Inde. Il lui reste plusieurs années à étudier la théologie et la philosophie. Il n'est plus novice, mais maintenant « scolastique ». S'il n'est pas encore prêtre, il est jésuite, membre de la légendaire Compagnie de Jésus. Depuis six ans déjà, il se forme pour entrer dans ce cénacle courtisé.

Que signifie précisément cet acte ? « Quiconque, proclame le *Formula Instituti Societatis Jesu*, première constitution de l'Ordre ratifiée en 1540, veut militer pour Dieu dans notre Compagnie sous l'étendard de la Croix, et servir l'unique Seigneur et le Pontife romain son Vicaire sur la terre, doit, après le vœu de chasteté perpétuelle, se pénétrer de cette pensée qu'il fait partie d'une Société instituée très précisément pour rechercher comme fin principale de procurer le progrès des âmes dans la vie et la doctrine chrétienne, et de propager la foi par des prédications publiques et le ministère de la parole de Dieu, les exercices spirituels et les œuvres de charité, et spécialement par la formation chrétienne des enfants et des ignorants et par la consolation des fidèles du Christ en entendant les confessions. »

*

Le départ approche. Pierre vit ses dernières heures en France. Il revient quelques instants à Meyssac dire adieu à sa famille... Il prie avec son père dans la petite église en grès rouge du village. Au milieu du chœur roman, sombre et dépouillé, le fils tombe dans les bras de son père.

– Papa, souffle-t-il, je pars en principe pour toujours, je ne te reverrai jamais plus.

Le père et le fils pleurent, enlacés l'un à l'autre. Paul sait qu'il ne retrouvera jamais Pierre. Son frère Charles n'est jamais revenu... La tradition de la Province indienne du Maduré l'exige...

– Quand on part, on coupe les ponts, on coupe les ponts..., murmure Pierre.

Dans son esprit, le jour même où il est devenu religieux, il a quitté le monde. Il a déjà rompu avec sa famille six ans auparavant, en entrant au noviciat... Mais, ici, dans la petite église de Meyssac, face à son père, pour ces adieux qu'il croit définitifs, le jeune jésuite a beaucoup de mal à maîtriser son émotion.

Il rassemble ses affaires dans une petite malle et quelques caisses. Il prend le train jusqu'à Marseille. Une place lui est réservée sur *Le Sphinx*, le navire des Messageries Maritimes qui assure alors la liaison entre la France et l'Extrême-Orient. Son oncle Henri, l'officier de marine alors en poste à Toulon, est le seul de la famille à l'accompagner sur le quai – le déplacement de Corrèze était trop coûteux pour ses parents, ses frères et sa sœur.

Pierre monte à bord du *Sphinx*, prend possession de sa cabine, en seconde – quatre couchettes superposées et deux lavabos ; pas de chaises ni de table. Puis, il gagne l'un des cinq ponts où se mêlent les passagers de tous horizons – missionnaires, religieuses, fonctionnaires, familles... *Le Sphinx* appareille, et lentement quitte le port de Marseille. Pierre, sur le bateau, et son oncle Henri, sur le quai, agitent leurs mouchoirs blancs. Les maisons du port peu à peu s'évanouissent dans l'horizon, on aperçoit encore la pointe de Notre-Dame de la Garde... Puis, plus rien. Le bateau a rejoint la haute mer.

Les côtes de la Corse, de la Sardaigne, Port-Saïd, le golfe de Suez, la mer Rouge, l'océan Indien.... A bord du *Sphinx*, en ce mois d'octobre 1937, Pierre Ceyrac vogue vers sa vie. Il est âgé de vingt-trois ans, l'aventure missionnaire s'ouvre à lui. « Il faut rêver ses rêves », a-t-il coutume de dire.

Mais cette mission, en quoi consiste-t-elle ? Plusieurs décennies plus tard, le 6 août 1981, devant ses pairs, le père Aruppe, l'un des plus charismatiques généraux de la Compagnie de Jésus, en donnera une définition qui résume l'idée qu'ont ces religieux du sacerdoce – et l'état d'esprit de Pierre Ceyrac.

« Nous ne sommes pas aussi mauvais que les gens le disent, mais nous ne sommes pas aussi bons que les gens le pensent, lancera Aruppe à ses pairs. Non ! Nous sommes des gens ordinaires – ordinaires en ce sens que nous ne sommes pas des génies. Il y a peut-être des génies dans la Compagnie, mais très peu. On a dit, il y a longtemps, que la grande force de la Compagnie était d'avoir une médiocrité bien formée. Je ne sais pas si quelqu'un parmi vous se considère comme un génie. Sans doute pas. Mais l'unité ? Voilà ce qui est important ! Nous avons la même spiritualité et le même don de nous-mêmes au Christ. Dans la pensée de saint Ignace, l'excellence n'est pas d'ordre intellectuel. Elle peut être aussi de cet ordre. Mais la véritable excellence est dans le don de nous-mêmes[1]. »

En route vers l'Inde, le jeune Ceyrac, encore ignorant du monde, emporte avec lui ses rêves, son « désir de Dieu », et sa volonté d'« aider les âmes ». Et une phrase, extraite de l'« Hymne au martyr » dans le Bréviaire. Une maxime dont il fera une ligne de vie : « Si l'espérance t'a fait marcher plus loin que ta peur, proclame celle-ci, tu pourras tenir jusqu'au soleil de Dieu. »

1. Cité par Jean-Claude Dhôtel, s. j., dans *Les Jésuites en France*, Desclée De Brouwer-Bellarmin, 1987.

CHAPITRE 5

« ALLEZ ET ENFLAMMEZ LE MONDE ! »

Il y a les mots, et la réalité. La glorieuse légende des missions, et la vie quotidienne. Pierre Ceyrac a-t-il emporté dans ses bagages le numéro spécial que *Missi*, la revue des Jésuites, consacre en septembre 1937 au centenaire de la mission du Maduré, celle que justement il rejoint ? A-t-il lu dans ce dossier l'interview du père Lhande, qui en revient ? Le prêtre a confié au magazine l'aventure épique qu'il a vécue. Sa fascination pour l'Inde, sa beauté, son mystère, la force de ce peuple, même au milieu des pires difficultés – « Au travers des larmes, j'ai toujours vu des sourires », dit-il... « Tout missionnaire, lance le père Lhande non sans emphase, même le plus abandonné, le plus perdu, le plus las se sent fier d'appartenir à cette mission humblement chevaleresque et ce qui monte du plus profond d'eux-mêmes, c'est l'exaltation du *Magnificat*. » Peut-être. Mais, en attendant, ce que raconte le père Lhande sur sa vie de tous les jours en Inde est tout simplement... terrifiant ! Un vrai cauchemar...

Lhande évoque ces camarades du noviciat qu'il a retrouvés là-bas, encore jeunes, et pourtant... « leurs cheveux étaient tout blancs – quand il leur en restait – leurs traits étaient tirés, leurs yeux cerclés de cernes profonds... ». Le climat ? « La chaleur est atroce, souligne le missionnaire, la suée ininterrompue vous couvre bientôt le corps de pustules occasionnant une insupportable démangeaison que le bain lui-même ne fait qu'exaspérer. La nuit, votre natte comme votre coussin de raphia se transforment en éponge. Au petit jour vous vous réveillez comme un homme roué de coups. » La nourriture ? « Deux fois par jour, on avale son riz, poursuit le jésuite. On le fait par raison, mais non par plaisir. Les autres légumes sont assez rares et souvent de fades imitations de nos succulentes lentilles ou de nos plantureux épinards [...] La boisson ne vaut pas plus : la plus courante est l'eau de marais. » Le ministère ? Très pénible. « Mal nourri, mal à l'aise dans une atmosphère débilitante. Les déplacements entre les villages se font en chars à bœufs, le *vandi*, où il faut supporter sur les chemins creux le gracieux dodelinement de tête des bonnes bêtes avec leurs cornes peintes et les boules de cuivres polies qui les terminent. » Quand les bœufs se couchent sur les flancs, « le missionnaire reçoit sur la tête, sans préavis, sa chapelle portative, sa caisse à outils et l'amoncellement de ses provisions ». Et s'il pouvait se reposer la nuit... Mais non ! Car la nuit, les bêtes veillent... « Depuis la vulgaire vermine jusqu'au scorpion, gros parfois et rond comme un béret basque, avec ses pattes noires et velues ; jusqu'au mille-pattes dont le seul glissement sur la peau nue cause de cruelles démangeaisons ; jusqu'aux serpents qui infestent les toits et les potagers. » Sur les toits des bungalows, serpents et rats se poursuivent, risquant à tout moment de tomber sur la natte ou la figure du dormeur... Mais dans quel guêpier le jeune Ceyrac, apprenti de la vie, est-il parti se fourrer !? ...

Il est porté, « porté par la grâce de Dieu », se rassure-t-il. Porté aussi par la force de l'histoire et des légendes – quand on a vingt-trois ans, c'est important –, poussé par l'action des missions jésuites que ses professeurs exaltaient à Sarlat, comme dans la plupart des collèges de la congrégation, et les hautes figures qui l'incarnent. « Allez et enflammez le monde ! » proclamait Ignace de Loyola. Pierre s'inscrit dans une prestigieuse lignée d'« aventuriers de la foi », qui commença avec François Xavier, le compagnon auquel Loyola, à la demande du roi du Portugal Jean III, protecteur de la Compagnie, demanda d'évangéliser l'Asie. Le fougueux gentilhomme navarrais, converti vers 1533 par Ignace, sillonna pendant neuf ans l'Asie du Sud-Est. Le 6 mai 1542, alors que la Compagnie venait à peine d'être créée, il débarqua en Inde, au sud-ouest, par Goa, alors capitale des colonies portugaises d'Orient.

« Lorsque les jésuites y abordent, l'Inde est un empire éclaté, hindou, marqué par la Perse, dominé par l'Islam, écrit l'historien jésuite Philippe Lécrivain. Mais, à Goa et déjà dans les années 1549, il n'est plus rien de tout cela. Les pagodes sont détruites, les lettrés contraints de se terrer avec leurs manuscrits, les coutumes anciennes négligées par une méthode d'assimilation des nouveaux convertis à leurs maîtres portugais. Les Pères s'interrogent peu sur la civilisation originale hindoue et parent au plus pressé. Ils ouvrent des collèges, des hôpitaux et des catéchumats. A Goa, le centre de leur apostolat, ils montent dès 1556 une imprimerie. Dans les missions auprès des indigènes, la conversion est parfois radicale : à Salsette, ils n'hésitent pas à détruire deux cent quatre-vingts temples et mosquées. Réactions brutales : en 1583, cinq des leurs sont assassinés. »

A l'époque, l'entreprise missionnaire est liée aux ambitions coloniales – François Xavier a entrepris son périple à l'initiative de la Couronne portugaise... L'objectif est aussi la conquête évangélique. Le but de l'Ordre tel qu'il est inscrit dans la première *Formula instituti* est « le profit des âmes... et la propagation de la foi ». François Xavier, premier missionnaire jésuite de l'histoire, se situe dans cette perspective. « En arrivant dans un village, outillé d'une sonnette qu'il agite, Xavier fait le tour des huttes pour rassembler d'abord les enfants », écrit dans le numéro de *Missi* de 1937 le père de Grangeneuve, procureur de la mission de Maduré, relatant les conversions des pêcheurs de perles des Paravers, les premières conquêtes de François Xavier en Inde. Avec une patience inlassable, il enseigne à ces petits les prières et les principales vérités de la foi. Ensuite, il se sert d'eux pour instruire leurs parents. Son auditoire est groupé autour de lui, tout le monde assis sur le sable, les jambes croisées à l'indienne ; lui seul est debout. Il explique les grandes vérités : « Un seul Dieu, tu adoreras donc désormais plus d'idoles. »

Le narrateur jésuite dresse un portrait mirobolant de celui qu'il appelle le « prince des missionnaires ». « Le plus souvent, poursuit-il, l'apôtre allait le long de la grève. Il était vêtu d'une soutane couturée de reprises, la tête enroulée dans une sorte de capuchon pour se défendre contre les insolations, il allait les pieds nus sur ce sable ; ce sable brûlant de ce pays torride lui avait endolori tellement les pieds qu'ils en étaient tout tuméfiés. Son crucifix à la ceinture, son chapelet autour du cou, quand il ne l'égrène pas, Xavier offre tout cela pour la conversion de l'Inde. »

Face aux « foules analphabètes », la « machine » Xavier tourne à plein régime. Les anciens s'amusent encore de cet adage qui un temps courait les missions : « Envoyez-nous un saint, on le placera sous un arbre, et l'Inde se convertira. » Sorte de Chistophe Colomb de Dieu ou d'« Ulysse de la chrétienté », comme l'a surnommé le journaliste et écrivain Jean Lacouture, l'intrépide François Xavier affronte mille dangers, débarque dans des mondes inconnus, parfois hostiles, et impose Jésus-Christ face aux idoles. C'est l'élan de cet « homme au cœur de feu » qui fascine, inspire le jeune Ceyrac... Le baptiste François Xavier l'enflamme beaucoup moins. Sa mission, telle qu'elle lui a été signifiée par Loyola et le roi du Portugal est claire : convertir les infidèles. Son objectif ? Les masses, pas les individus. Xavier, le « saint impatient » comme on l'a aussi dénommé, passe, baptise, et repart. Si vite qu'Ignace de Loyola, sans toutefois blâmer ses méthodes, se sent obligé de réfréner les ardeurs de son compagnon en lui rappelant que la « qualité plutôt que la quantité devait être le guide dans l'accession à la Foi ». Xavier ne cherche pas trop à comprendre les coutumes, les croyances, les sensibilités locales. Il ne séjourne pas au milieu des hommes, il ne partage pas leurs vies. Il ne s'enracine pas. L'Inde pour lui est une terre de conquête parmi d'autres.

S'il est transporté par l'énergie et le zèle d'un François Xavier, Pierre Ceyrac se reconnaît davantage dans une autre figure tutélaire des missionnaires jésuites indiens. Celle de Roberto de Nobili. Nobili arrive au Maduré en 1606. A la différence de Xavier, il parle le tamoul et étudie le sanskrit, il connaît la philosophie indienne et les Vedas, les écritures sacrées. Il suit la tradition d'un Matteo Ricci, premier jésuite à avoir pénétré la Chine et séduit la cour impériale, à la fin du XVIe siècle... Nobili se plonge dans la société indienne, et convertit – ce que Xavier n'avait pas eu le temps de faire – les hautes castes, les « brahmanes » – qu'on appelle alors les « brahmes ». Son origine noble lui est d'une grande aide. Il crée la première mission jésuite du Maduré, laquelle fonctionne jusqu'à la suppression de la Société de Jésus dans les territoires portugais, en 1759 – la Compagnie est interdite par le pape Clément XIV en 1773. L'aristocrate italien s'est installé auprès des brahmanes sous les traits d'un sage pénitent – le *sannyasi.* « J'ai étudié la sagesse et la sainte loi spirituelle. J'ai quitté ma patrie, traversé plusieurs royaumes et je suis arrivé à Madura. Dieu m'a inspiré le désir de m'y arrêter quelques années pour y vivre en pénitence. A ceux qui viennent me trouver, je ne parle que de ce qui concerne le salut de l'âme... », annonce le missionnaire dans une profession de foi qu'il a affichée sur sa porte.

Nobili évolue au milieu des riches dans le dénuement. « Il porte la robe jaune des sannyasis, écrit le père Brou, dans le numéro spécial de la revue *Missi* sur le Maduré. Il vit de riz et d'herbes amères, pris une fois par jour. Il ne boit que de l'eau. C'est dur. Il s'engage alors par vœu à persévérer ainsi jusqu'à la mort. » Avec succès. « Jusqu'à la fin du travail de Nobili, relève l'historien jésuite anglais Thomas Campbell, il y eut une moyenne de 5 000 convertis par an, et le chiffre ne descendit jamais au-dessous des 3 000 même pendant les temps de persécutions. » Mais Nobili s'acquitte si bien de sa mission que Rome finit par l'accuser de vouloir forger une nouvelle religion en mêlant christianisme et brahmanisme – ce qui lui vaudra huit années d'exil...

François Xavier et Nobili. Ces deux icônes missionnaires ont tracé deux lignes d'apostolat. Pierre Ceyrac se reconnaît dans la seconde. Pour lui, la vie missionnaire ne saurait consister à passer trois ans dans un pays, puis quatre ans dans un autre, avant d'aller voir ailleurs... Non, cet engagement a un objectif : « se vider et renaître, comme le Christ ». Plus tard, les missionnaires catholiques forgeront un terme pour désigner ce processus : « inculturation » – mot auquel les protestants préféreront celui de « contextualisation ». Le but est l'enracinement dans un pays, pour toujours. « Nous ne sommes pas des commis voyageurs... », résume d'une formule lapidaire Pierre Ceyrac.

Il s'agit de se dépouiller de son passé, de se vider de soi-même – *kénose* en grec – pour intégrer une nouvelle culture... Le processus correspond à une renaissance, une réincarnation. A l'instar d'un Jean de Britto, disciple de Nobili qui devint pandaram, un religieux autorisé à fréquenter les intouchables, avant d'être assassiné par un fanatique en 1693. Ou d'un Joseph Beschi qui, au XVIIIe siècle, approfondit si bien son étude du tamoul qu'il écrira une grammaire (en latin), des dictionnaires et une épopée en vers – un peu à la manière de la *Chanson de Roland* –, et sera l'objet d'une grande vénération en Inde – son épopée fut inscrite au programme de l'université de Madras. Ceyrac s'inscrit dans cette ascendance spirituelle, celle des Nobili, Britto, Beschi ou de son contemporain, Jules Montchanin. Ce dernier lui conseillera un jour de prendre comme devise de son engagement missionnaire, les paroles de Ruth à Noémie dans la Bible : « Partout où vous irez, j'irai. Là où vous vivrez, je vivrai aussi ; votre peuple sera mon peuple et votre Dieu, mon Dieu... »

Pour Ceyrac, les missionnaires, ce sont ces « broussards » qui, oubliés de tous, se fondent dans le pays, partent officier dans des villages de l'Inde, et n'en ressortent jamais. Comme ces hommes, ces deux vieux amis, dont il conserve la photo dans son bréviaire. Le père Ugarte, avec son béret sur la tête, un Basque espagnol ; et le père Moumas, un Landais. Ils portent de longues barbes blanches – « comme dans les livres » –, fument le cigare, ils ont tout quitté, leur pays, leurs familles, pour la brousse indienne. Ils ne sont jamais revenus. La tradition l'impose. Ces hommes font rêver le jeune Ceyrac. C'est pour eux qu'il est devenu jésuite, qu'il a voulu partir en Inde. Ces missionnaires de campagne, ce sont les pairs, les égaux de son oncle, Charles Ceyrac.

*

Le Sphinx entre dans le port de Madras, après plus d'un mois de traversée. Le voyage a été éprouvant, marqué par une tempête épouvantable dans l'océan Indien, entre Port-Saïd et Colombo, Pierre s'en souviendra très longtemps – un passager a été emporté par une vague, l'équipage n'a pas pu le repêcher... Sur le quai l'attend un homme de haute taille dans la longue soutane blanche des Jésuites, portant barbe blanche... Le père Varin, un missionnaire breton, est la première vision que l'apprenti jésuite a de l'Inde.

Pierre Ceyrac débarque au sud de l'Inde, cent ans après les quatre premiers jésuites français, chargés de refonder cette mission de la Compagnie. Joseph Bertrand, Alexandre Martin, Louis Garnier et Louis du Ranquet étaient partis de France le 5 juillet 1837 pour Pondichéry – ville alors administrée par les Français. Cent ans plus tard, la mission jésuite du Maduré compte trois cent onze compagnons, parmi lesquels cent soixante Indiens – sur mille quarante-neuf missionnaires jésuites dans l'ensemble du pays. Dans son ressort administratif, rattaché à la Province de Toulouse, se trouvent quatre cent cinquante mille convertis, trois cent quatre-vingt-dix-neuf écoles primaires – qui rassemblent près de trente mille élèves –, trois grands collèges-universités – Saint-Joseph à Trichinopoly, Loyola à Madras, Saint-François-Xavier à Palamcottah...

Pierre n'a guère le temps de voir Madras. Il ne peut s'en tenir qu'à un aperçu, d'un coup d'œil touristique. Dans la voiture du père Varin, il file vers la paroisse de son oncle, un village au milieu de la campagne indienne. Il a rendez-vous avec cet homme qu'il n'a jamais vu et qui a pourtant pesé sur son enfance et son choix. L'icône de Meyssac, le « héros familier », comme disait son frère François.

Charles Ceyrac paraît immense dans son habit ecclésial, avec la ceinture rouge des Jésuites qui lui enserre la taille. Il s'avance, il prend Pierre dans ses bras, les deux Ceyrac s'embrassent... Impressionné, le neveu regarde son oncle, l'examine. Sa silhouette droite, maigre, une petite barbe soignée, un sourire plein de bonté... « Il a une très belle allure », sourit le jeune homme, tout en s'inquiétant de la tristesse qu'il perçoit au fond des yeux de son aîné... « Moi, je suis parti de

Corrèze comme un enfant, le cœur léger ; lui à l'âge de trente-cinq ans... », songe Pierre en l'observant. Ce père Ceyrac a obéi à sa hiérarchie, comme le doit chaque jésuite, il n'avait pas la vocation de missionnaire. Déjà prêtre, il a dû recommencer sa vie à partir de rien... En vivant dans une pauvreté totale, comme *pangu swami*, c'est-à-dire curé de village, au fin fond de l'Inde, mangeant seulement du riz et des légumes, buvant l'eau de la mare... Charles a souffert, il s'est consumé dans un sacrifice obscur... « Il a vécu une plongée dans l'obscurité, une humiliation complète », pense Pierre. L'oncle missionnaire s'est fait Indien parmi les Indiens. Il refuse même d'apprendre l'anglais, alors que l'Inde est anglaise. « Je ne suis pas venu pour les Anglais, mais pour les Indiens », dit-il. Charles Ceyrac ne connaît pas l'anglais, mais il sait toutes les variations du tamoul, les expressions les plus populaires – il a appris avec les enfants des écoles. Il a noté ces phrases sur des bouts de papier qu'il a collés, partout, sur les murs de sa chambre. Son neveu est admiratif. On lui raconte même qu'un jour, son oncle a prononcé un plaidoyer en tamoul devant la cour de Madurai pour défendre des pauvres accusés. Les juges, très impressionnés – en général, les étrangers témoignent en anglais –, avaient fait preuve de clémence. Et l'histoire dit que Charles Ceyrac avait été porté en triomphe par le peuple à la sortie du tribunal...

Très vite, Charles demande à son neveu des nouvelles de la Corrèze. Au milieu de la brousse indienne, l'homme s'enquiert de la vie à Meyssac, cite un à un chacun des habitants par son patronyme. Il se souvient de tout. Y compris des noms des sentiers... Pierre est frappé par l'« amour incroyable de la France » que manifeste son oncle. Le vieux missionnaire rayonne soudain. Comme s'il venait de recevoir une bouffée d'air pur.

*

India, 1937. La voici donc cette planète complexe de trois cents millions d'habitants – ils seront plus d'un milliard en l'an 2000 – dans laquelle s'entremêlent près de quatre cents dialectes, une multitude de peuples, une hiérarchie subtile de castes et de tribus, des croyances millénaires et des religions établies, des richesses démesurées et des pauvretés abyssales... La voici cette terre immense que Pierre a si longtemps rêvée, convoitée, espérée, mais dont il sait si peu. Il brûle d'impatiences, de curiosités. Las, l'heure n'est pas encore venue. Il est pris en charge, il continue sa formation, il suit la procédure. Il est « happé » par le système jésuite ; pour la découverte de l'Inde, il verra plus tard.

De cette terre, il n'entrevoit alors que ceux qui y règnent en maîtres. L'Inde telle que Pierre Ceyrac l'aperçoit en 1937, c'est celle des Anglais et des maharajas.

Le premier Anglais a débarqué en 1600, le pays est passé sous le contrôle de la Couronne britannique en 1773. Depuis près de deux siècles, les Indes sont territoire de l'Empire britannique – avec à sa tête George VI, proclamé roi-empereur par l'archevêque de Cantorbéry quelques mois plus tôt, en mai 1937, après l'abdication de son frère Edouard VIII.

Les Anglais gèrent le sous-continent comme un régime féodal. En s'appuyant sur les seigneurs locaux auprès desquels ils collectent les fonds et grâce auxquels ils « quadrillent » le pays. Maharajas et rajas, nawabs et nizams... Tous ont le titre de princes : hindous pour les deux premiers, musulmans pour les seconds. Ils dominent chacun un Etat – il en existe cinq cent soixante-cinq au total. « La confrérie princière comptait quelques-uns des hommes les plus riches du monde aussi bien que des monarques aux revenus plus modestes que ceux d'un marchand du bazar de Bombay, relèvent les journalistes Dominique Lapierre et Larry Collins. Un calcul permettait cependant d'établir que chacun possédait en moyenne 11 titres, 5,8 femmes, 12,6 enfants, 9,2 éléphants, 2,8 wagons de chemins de fer privé, 3,4 Rolls-Royce et un palmarès de 22,9 tigres abattus. »

On a peine à imaginer aujourd'hui ce que fut cette magnificence. Le train de vie des plus riches d'entre eux excite l'imagination, nourrit légendes, livres d'images et productions cinématographiques en Technicolor : défilés d'éléphants, mirifiques chasses aux tigres, cascades de pierres précieuses, collections de voitures de luxe... L'écrivain Pierre Loti raconte de la manière suivante sa rencontre avec le maharaja du Travancore, l'ancien Etat du Kerala, au début du siècle – Loti est chargé « de remettre à Sa Hautesse une décoration française » : « Devant la porte du maharaja, des cavaliers présentent les armes, des cavaliers superbes et corrects, en turban rouge, maniant avec une régularité toute moderne leurs fusils à répétition. Et le maharaja lui-même veut bien se montrer sur le seuil. J'avais craint l'apparition d'un prince en redingote occidentale ; mais non, il a eu le bon goût de rester indien, en turban de soie blanche, en robe de velours, dont les boutons sont de larges diamants limpides. La salle où je suis reçu d'abord est pavée de faïences : du plafond retombent une quantité de girandoles en cristal. Au milieu, un trône d'argent ciselé ; tout autour des meubles noirs, des fauteuils noirs, de forme indienne, en ébène épaisse, sculptée, fouillée en dentelle. »

Une atmosphère surréaliste qui saute aux yeux du jeune Ceyrac lorsqu'il rencontre un maharaja de Mysore, dans l'Etat du Karnataka – auquel un jésuite français enseigne la musique et le français. Le prince est obèse, possède des dizaines d'éléphants et une douzaine de Rolls suffisamment larges – pour qu'il puisse s'y asseoir...

En débarquant à Madras, Pierre Ceyrac pose le pied dans un empire de démesure. Il n'a pas encore été confronté au système de castes, à ces immenses injustices que subissent les *dalits*, ces hommes, ces femmes, ces enfants que l'on appelle les « intouchables ». Il n'a pas encore approché cette Inde estropiée qui se traîne par terre, à ciel ouvert, cette Inde miséreuse dont l'odeur aigre prend à la gorge, ces gamins frêles à moitié nus, qui dorment à même le sol, le long des petites échoppes, au milieu d'un magma humain, dans la poussière et les ordures, les rats, les corbeaux et les chiens... Il n'a pas découvert non plus les rires cristallins des enfants, les regards et les gestes gracieux des jeunes filles jouant avec leurs saris soyeux, ce fameux « sourire de l'Inde » qu'il aimera par-dessus tout, plus tard. Pierre n'a encore rien vu... Il ignore tout du pays. Il n'a pas pu le visiter, le sillonner. Il n'est pas allé encore dans les bidonvilles, les hôpitaux, il n'a pas pris les routes, les trains... Tout juste arrivé, il est conduit dans un petit village à environ cinq cents kilomètres au sud de Madras, Sarugani. Comme l'on met en quarantaine...

C'est un poste missionnaire, un *pangu*, un endroit très sec, très pauvre. La seule compagnie consiste en quelques vieux broussards à barbe blanche, un père indien et deux pères français, que Ceyrac ne voit qu'aux repas. Son activité est tout entière dédiée à l'apprentissage du tamoul. Pierre Ceyrac a près de vingt-cinq ans, et retourne à l'école... Ses camarades d'étude ont entre huit et neuf ans, il est seul avec eux, traité comme eux. Il se sent humilié. L'aventure commence sous des auspices très exotiques. L'« inculturation » exige l'immersion totale, absolue. Pierre Ceyrac doit se fondre dans les habitudes du peuple, partager à chaque repas l'ordinaire – riz, piments, eau plus ou moins potable tirée de la mare et simplement filtrée à travers les feuillages... « Il s'agit, non de s'adapter par tactique aux coutumes de l'Inde, mais de s'assimiler par amour à ce que l'Inde a d'essentiel dans les modes de son expérience spirituelle, de sa pensée, de sa vie consacrée, dit le père Montchanin en arrivant en Inde en 1939. La tâche immense qui nous sollicite est de repenser toute l'Inde en chrétien et le christianisme en Indien. La greffe de la révélation que les Pères grecs ont faite jadis sur la pensée hellénique doit être tentée aujourd'hui sur la pensée indienne. »

Dans ce village perdu, l'expérience est harassante. Pierre est à bout de forces. Pour la première fois de sa vie, il est pris d'une immense lassitude. Que fait-il ici ? Doit-il poursuivre ? Le jeune missionnaire doute... Il a dû abandonner ses habitudes, ses repères. Il est ici pour apprendre le tamoul, le langage du peuple, et il ne sait pas comment s'y prendre... Il se perd dans ces méandres linguistiques. Il doit réviser tous ses codes. Oublier ce qu'il sait déjà, et plonger, par la langue, dans un nouveau système de pensée, une autre culture, une autre civilisation...

Il voit le père Montchanin, qu'il considère comme un grand maître, vêtu de sa soutane blanche et de sa ceinture rouge, s'échinant dans la touffeur indienne et au milieu d'enfants en bas âge à apprendre – en vain – le tamoul. Connaître ce langage à la syntaxe compliquée, si difficile à appréhender, c'est pénétrer tout le mystère de l'Inde. Chemin faisant, Pierre se rend compte que, dans chaque mot, les Tamouls distinguent « essence » et « existence », et se dit que ces quelques phrases contiennent toute la querelle du Moyen Age entre essentialisme et existentialisme... On ne cite pas simplement « Dieu » en tamoul, on proclame *kada Ul*, ce qui signifie : l'Etre (Ul) au-delà, le transcendant, celui qui n'a ni nom ni forme...

L'apprentissage des langues lui permet de s'immerger peu à peu à dans le mysticisme de l'Inde. Quand on veut habiter un lieu, on doit d'abord habiter ses fondations, son *humus*. « Un homme qui ne connaît pas la culture d'un pays n'a pas le droit d'y rester. La culture, c'est l'âme d'une société ! Comment vivre en France si l'on n'a pas étudié Molière ou la *Chanson de Roland* ? » dit Pierre Ceyrac. Il apprend le tamoul et découvre le sanskrit. L'un est la langue des Dravidiens, dans le sud du pays, l'autre, des Aryens. Leur rivalité est ancestrale. On raconte qu'un jour un homme de Goa, fier d'étudier le sanskrit, se vanta à un ami tamoul qu'il pouvait enfin lire et écrire dans la langue des dieux. « La langue des dieux ? s'étonna l'autre. Peut-être. Mais vous savez, le sanskrit n'est que la langue dans laquelle les dieux s'adressent aux hommes. Entre eux, ils se parlent en tamoul[1]. »

Il passe des nuits à décortiquer la grammaire tamoule – en latin – de Beschi, à apprendre des poèmes mystiques du VIIe siècle, Manicka Vasagar et Thiru Vachagam qui ressemblent au Cantique des Cantiques chrétien, à mémoriser des expressions populaires – il sera, plus tard, le premier Européen à être licencié en tamoul et en sanskrit à l'université de Madras. Il ne cesse de s'émerveiller de la portée de ces phrases écrites avant Jésus-Christ... Il cite, il écrit, il répète. Du tamoul : « *Yadum ouré yaverum kelir* » – « Tout village est mon village, tout être vivant est mon frère »... Du sanskrit : « *Satyam eva jayaté* » – « La vérité seule triomphe ». Connaître ces phrases lui sera utile toute sa vie. Il les répétera à l'occasion en arrivant dans un village ou un bidonville, pour engager la conversation. Il suffit de quelques mots en tamoul et en sanskrit, et les yeux s'illuminent... Il en fera très souvent l'expérience.

La spiritualité de l'Inde, le jeune apprenti l'approche au plus près, dans un lieu au décor impressionnant qui, dressé sur un piton rocheux, domine la ville de Tiruchirapelli, dite communément « Trichy ». C'est une ancienne forteresse – le « rock fort » – qui a été remodelée par les Anglais au XVIIIe siècle. Sur le toit, des statuettes multicolores défient la cité, avec majesté. Elles semblent inatteignables. Pour grimper là-haut, le visiteur doit d'abord se déchausser, puis, enfiler quatre cent cinquante marches bordées de petites échoppes de

1. Cité par Alexandre Kalda, dans *Promenade en Inde*, Grasset, 1997.

marchands de souvenirs dans un boyau étroit et caverneux. La chaleur suffocante, les pieds nus sur la pierre, des hommes, des femmes, des enfants qui dorment sur les marches et que l'on doit parfois enjamber pour passer, des mendiants, beaucoup de mendiants... La progression est difficile jusqu'au sommet. Là se trouve un temple dédié à Shiva, le dieu destructeur. Un monument emblématique dont les Tamouls prennent le plus grand soin. Ce « rock temple » est célèbre dans tout le pays. Seuls les hindous sont admis dans ce haut lieu. La règle est inscrite sur la porte, et l'entrée est contrôlée. Pierre Ceyrac va vivre ici l'une de ses plus impressionnantes expériences spirituelles depuis son arrivée en Inde. Car il a beau être étranger, il a réussi à pénétrer le temple.

Pierre a noué des relations privilégiées avec son professeur de tamoul, prêtre de Shiva et responsable du « rock temple » auprès des autorités anglaises. Le maître a pris son élève en sympathie – alité pour cause de maladie, il lui a même demandé de venir à son chevet pour lire *L'Imitation du Christ*. Le professeur autorise Pierre à suivre les lectures qu'il donne au temple, chaque soir, à six heures, sur les grands poèmes d'amour mystique de la Bhakti, mouvement religieux de dévotion à Shiva.

Honneur suprême, un soir, Pierre Ceyrac est convié dans le temple pour le *Poujâ*, le grand sacrifice. Cette fête obéit à un cérémonial magnifique au cours duquel des dizaines de prêtres officient. Ceyrac est le seul Européen, le seul prêtre catholique présent dans l'assistance. Il est identifiable : il porte la soutane blanche et la ceinture rouge des Jésuites. Gêné, il finit par se lever. Et, dans la pénombre impressionnante de la grande salle du temple, au milieu des religieux hindous, il prend la parole. Il cherche les mots – l'affaire est autant spirituelle que diplomatique. Il lance, en tamoul :

– Je vous remercie de m'accueillir ici, dans cette enceinte sacrée. Je vous remercie de me permettre d'entrer dans votre famille.

L'assemblée dresse l'oreille. Employant à dessein un verbe tamoul qu'utilise d'ordinaire une jeune mariée lorsqu'elle parle de sa nouvelle famille, Pierre poursuit.

– Je suis comme l'épouse qui fête les noces avec la famille de l'époux.

L'assemblée écoute. Le jeune jésuite est échauffé. Sa timidité s'estompe. Il ose :

– Je respecte la cérémonie que vous venez d'accomplir. Mais je dois vous dire que le Dieu que j'adore n'est pas le vôtre. Mon Dieu à moi s'appelle Jésus-Christ.

Il ne cherche pas à faire du prosélytisme, mais à livrer un témoignage religieux. L'assemblée l'a bien compris, qui reçoit ces paroles dans un silence respectueux. Pierre Ceyrac vient de prononcer le nom de Jésus-Christ dans ce temple dévoué à Shiva, comme jamais personne ne l'avait fait avant lui. Le jeune jésuite a proclamé sa foi chrétienne, pour la première fois de sa vie, devant une offrande florale à une divinité hindoue enduite de beurre et de noix de coco.

S'il est tout entier habité par ce en quoi il croit et dévoué aux devoirs qui lui incombent, il n'est toujours pas prêtre. Le jeune jésuite n'a pas achevé sa formation. Celle-ci le conduit à cinq cent kilomètres au sud de Madras, au scolasticat de Shembaganur, situé à deux mille mètres d'altitude, dans une montagne aux atours magiques avec ses belles forêts d'eucalyptus peuplées de tigres, de bisons et de singes... Cet environnement sera le sien pendant trois ans. Trois années sans bouger – sauf, parfois, pour aller chez le dentiste, à Madurai, ou pour quelques promenades dans la plaine. Trois années à vivre ici en circuit fermé, entre religieux – une centaine de jésuites d'une vingtaine de nationalités différentes –, à étudier encore... Philosophie thomiste. Ontologie (métaphysique de l'être), psychologie morale, adaptation aux problèmes de l'Inde... Tous les cours ont lieu en anglais ou en latin.

Il a de plus en plus de mal à supporter ces études qui n'en finissent pas. Il vit un moment très difficile, des années de déprime. Il se sent déraciné. L'excitation des premières découvertes, à son arrivée en Inde, s'est quelque peu évanouie. Pierre Ceyrac n'est plus très jeune, il n'a pas encore de responsabilités. Il se sent coupé de la France, de sa famille, de sa culture. Il aimerait pouvoir profiter de la vie, sortir, voir un spectacle, aller tâter le dos des moutons d'Assier, et manger les saucisses corréziennes avec cette purée de pommes de terre que sa mère sait si bien préparer... Mais non, il doit rester dans cette montagne vertigineuse, isolée, à la nature hostile. Il se sent seul, face à lui-même. Il lit, il prie. Il s'efforce à « fortifier l'homme intérieur », comme le dit saint Paul.

Huit ans après son retour de la guerre, Paul Ceyrac pose avec sa femme et ses six enfants. Pierre Ceyrac est à gauche sur la photo, à côté de sa mère.

Cette maison d'Assier, propriété des grands-parents maternels de Pierre Ceyrac, est le lieu de villégiature de la famille pendant les vacances d'été.

Un été à la fin des années trente, dans le jardin de La Serre, berceau familial des Ceyrac à Collonges, en Corrèze. Paul Ceyrac, le père, est allongé dans l'herbe, à droite.

Pierre Ceyrac, jeune novice jésuite, au milieu de ses frères. L'aîné, François, est à sa gauche, en chemise blanche. (Archives : Gabriel Murat de Montaï.)

Tous les garçons Ceyrac sont scolarisés au collège Saint-Joseph de Sarlat depuis 1851. Pierre y entre comme élève en 1927.

À son arrivée en Inde en 1937, Pierre retrouve son oncle jésuite, le père Charles Ceyrac, qui est à l'origine de sa vocation.

Trois jésuites et un sherpa au seuil du Tibet. Le 8 décembre 1946, Pierre Ceyrac (à droite sur la photo) pose le pied sur le Toit du Monde. (Crédit : Paul Haefeli/Missi.)

L'une des rares photos de Pierre avec sa mère, Suzanne, à La Serre, le 18 août 1963.

Cheveux et soutane au vent, le père Ceyrac fait sa « discovery of India », au guidon de sa Royal Enfield.

Ordonné prêtre le 21 novembre 1945 dans l'Himalaya, Pierre Ceyrac devient responsable des jeunes catholiques de l'Inde à partir de 1952.
(Archives : Gabriel Murat de Montaï.)

Le père de tous.
En 1964, un photographe américain immortalise un instant de complicité entre le père Ceyrac et des enfants indiens.
(India/Missionary activity.)

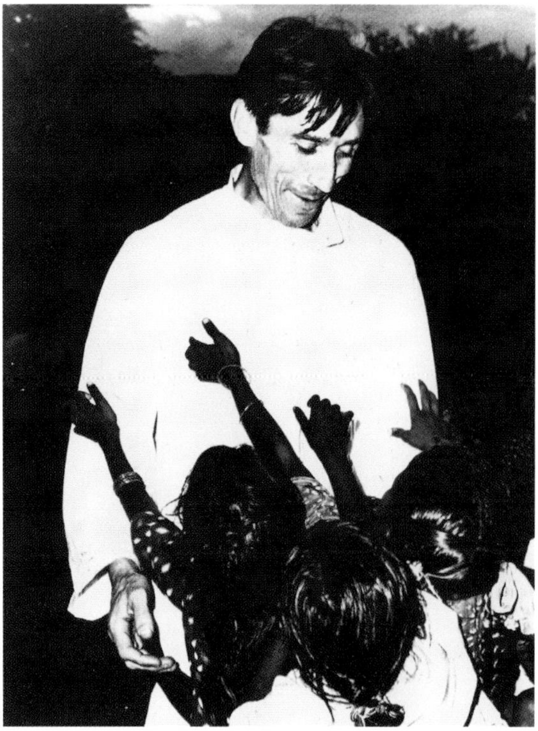

L'un des premiers « chantiers Ceyrac ». Des familles des rues sont relogées dans un lieu baptisé « Cherian Nagar », à Tondiarpet, dans la banlieue de Madras.
(Archives : Gabriel Murat de Montaï.)

« Nous voulons devenir la voix de ceux qui n'ont plus de voix... » Pierre Ceyrac, dans les années cinquante, devient un personnage familier des villages de l'Inde.

En grande conversation avec une jeune volontaire de l'association suédoise des « Swallows » (« Les Hirondelles »), à Madras. (Photothèque Abbé Pierre.)

En 1977, en Inde.
Cette année-là,
un cyclone dans le golfe
du Bengale fit quatre-
vingt-huit mille morts.
(D. R.)

Avec sa nièce
Véronique, la fille
de sa sœur Alix,
à la ferme de
Manamadurai,
en février 1975.

« Nehru avait ce don de parler à une foule de dix mille personnes en donnant l'impression de dialoguer avec chacun en particulier. »
(© Corbis)

Mère Teresa, de Calcutta. « Elle a choisi non seulement d'être la dernière, mais la servante des derniers », dira Jean-Paul II en la béatifiant, en 2003.
(© Corbis)

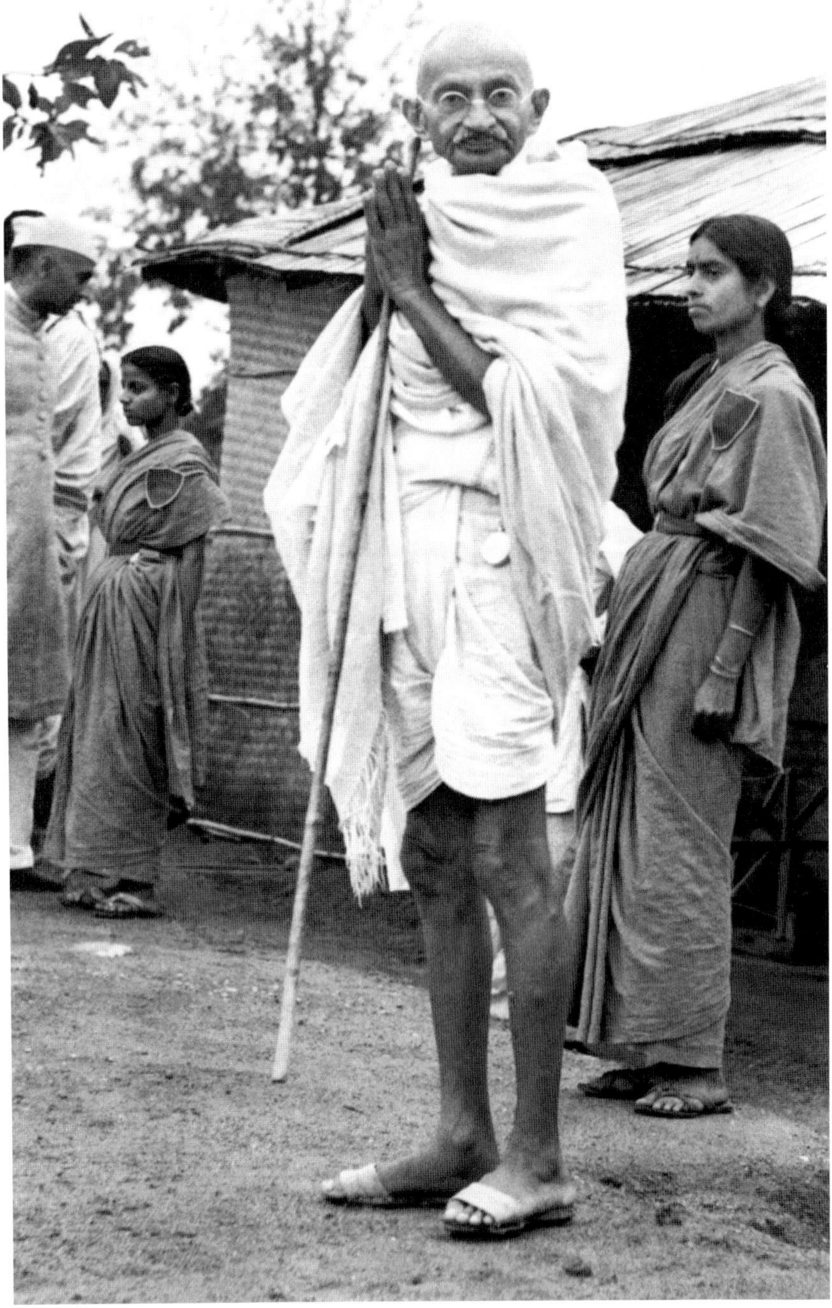

« L'homme n'est un homme que s'il est capable de se contraindre », a écrit Gandhi. Le mahatma Gandhi, que le père Ceyrac rencontra pour la première fois en 1947 (ici en 1940), « avait l'air fragile, c'était une force de la nature », se souvient le missionnaire ! (© Corbis)

À partir du début des années quatre-vingt, au volant de sa Toyota, le père Ceyrac est en mission dans les camps de réfugiés à la frontière de la Thaïlande et du Cambodge.

« Il n'y a rien de comparable à la détresse d'un réfugié. Ce sont des gens déchirés et rejetés à la manière des arbres qu'on déracine. »

CHAPITRE 6

FATHER CEYRAC, AVENTURIER DE DIEU

Le monde est engagé dans une nouvelle guerre. Les réfugiés affluent dans les campagnes françaises – les populations de Meyssac et de Collonges pendant cette période doublent, voire triplent. Les Ceyrac, comme la plupart des familles françaises, sont divisés. Au cours de l'été 1940, une partie d'entre eux est à Brive-la-Gaillarde pour acclamer sur la Guierle noire de monde Philippe Pétain qui, quelques semaines auparavant, a signé l'armistice avec l'Allemagne. Pendant que le potier de Meyssac fabrique des petits bustes en terre rouge du Maréchal qu'il vend par fournées...

François Ceyrac est alors prisonnier à Trèves, sur la Marne, près de la Moselle. Interné dans un camp en Allemagne, simple sous-officier, il partage le quotidien rude de la troupe.

Pierre dispose de très peu de nouvelles des membres de sa famille – qui se bornent à une lettre tous les six mois. Depuis que l'Inde, colonie anglaise, est entrée en guerre en 1939, la communication est rompue. Sous-lieutenant de réserve de l'armée française, Pierre Ceyrac a reçu ses ordres de route. Il aurait dû rejoindre Saigon – alors française. Mais Churchill a mis son veto.

Le Premier ministre anglais refuse que les missionnaires se rendent à Saigon – le Vietnam est lié à l'Etat de Vichy à partir de 1940. Surtout, dit-on, Churchill veut conserver cette réserve d'hommes sur place, « au cas où ». Les Anglais arrêtent prêtres et séminaristes allemands et italiens en Inde, et les rassemblent dans des camps. Pierre et ses camarades suivent les combats et les mouvements de troupe à la radio anglaise – quand ils peuvent la capter. La guerre, pour Pierre, c'est surtout les discours de Churchill. Le missionnaire ne soutient pas le régime anglais en Inde, mais il est subjugué par son Premier ministre qui, sans être un orateur-né, a acquis le sens de la formule, de la repartie cinglante, des phrases courtes, et maîtrise tout autant la langue ciselée des salons que les invectives chaleureuses des pubs. L'ancien soldat-reporter sait manier la BBC, et tirer la larme autant aux foules qu'aux députés des Communes. Ce chef de guerre a le sens poétique des mots. C'est ce qui émeut Pierre Ceyrac, lequel se souviendra toujours de ces paroles du Premier ministre anglais : « *So much has been done for so many by so few* » – « Tant de choses ont été faites pour tant de gens par si peu. »

Pierre a quitté Shembaganur, il est monté vers le nord de l'Inde, dans l'Himalaya, au pied des pics du Kanchenjunga – troisième sommet du monde qui culmine à 8 598 mètres d'altitude. Pendant quatre ans, de 1941 à 1945, il étudie la théologie, à Kurseong. Cette petite ville – dont le nom est tiré du mot *kursonrip*, qui désigne une petite orchidée blanche courante dans la région – est située à une trentaine de kilomètres au sud de Darjeeling – et à 1 458 mètres d'altitude.

Pour monter depuis la plaine, on emprunte un petit train à crémaillères qui tournicote sur les versants escarpés. Cette région du Sikkim, à la frontière du Népal, au climat doux, est mythique pour les explorateurs du monde entier. C'est le territoire des soldats indiens gurkhas et du léopard des neiges, où voisinent plantations de thé et monastères *gompas*.

A Shembaganur, le jeune jésuite avait connu des moments de dépression ; à Kurseong, il trouve davantage son équilibre. Là aussi, il vit dans une ambiance fermée, parmi deux cents jésuites de différentes nationalités – des Indiens, des Américains, des Français, des Italiens, des Anglais. Mais il a trente ans, il arrive à une plus grande maturité. Pour lui, Kurseong est une période de travail intellectuel intense. Il y perfectionne sa théologie – notamment le néo-thomisme grâce aux cahiers du père Maréchal –, sa science de Dieu, de la Trinité, de la christologie en même temps que ses connaissances de la vieille civilisation indienne. Il approfondit son étude de l'hindouisme avec ses amis, les pères Fallon et Antoine et, surtout, le père Bayard, professeur de sanskrit et d'indologie, tous les trois de l'« Ecole de Calcutta ». Il poursuit, avec le père Bayard, son apprentissage du sanskrit, à travers les textes sacrés des Upanishads et des Vedas, et leurs commentaires par les grands philosophes de l'Inde – Shankara, Ramanuja, Madhva. Ses lectures savantes sont entrecoupées d'autres plus divertissantes ; des ouvrages d'histoire, des romans. Il découvre Rudyard Kipling, même si celui-ci reproduit une vision anglaise de l'Inde, Thomas Hardy ou Graham Green, celui que l'on surnomme le Mauriac anglais, auteur mémorable de *The Heart of the Matter* (« Le Cœur de la matière ») et, surtout, de *The Power and the Glory* (« La Puissance et la Gloire ») qui raconte la chute et la rédemption d'un prêtre au Mexique. « Il faut lire au moins un livre par mois qui n'a rien à voir avec la théologie », conseille le père Bayard. Dans l'Himalaya, Pierre Ceyrac se forme à devenir prêtre jésuite et apprend à être un homme cultivé. Sa formation touche à sa fin. Après avoir étudié pendant près de quinze années, au cours de sa troisième année de théologie, à Kurseong, Himalaya, dans ce paysage grandiose qu'un dicton populaire désigne comme la demeure des dieux, le jeune jésuite, à l'âge de trente et un ans, est – enfin – ordonné prêtre.

*

Désormais, on l'appellera Father Ceyrac, le père Ceyrac – ou le père Pierre, c'est selon. Ils sont une vingtaine d'hommes de dix nationalités à être ainsi consacrés, ce 21 novembre 1945... La cérémonie est dirigée par l'archevêque de Calcutta. L'assistance est clairsemée. La seule personnalité présente, en dehors de l'archevêque, est le professeur Olivier Lacombe, qui est alors conseiller culturel en Inde. Ce philosophe français, normalien et chrétien connaît bien le pays qu'il a découvert dans les années 1935 et 1936 en circulant de l'Himalaya au cap Comorin, en train et à bicyclette. Il a rencontré Gandhi, Nehru, et la fille de celui-ci, Indira. Lacombe est un ami du père Bayard, et Pierre Ceyrac a donc été amené à rencontrer pour le questionner plusieurs fois ce fin connaisseur de la culture indienne, auteur d'un livre de référence – *L'Absolu selon le Vedanta*.

La guerre a empêché les déplacements des familles – les parents Ceyrac ont envoyé à leur fils un calice pour dire la messe, suivant la tradition. Seule la petite communauté de Kurseong assiste à ce moment privilégié. « Mais les choses les plus grandes sont parfois les plus simples », se rassure Pierre.

Voici enfin venu le grand jour de sa vie. L'officiant prononce la phrase rituelle, tirée de l'Epître aux Hébreux du Nouveau Testament – chapitre 7, verset 17 : « Tu es prêtre pour l'éternité selon l'ordre de Melchisédech ! »

Pierre Ceyrac s'allonge sur le sol, face contre terre, aux côtés de ses camarades. Comme l'ont fait avant eux tous les prêtres catholiques du monde depuis des siècles. Cet acte, se dit-il, est l'accomplissement d'une longue marche, une date ultime, une apogée. Il est enfin « consacré » devant Dieu, au service du peuple... Pierre Ceyrac ressent une très forte dignité. « J'ai un grand sens du mystère, je sais que nous ne pouvons pas tout comprendre. Rien n'est carré dans le monde, il existe toujours une sortie quelque part, vers l'Absolu... », dit-il. Il vient d'accomplir un pas qui l'engage pour toujours. Il renonce à la vie de ses contemporains, il se met à part de la société – « mis à part », c'est ce que signifie le mot « sacré ». Il sait que cette séparation sera parfois difficile, il pense à la solitude, à la chasteté...

Cette journée devrait être placée sous le signe de la joie, et il la vit « dans le noir ». Pourquoi ? Il ne sait pas trop. En ce jour de gloire tant attendu, dans ces paysages majestueux de l'Himalaya, le jeune prêtre se sent angoissé, las, seul, loin de tout... Il se répète, pour se fortifier, les paroles de l'« Hymne au martyr » dans le Bréviaire : « Si l'espérance t'a fait marcher plus loin que ta peur, tu pourras tenir jusqu'au soleil de Dieu. »

*

Une fois sa dernière année de théologie achevée, il est paré pour exercer son sacerdoce, pour vivre en tant qu'homme de Dieu au milieu du monde. Mais il vient de passer quatre ans sans pouvoir voyager, devant l'un des plus beaux spectacles vivants du monde : la chaîne de l'Himalaya. Il a épuisé sa jeunesse dans les études, lui qui a toujours rêvé d'aventures. Et l'aventure, elle se trouve là, sous ses yeux, de l'autre côté de cette barrière montagneuse. Accompagné de deux camarades jésuites, un Colombien, Denis Arango, et un Suisse, Paul Haefeli, Pierre Ceyrac décide de traverser l'Himalaya, passer au Sikkim, franchir la frontière de l'Empire britannique et pénétrer dans ce pays qui depuis la nuit des temps aiguise l'imagination de tous les voyageurs du monde : le Tibet.

L'idée de « monter au Tibet », comme il le dit, lui trotte dans la tête depuis pas mal de temps. Depuis qu'il a lu, à Shembaganur, l'histoire de cet Anglais qui, au début du siècle, pour entrer incognito dans le pays, s'était peint le corps avec de la teinture d'iode, afin de se cuivrer la peau et de ressembler ainsi à un autochtone – il avait été démasqué, en commettant l'erreur d'uriner debout, alors que l'habitude locale est de se mettre accroupi... Le Tibet, c'est le Graal des aventuriers !

Nos trois explorateurs jésuites ne partent pas totalement à l'inconnu. Des aînés les ont précédés. Avant les marchands et les explorateurs, les premiers Européens à poser le pied sur le « Toit du monde » furent en effet des fils de Loyola. Ces pionniers découvrirent le Tibet au XVIIe siècle. Leurs chefs de file, les pères Antonio de Andrade et Manuel Marques, deux Portugais, y entrent par le sud-ouest, en 1625, époustouflés par « ces hautes montagnes, qui n'ont peut-être pas leurs pareilles sur le globe ». « Il suffit de dire qu'il faut marcher plus de deux jours entiers pour en franchir une seule », relève le missionnaire. Quelques années plus tard, en 1662, les pères Johanes Grueber et Albert d'Orville atteignent Lhassa. Puis, le père Desideri, à la suite des capucins en 1707, s'y installe en 1716 pendant cinq ans – il vit dans les monastères, apprend le tibétain, s'initie au bouddhisme, et écrit même un traité en trois volumes dans la langue des lamas...

Quand, en 1946, le père Ceyrac et ses compagnons gagnent à leur tour le Tibet, l'expédition représente encore une réelle performance. Des marchands font le voyage, quelques riches familles tibétaines envoient leurs enfants dans les écoles anglaises à Darjeeling, mais, en ce milieu du XXe siècle, ce territoire, grand comme la moitié de l'Europe et sur lequel vivent près de sept millions d'habitants, reste une *terra incognita*, isolée du monde par ses barrières naturelles – montagnes et déserts – et interdite d'accès aux touristes.

Pierre Ceyrac est reporter, Denis Arango, peintre, et Paul Haefeli, photographe. Leur « reportage exceptionnel » sera publié par le numéro 5 de la revue des missionnaires jésuites *Missi*, de mai 1947 – sous le titre « Au Thibet pays interdit ». Les trois hommes y posent en photo, emmitouflés dans des vareuses, les têtes enfoncées dans des bonnets de fourrure – à l'exception de Pierre, tête nue –, les pieds dans la neige, visiblement épuisés, lors de leur entrée au Tibet, par le col de

Natula (5 000 mètres d'altitude), le 8 décembre 1946. Partis de Darjeeling, ils ont traversé le Sikkim anglais où le résident, représentant de Sa Majesté, leur a établi un laissez-passer. De là, ils se sont mis en route pour le Tibet. A pied et sac au dos, « comme la plupart des braves gens du pays, note le reporter Ceyrac : les Thibétains sont en effet de gros marcheurs ; quelque deux ou trois mois de marche ne les effraient guère et, de leur pas tranquille, ils traversent en se dandinant les hauts plateaux déserts du Thibet. »

Deux mules portent les bagages – boîtes de conserve, couvertures, nécessaire pour la messe, etc. Les pieds et les mules sont les uniques moyens de transport. « Le Thibet, écrit Ceyrac, est l'un des très rares pays du monde, et peut-être le seul, où il n'existe aucune route carrossable, à plus forte raison aucun chemin de fer. On m'a cependant dit qu'il y avait eu une auto à Lhassa, il y a quelques années : elle aurait servi au dalaï-lama pour faire le tour de la ville sainte, certains jours de fête. Mais le dalaï-lama n'est plus et l'auto a disparu elle aussi. »

Le reporter Ceyrac est aux aguets. Il décrit tout ce qu'il voit. Les « caravanes joyeuses » de yaks, « bêtes trapues aux longs poils soyeux » qui dégringolent les cols « au son des grelots ». Les moines « jaunes » et les moines « rouges », « ou plus exactement les "chapeaux jaunes" et "les chapeaux rouges" » – les seconds, moins rigoristes (ils peuvent se marier) lui faisant meilleure impression « parce qu'ils se montrèrent plus avenants et plus "maniables" ». Tintin Ceyrac s'émerveille de la « belle allure des maisons », dont les toits débordent « comme des chapeaux à large bord ». Il s'amuse des hommes « avec leur coiffe de fourrure ou leur chapeau de feutre et leur tunique brune croisée, solidement ceinturée à la taille », des femmes « dans leurs tabliers en trois pièces, aux lignes horizontales, qui va en s'élargissant vers le bas ». Tous, remarque-t-il, ont les « joues rouges lorsqu'ils sont jeunes », et « ils prennent en vieillissant une ressemblance étonnante avec les Indiens du nord de l'Amérique lorsqu'ils ont été marqués par une vie de labeur ». Le père Desideri, au XVIIIe siècle, percevait les « Thibétains » comme « d'un naturel doux et docile, mais inculte et grossier ». Son lointain successeur Ceyrac loue ces hommes et ces femmes qui « vont leur chemin, à travers les neiges et les vents, sans feu pour se chauffer (car il n'y a pas de bois sur le plateau thibétain ; la cuisine y est faite avec de la boue de yak desséchée), travaillent dur, mangent une nourriture grossière, le tout avec un air de parfait contentement ». Le voyage est riche d'enseignements. « Ce n'est donc pas le confort matériel et toute notre civilisation et toute notre machinerie qui font le bonheur, souligne notre prêtre-reporter. Un capitaine anglais rencontré en cours de route fit la même remarque et ajouta : “S'ils vivent heureux, ce n'est pas qu'ils soient riches, mais c'est qu'ils sont religieux...” »

Ce voyage au Tibet prend des allures de pèlerinage. Disant la messe, les trois pères se montrent heureux d'offrir, disent-ils, le « Divin Sacrifice, comme l'avaient fait les grands missionnaires de jadis ». Une seule note discordante échappe à cet enthousiasme juvénile : le thé. « Il serait plus juste d'employer le mot “soupe”, s'exclame Pierre, car le thé thibétain est chose substantielle : on y mélange du beurre ranci ou du lard et autres ingrédients ; nous pûmes voir avec appréhension le moine malaxer le tout dans un long cylindre de cuivre, avec un mouvement de pompe. Une fois la mixture à point, on nous emplit nos tasses ; ce devait être sans doute un chef-d'œuvre de cuisine thibétaine, à en juger par les gros yeux des moines qui assistaient à notre repas. Mais je dois avouer que cette épaisse couche de graisse flottant à la surface ne me mit pas en appétit. »

L'expédition malheureusement a ses limites. Les trois explorateurs ne parviendront pas jusqu'à Lhassa, la cité interdite. La police tibétaine les a arrêtés à mi-chemin. Les trois voyageurs intrépides sont refoulés, mais avec égards. Ils sont même les invités de l'officier qui commande le poste de police. Celui-ci est très heureux de recevoir les prêtres. C'est un ancien élève du collège jésuite de Darjeeling...

*

Comme ils paraissent loin désormais la Dordogne de son enfance, les châtaigniers de la Corrèze et les souterrains du château d'Assier... A son tour, comme son oncle Charles, Pierre Ceyrac porte la soutane blanche et la ceinture rouge des missionnaires. Sa peau s'est dorée sous le soleil, son visage s'est émacié, il s'est tanné, son corps, son regard se sont endurcis – même adoucis par ce sourire radieux qui illumine son visage... Il est prêtre catholique. Mais il est entré dans le mystère de l'Inde. Sur ce chemin d'initiation, une rencontre est décisive. Près de dix ans après son arrivée dans le port de Madras, il a rendez-vous avec l'homme qui incarne cette terre, ce peuple, ce mysticisme qui l'envoûtent. Il va voir Mohandas Karamchand Gandhi.

Le « mahatma » – la « grande âme », comme l'a qualifié le poète Tagore – apparaît tel que l'a décrit l'écrivain français Romain Rolland, grand ami de l'Inde, dans un portrait saisissant paru vingt-trois ans plus tôt : « De tranquilles yeux sombres, écrit Rolland à propos de Gandhi. Un petit homme débile, la face maigre, aux grandes oreilles écartées. Coiffé d'un bonnet blanc, vêtu d'étoffe blanche rude, les pieds nus. Il se nourrit de riz, de fruits, il ne boit que de l'eau, il couche sur le plancher, il dort peu, il travaille sans cesse. Son corps ne semble pas compter. Rien ne frappe en lui, d'abord, qu'*une expression de grande patience et de grand amour.* Pearson, qui le voit en 1913, au Sud-Afrique, pense à François d'Assise. Il est simple comme un enfant, doux et poli même avec ses adversaires, d'une sincérité immaculée. Il se juge avec modestie, scrupuleux au point de paraître hésiter et de dire : “Je me suis trompé” ; ne cache jamais ses erreurs, ne fait jamais de compromis, n'a aucune diplomatie, fuit l'effet oratoire, ou mieux n'y pense pas ; répugne aux manifestations populaires que sa personne déchaîne, et où sa chétive stature risquerait, certains jours, d'être écrasée, sans son ami Maulana Shaukat Ali, qui lui fait un rempart de son corps athlétique ; *littéralement malade de la multitude qui l'adore* ; au fond, ayant la méfiance du nombre et l'aversion de la *mobocracy*, de la populace lâchée ; il ne se sent à l'aise que dans la minorité, et heureux que dans la solitude, écoutant *la still small voice* (la petite voix silencieuse), qui commande... Voici l'homme qui a soulevé trois cents millions d'hommes, ébranlé le British Empire, et inauguré dans la politique humaine le plus puissant mouvement depuis près de deux mille ans. »

Le jeune et timide Pierre Ceyrac est introduit, en 1947, auprès de cette icône vivante par deux pères belges de l'école de Calcutta qui ont été ses professeurs à Kurseong, les pères Fallon et Antoine. « On présentait parfois Gandhi comme un excité, et je me trouvais face à un homme âgé, de près de soixante-dix-huit ans, qui marchait de manière assez lente, courbé sur une canne, se souvient le missionnaire. Il émanait de lui une grande sagesse. On aurait pu le croire faible, et, au contraire, il n'était pas mou du tout. Gandhi avait un courage immense, il était bien plus qu'un gourou, en plus de sa grandeur, il représentait la spiritualité de l'Inde. J'avais devant moi une force de la nature ! »

Le jeune Gandhi a écrit : « L'homme n'est un homme que s'il est capable de se contraindre. Si tu veux être grand, limite-toi. » Pierre Ceyrac sait que l'*ahimsâ*, cette doctrine de la non-violence prônée par le mahatma, n'est pas fruit de la peur ou de la lâcheté, mais signe de puissance. « Je préférerais de beaucoup voir l'Inde recourir aux armes pour défendre son honneur, plutôt que de rester lâchement témoin de son propre déshonneur, a lancé Gandhi un jour, rapporte Romain Rolland. Mais je sais que la non-violence est infiniment supérieure à la violence, que le pardon est plus viril que le châtiment [...] Non-violence oppose toute la force de l'âme à la volonté du tyran. Un seul homme peut ainsi défier un empire et provoquer sa chute... »

Pendant ses études, Pierre a appris que les philosophes indiens, en sanskrit, décrivent Dieu suivant trois modalités : *sat chit anada* – « l'être, la vérité et l'amour ». Le jeune prêtre rencontre l'être qui rend concrètes ces notions. Pour le père Ceyrac, Gandhi lutte pour la vérité. Dans ses discours, aux côtés d'*ahimsa*, le mot qui revient sans cesse est *sattyagraha* – qui signifie littéralement « empoigner la vérité à pleines mains ». Il y a du Jésus dans cet homme-là. Le père Ceyrac se remémore les phrases de l'Evangile de Jean, quand le Messie, devant un Pilate sceptique qui demande « Qu'est-ce que la vérité ? », assure :

– Je suis roi : je suis né et je suis venu dans le monde pour rendre témoignage à la vérité. Quiconque est pour la vérité, écoute ma voix.

L'attitude de Gandhi se rapproche de celle du Christ de saint Jean.

Un jour, se souvient Pierre Ceyrac, un journaliste américain l'interpelle ainsi :

– Mahatma, quel est votre message ?

Celui-ci répond :

– Mon message, c'est ma vie.

A ce mystique si attentif aux pauvres, Pierre Ceyrac trouve le cœur très chrétien. D'ailleurs, Gandhi a confié un jour : « Le christianisme fait partie de ma théologie, le Christ est une resplendissante révélation de Dieu. »

La lutte de cet homme n'est pas seulement un combat de l'esprit. Il a le sens des symboles, reçoit ses visiteurs en filant du coton avec un rouet, un *charkha* – pour protester contre les progrès techniques imposés par les Anglais – et rêve d'une industrie des villages, l'« âme de l'Inde » comme il dit. Les grands spirituels sont souvent des politiques. Artisan de la paix, alors qu'hindous et musulmans s'entretuent, Gandhi décidera de parcourir à pied les régions de l'est du Bengale, traversant des villages où les conflits ont été les plus sanglants et desquels les minorités hindoues ont été chassées. Quand l'Inde accédera à l'indépendance, le 15 août 1947, il se taira. Aux journalistes de la BBC qui lui demanderont un commentaire, Gandhi rétorquera :

– Vous devez oublier que je parle l'anglais !

Furieux, le mahatma passera cette journée historique dans le jeûne, la souffrance, la prière. Pierre Ceyrac sera marquée par cette image. Hostile à la partition du pays, Gandhi sera le seul responsable qui voit clair, l'avenir lui donnera raison – à partir de ce jour commenceront des années de luttes sanglantes entre l'Inde et le Pakistan.

Gandhi reçoit ses visiteurs, les pères Antoine et Ceyrac, quelque temps avant l'indépendance, dans un village du Bengale, à une cinquantaine de kilomètres de Calcutta. Ils discutent en hindi, puis se rendent au centre de prière. Le mahatma médite chaque jour au milieu d'une communauté d'hindous et de musulmans. Devant ces religieux catholiques, Gandhi dit trois textes, des extraits du Coran, des Upanishads, et le Sermon sur la Montagne du Nouveau Testament – qui a influencé sa doctrine de la résistance passive. La foi de Gandhi n'est pas sectaire. Celui-ci témoigne même d'une universalité spirituelle que partage Pierre Ceyrac. « Je ne crois pas à la divinité exclusive des Vedas, soulignait Gandhi, toujours d'après Rolland. Je crois que la Bible, le Coran et le Zend-Avesta sont aussi divinement inspirés que les Vedas... L'hindouisme n'est pas une religion missionnaire. Il y a place en lui pour l'adoration de tous les prophètes du monde... »

Le père Ceyrac a trente-deux ans, il n'a pas encore eu le temps de beaucoup voyager dans l'Inde, il vient tout juste d'être ordonné prêtre catholique... Cette journée passée avec Gandhi va le marquer pour la vie. Impressionné, un peu gauche, il n'est pas tellement à son aise. Il parle peu. Mais il approche, il embrasse Gandhi, et il prie à ses côtés. Il vit ce que les Indiens appellent le *darsham* de Gandhi – la *vision* de Gandhi. Au pays des dieux, ce moment vaut presque un instant d'éternité, comme une Grâce qui effleure, et confère à celui qui l'a reçu un statut quasi divin... « Dire "J'ai connu Gandhi" donne un certain poids, explique, dans une litote, le père Ceyrac. Pour les Indiens, avoir le "darsham de Gandhi" représente quelque chose de très grand. J'avais vu, j'avais entendu, et j'avais parlé à l'un des plus grands personnages du siècle. Une telle rencontre, même de quelques heures, vous reste évidemment ancré dans l'imagination à vie. »

Même l'écrivain mexicain Octavio Paz, subtil connaisseur de ce pays dans lequel il sera ambassadeur en 1961, tout en exprimant son désaccord avec nombre de théories prônées par Gandhi – « les remèdes qu'il nous propose sont tantôt chimériques, tantôt nocifs », considère-t-il – s'incline devant la sainteté du mahatma. « Dans un siècle impie comme le nôtre, écrit le futur prix Nobel de littérature au cours de son premier voyage en Inde au début des années cinquante, la figure de Gandhi a quelque chose de miraculeux : en lui se fondaient les extrêmes, l'action et la passivité ; il mettait la politique – la forme la plus effrénée de l'appétit de pouvoir – au service d'une religion désintéressée. Contradiction vivante : il a toujours affirmé sa foi dans la religion traditionnelle, et pourtant l'hindouisme orthodoxe est aux antipodes de sa volonté de fraternisation entre les castes, de l'amitié avec les musulmans et de la doctrine de la non-violence. »

Ce combat le conduira à la mort. Le 30 janvier 1948 à cinq heures du soir, alors que Gandhi sort de sa résidence Birla House, à New Delhi, pour aller à ses prières, nu-pieds, vêtu de son sari blanc et de son châle, un homme fend la foule de ses fidèles, sort un revolver et tire quatre coups. Atteint de trois balles, dont une au cœur, le mahatma meurt vingt minutes plus tard, après avoir prononcés les mots : « *Hey Ram, Hey Ram* ! » (Ô mon Dieu ! Ô mon Dieu). Le meurtrier est un extrémiste hindou, appartenant à une secte exigeant « l'Hindoustan aux hindous », prônant la guerre contre le Pakistan et l'éradication des musulmans de l'Inde.

Pierre Ceyrac n'est pas en Inde à ce moment-là. Quelques mois plus tôt, à l'automne, il est revenu en France – pour la première fois depuis son départ en 1937 – afin d'y accomplir son « troisième an », l'ultime étape de probation jésuite[1].

Le missionnaire ne reconnaît pas son pays de naissance. La France est libérée, mais à terre. Il est coupé du monde, vivant dans des institutions jésuites, d'abord dans le Cher, puis en tournée de conférences en France. Aucune nouvelle ne lui parvient de l'Inde. Et, soudain, le téléphone sonne, et son frère Jacques lui annonce la mort de Gandhi... Bouleversé, Pierre s'effondre en larmes. Est-ce parce que la disparition de Gandhi

1. Pendant une dizaine de mois, avec un instructeur, à l'âge où le Christ sort de sa vie publique, le jésuite se replonge dans la pensée ignatienne, l'histoire, les principes, la tradition de la Compagnie ; il suit à nouveau, en silence, pendant trente jours, les « exercices spirituels » – cette période est considérée de « régénérescence ».

représente la mort de ses idéaux ? Non, pense-t-il : un idéal ne meurt jamais. Le mahatma Gandhi, Ceyrac en est alors certain, sera grandi par sa mort. En idéaliste, il croit en la pérennité *post-mortem* des idées gandhiennes. Il se trompe.

*

Après dix ans d'absence de France, Pierre a retrouvé sa famille. Ses frères et sa sœur qu'il a quitté célibataires sont désormais mariés, pères et mère de famille. Alix a deux enfants. François, à Paris, a retrouvé son poste à l'Union des industries métallurgiques et minières à son retour de captivité en 1943. Charles s'est établi comme agriculteur dans la maison de La Serre à Collonges, Jacques s'apprête à reprendre l'étude notariale de Meyssac. Bernard, avec femme et enfants, s'est installé à Clermont-Ferrand – il vient d'être nommé directeur des services administratifs aux Houillères du Bassin d'Auvergne.

En visite chez celui-ci, au courant de l'hiver 1948, le père Ceyrac est convié à prêcher un dimanche matin à la grand-messe de onze heures à l'église Saint-Genès des Carmes.

Avec timidité, dans sa soutane blanche, le frêle prêtre se hisse en chaire. Et il lance :

– Mes Frères, je viens vous parler de l'Inde, mon pays ; de mon peuple, l'immense peuple de l'Inde...

Sa voix se noue, il ne peut plus parler, écrasé par les sanglots. Le silence dans l'assistance est impressionnant – même si quelques mauvais esprits murmurent : « Mais il n'est pas indien, il est français »... Le père Ceyrac parvient à se reprendre, et à poursuivre son prêche. A la quête, il faudra déplier un grand linge pour recueillir les dons...

Pierre revient en France au milieu d'un drame familial. Quelques semaines avant de prendre le bateau à Madras, un télégramme lui a annoncé la mort de son père. Pierre n'a pas pu assister aux obsèques. Arrivé en France, il se rue dans la maison de famille à Meyssac. Très impressionné, il s'enferme dans la chambre où son père est mort. Il prie, il pleure. Paul Ceyrac est décédé le 1er août 1947, à l'âge de soixante-dix ans. Il souffrait d'un cancer, il était épuisé – les privations pendant la guerre, les angoisses pour son fils François prisonnier en Allemagne, les divisions de la famille entre gaullistes et pétainistes... Dans la chambre mortuaire de la maison de Meyssac, les souvenirs radieux de Paul, les images d'enfance reviennent dans la mémoire de Pierre. Le fils revoit son père, dix ans auparavant, assis sur l'un des petits bancs de l'église de Meyssac, quand il lui a annoncé : « Papa, je pars en Inde pour toujours. » Ils s'étaient embrassés, l'un comme l'autre savait qu'ils ne se reverraient plus. Oncle Charles n'était jamais revenu. La tradition missionnaire de l'Inde... Cette fois encore, la tradition n'a pas failli.

DEUXIÈME PARTIE

L'action

CHAPITRE 7

« NOTRE AMOUR DE L'INDE »

Quand Pierre Ceyrac revient en Inde, des statues de Gandhi se dressent partout dans le pays, on se réclame de son inspiration mais personne ne met en pratique ses idées. Le mahatma a combattu l'intouchabilité, mais, fidèle à l'hindouisme, il n'a pas voulu la disparition du système de castes. Il souhaitait l'« Inde du rouet », et l'Inde des années cinquante est éprise de modernité. Cet homme de son vivant a soulevé le peuple par la force de l'esprit, mais il n'incarne pas le rêve économique indien. Un nouvel Etat est à bâtir. Gandhi est le père de l'Inde, mais le pays a besoin d'un architecte. Et cet architecte s'appelle Jawaharlal Nehru. Le mahatma, la « grande âme », n'est plus ; voici venu le temps du pandit, l'« homme de savoir ».

Ceyrac se coule dans le nouveau rythme du pays, avec d'autant plus de facilités que le dynamisme et la personnalité de Nehru l'impressionnent. Comme des millions de ses compatriotes, il est fasciné par le charisme du nouvel homme fort de l'Inde. Après Gandhi, dans un autre genre, Nehru, l'ancien secrétaire du mahatma, charme son pays.

« Sa fatigue était visible, mais j'étais étonné de son

élégance : tout de blanc vêtu, immaculé, une rose à la boutonnière, écrira sur lui Octavio Paz. On devinait que ses deux grandes passions avaient été la politique et les femmes. C'était un aristocrate : les années de lutte, les incarcérations, le contact quotidien avec les foules (ou avec la tourbe diplomatique), rien n'avait entamé ses bonnes manières, son maintien, son sourire. Quand je le qualifie d'aristocrate, je pense d'abord à ses origines : c'était un brahmane du Cachemire, dont le père, Motilal Nehru, était célèbre et fortuné. Mais je pense également à son éducation anglicane, qui était devenue sa seconde nature. Il ne parlait jamais l'hindi, mais l'urdu et l'hindustani, la langue populaire du Nord. En 1931, Gandhi l'évoquait dans ses termes : "Il est plus anglais qu'indien dans ses façons de penser et de s'habiller ; il lui arrive souvent de se sentir mieux parmi des Anglais qu'en compagnie de ses compatriotes." Nehru était un homme de culture occidentale ; on ne trouve chez lui aucune trace de sympathie ou d'affinité avec la double tradition religieuse indienne : hindoue et musulmane. »

Jawaharlal Nehru se vit entre deux mondes. « J'occupe une place bizarre entre l'Est et l'Ouest, étranger partout, à ma place nulle part », se définit-il. Hindou, il mène son existence à l'occidentale, né aristocrate, il est socialiste, leader du pays le plus mystique du monde, il est agnostique, admirateur des Anglais, ancien élève de Harrow et de Cambridge, lecteur d'Oscar Wilde et client des meilleurs tailleurs de Londres, il est aussi le plus fervent adversaire de la Couronne britannique – qui le recevra de nombreuses années dans ses geôles... Churchill le méprisait. Il avait même dit, lors de l'indépendance : « Nous livrons l'Inde à des hommes de paille comme Nehru, dont il ne restera pas trace dans quelques années. » Ce Nehru dont il ne devait pas rester trace, infatigable arpenteur de son pays, doué d'une puissance de travail phénoménale – seize à dix-huit heures par jour, dit-on –, qui chaque matin se détend en mettant la tête en bas pour irriguer son cerveau, propulse dans la modernité ce pays aux quatre cents millions d'habitants – dont quatre-vingt-dix millions de musulmans – qui produit moins d'électricité que la petite Belgique...

Le père Ceyrac a une profonde admiration pour le nouveau chef de l'Inde. « J'ai été séduit par Nehru, confie-t-il. Avec Gandhi, le rapport était différent, il y avait le côté religieux. Nehru n'était pas un prophète comme Gandhi, mais c'était un homme prestigieux. Il pouvait parler deux heures devant une foule de dix mille personnes, en donnant l'impression qu'il s'adressait à chacun en particulier, qu'il dialoguait. Il ne cherchait pas le pouvoir, il n'a jamais été élu au suffrage universel – il était trop grand pour cela. Nehru n'était pas un politicien, mais un chef d'Etat, comme Adenauer, Churchill ou de Gaulle, le genre d'hommes qui savent pressentir l'avenir... Il écrivait très bien l'anglais, il était riche, très distingué, d'une classe supérieure à celle des princes. Et il avait quitté sa position pour son peuple. Il avait un sens incroyable des pauvres. Tout le monde l'admirait, y compris les gens qui l'avaient jeté en prison. »

Ceyrac a été bouleversé par le livre que Nehru a écrit pendant sa captivité sur l'histoire de son pays de la civilisation de l'Indus à nos jours – *The Discovery of India* (« La Découverte de l'Inde »). Il est touché par la vigueur des pages que le futur Premier ministre consacre à la pauvreté, l'indignation qu'elles contiennent à l'encontre de l'attitude de la classe dominante anglaise – et indienne – face à la famine qui a ravagé le Bengale, à l'est et au sud de l'Inde en 1943-1944, et qui fit trois millions et quatre cent mille morts – ce drame inspirera le cinéaste Satyajit Ray.

« Cette famine, écrit Nehru, a levé le voile sur l'état qui est celui de l'Inde sous le mince vernis de prospérité que lui prête une petite fraction de la population : un tableau de misère et de laideur, le point culminant et l'accomplissement du régime britannique. Ce n'est pas un cataclysme naturel, ce n'est pas le déchaînement des éléments qui ont amené cette famine, pas plus que des opérations de guerre ou un blocus imposé par l'ennemi. Tous les observateurs avisés s'accordent à dire qu'elle fut l'œuvre des hommes, qu'elle aurait pu être prévue et évitée. Tous s'entendent à reconnaître l'indifférence stupéfiante, l'incompétence et la complaisance que déployèrent les autorités concernées. Jusqu'au dernier moment, alors que des milliers de gens mouraient chaque jour dans les rues, ces autorités nièrent l'existence de la famine et les rapports qu'en faisaient la presse furent interdits par les censeurs. Quand le *Statesman*, un quotidien de Calcutta, publia des photographies insoutenables de femmes et d'enfants agonisant dans les rues de Calcutta, un porte-parole du gouvernement de l'Inde, au cours d'une assemblée du Parlement central, protesta contre la "dramatisation" de la situation. Il lui semblait normal, apparemment, que des milliers d'Indiens meurent de faim chaque jour en Inde. »

Plus loin, Nehru affûte sa plume pour fustiger ses contemporains. « Pendant que tout cela avait lieu et que les rues de Calcutta étaient jonchées de cadavres, la vie sociale des dix mille riches de Calcutta n'avait subi aucun changement, enrage-t-il. On dansait, on festoyait, on étalait son luxe, la vie était gaie. Le rationnement n'intervint que beaucoup plus tard. Les courses de chevaux continuaient d'attirer leur public à la mode. On manquait de moyens de transport pour acheminer les secours, mais les chevaux de course arrivaient dans des boxes spéciaux par chemin de fer de différentes régions du pays. A cette vie dorée participaient Anglais et Indiens, ceux que le commerce de la guerre avait enrichis, et l'argent coulait à flots. C'était parfois celui du profit réalisé sur les denrées alimentaires dont le manque tuait dix mille personnes chaque jour. »

Gandhi avait réussi à exalter son peuple, que va pouvoir faire Nehru ? En ce début des années cinquante, les trois quarts de la population se débattent dans la misère – la moitié de la population urbaine « habite » dans des bidonvilles. Sans aucun espoir dans l'avenir. Le revenu annuel est l'un des plus faibles au monde : cinquante-quatre dollars par an et par personne. Dans un pays à la démographie galopante, l'espérance de vie à la naissance est de trente-deux ans, et, selon le recensement de 1951, plus de 80 % des Indiens sont analphabètes.

Nehru veut transformer l'Inde en profondeur, poser les fondations du nouvel Etat indépendant. Il veut combattre la pauvreté, l'éclatement de la nation en une mosaïque de communautés – ce qu'on appelle aujourd'hui en Occident le « communautarisme », et que Nehru désigne par « communalisme »... Le 31 décembre 1951, à Calcutta, rapporte le quotidien *The Hindu*, pour la nouvelle année, il exhorte des milliers de mineurs d'Asansol, le « cœur de la Ruhr indienne », à « déclarer la guerre à la pauvreté », et appelle la nation à bâtir une Inde nouvelle, prospère et forte. Le 16 janvier 1952, toujours selon *The Hindu*[1], commençant une tournée électorale à Allahabad, il met en garde la population contre la dangereuse alliance de la religion et de la politique qui pourrait tuer à jamais tous les espoirs d'émancipation économique. Le même jour, à Lucknow, il appelle le peuple à une grande solidarité nationale, malgré ses diversités religieuses et ethniques. « Le peuple d'Inde doit relever le défi des organisations communautaires et maintenir sa solidarité en face des attaques des communalistes », harangue Nehru, qui veut promouvoir une démocratie sécularisste, laïque. Gandhi glorifiait l'« Inde du rouet », Nehru bâtit des usines. « On ne construit pas une locomotive dans un atelier d'artisan », dit-il. En s'inspirant du modèle de planification soviétique, il lance un vaste programme d'industrialisation et une politique d'aménagement rural pour désenclaver les six cent mille villages indiens. « Nehru montrait comment on construit un pays, alors que Gandhi se reposait uniquement sur les échoppes des villages, constate Pierre Ceyrac. Aux paysans, il disait comme à des amis : “Pour creuser la terre, il te faut une pioche. Pour avoir une pioche, il te faut de l'acier. Pour fabriquer de l'acier, il faut une aciérie.” Et ainsi de suite... C'est en raisonnant de cette manière que Nehru a lancé les grandes aciéries de l'Inde, et les programmes de hauts-fourneaux... »

A son retour en Inde, le père Ceyrac est d'abord affecté au poste d'aumônier du collège Saint-Joseph de

1. Articles *The Hindu* du 2 janvier 1952 et du 18 janvier 1952. Archives collection *The Hindu*, Madras.

la ville de Tiruchipalli (Trichy), le plus ancien collège universitaire catholique de l'Inde, fondé en 1883. Puis, il est nommé aumônier général des étudiants de l'Inde, et, en 1954, il quitte Trichy pour le prestigieux Loyola College de Chennai, comme s'appelle désormais la ville de Madras. Ce collège, bâti au temps des Anglais dans un parc arboré aux terrains de tennis et aux maisons à colonnades, est le quartier général des jésuites du sud de l'Inde et il compte parmi les meilleures universités du pays.

A son arrivée, ses collègues traitent Pierre Ceyrac avec condescendance. Il est jeune – trente-neuf ans –, il est étranger. Il arrive du fin fond de l'Inde, donc presque comme un *mofossil* – le terme signifie « paysan » en hindi –, et il a été choisi par l'assemblée des évêques du pays pour occuper ce poste stratégique et convoité d'aumônier de l'ensemble des étudiants de l'Inde. Le jésuite français prend la tête du mouvement All India Catholic University Federation, dénommé par ses initiales Aicuf.

– Quel est votre programme ? lui demandent les responsables catholiques, toisant le jeune prêtre de la tête au bas de la soutane.

– Nous allons commencer par organiser un congrès national au mois de décembre ici, à Loyola, rétorque Pierre Ceyrac.

Ses interlocuteurs le regardent, interloqués.

– En décembre !! Vous voulez dire dans quatre mois ?!! Mais cela ne s'est jamais fait..., s'étonnent-ils.

– Nous voudrions rassembler quelques milliers d'étudiants, poursuit l'effronté.

– Si vous parvenez à en faire venir trois ou quatre

cents, vous aurez de la chance, soupirent les autres, narquois.

Ceyrac a demandé à un autre jésuite français, Paul de la Guérivière, un ancien officier de la division Leclerc pendant la Seconde Guerre mondiale, qui étudie alors au scolasticat de Shembaganur, de venir l'épauler – celui-ci restera à l'Aicuf jusqu'à la fin des années soixante. Assigné à résidence pendant ses longues années d'éducation, en France puis en Inde, le père Ceyrac se lance dans l'action avec jubilation. Il traverse l'Inde, de long en large, passant jusqu'à vingt-deux nuits dans les trains. Son activisme n'est pas vain. Plus de trois mille « congressistes » affluent, un train spécial arrive du Kerala, les drapeaux de l'Aicuf flottant en tête sur les wagons, dans la gare de Madras ; et le congrès se clôt par un défilé festif dans les rues de la ville, au rythme d'une fanfare... « Ce congrès fut un succès énorme, se souvient l'un des participants, P. T. Kuriakose, qui avait dix-neuf ans à l'époque. Il était venu des centaines et des centaines d'étudiants de toute l'Inde, du Sud, de Bombay, de Calcutta... Le père Ceyrac était un homme bouillonnant, qui entraînait derrière lui. Ce qu'il nous disait était inspiré, par un esprit de conviction, par un sens du devoir. Il nous poussait à prendre nos responsabilités, à participer à la construction de cette Inde nouvelle... »

Ceyrac s'émancipe. Il fume des cigarettes brunes fortes, des Charminar, au moins vingt par jour, il roule en Royal Enfield, la grosse moto anglaise au moteur à quatre temps – il voulait acheter une Harley-Davidson, mais le provincial des jésuites a refusé, de peur qu'il se tue... Au guidon de sa Royal, il écume le Tamil Nadu, *son* cher pays tamoul, et fait quelques incursions dans l'Etat voisin, le Karnataka... Bangalore, Mysore, Madurai, Madras, il pourrait – s'il n'allait si vite... – conduire sur ces routes les yeux fermés tant il les pratique. Un jour ici, un autre ailleurs, il dort peu, où il peut, au gré de ses pérégrinations, il se réveille tôt, et il trace son chemin, cheveux et soutane au vent... Il a des années de liberté à rattraper. Il découvre – enfin ! – l'Inde. Il fait sa « *discovery of India* », comme l'on dit – c'est le titre du livre écrit par Nehru en captivité. Il va son chemin, pauvrement habillé, un simple sac sur l'épaule. « La vie ne vaut-elle pas plus que la nourriture, et le corps plus que le vêtement ? rapporte l'évangéliste Matthieu dans le Sermon sur la Montagne. Regardez les oiseaux du ciel : ils ne font ni semailles ni moisson, ils ne font pas de réserves dans des greniers, et votre Père céleste les nourrit. »

Quand il n'est pas au guidon d'une moto, il est couché dans un train – il adore les trains, de nuit surtout : on ne perd pas de temps, et on arrive dans les villes au moment où le jour se lève. Il parcourt le Kerala, puis le nord du pays, le Rajasthan, le Bengale, jusqu'au Pendjab ; il va partout, sauf dans l'Etat du Cachemire – il n'y a pas d'université...

Ceyrac a longtemps étudié dans les livres l'Inde intellectuelle, philosophique, spirituelle, il plonge désormais avec délectation dans l'Inde réelle. Il se souvient de l'enseignement du père Montchanin. « Il y a les gens qui aiment la richesse intellectuelle, spirituelle de l'Inde, et ceux qui aiment les Indiens, comme nos vieux "broussards" qui connaissaient le peuple mais ignoraient le sanskrit. Nous devons connaître les deux : l'Inde et les Indiens. »

Pierre ne fait pas de tourisme – il n'en fera jamais.

« Je bois l'Inde », a écrit le père Montchanin pour définir son expérience. Pierre Ceyrac suit la même voie. Il s'immerge, il s'enracine, il vit l'Inde. Il se sent de plus en plus indien, même s'il n'a pas la nationalité – on la lui a proposée après l'indépendance, mais à la condition qu'il abandonne la nationalité française : il a refusé[1]. « Je ne connais peut-être pas l'Inde de manière scientifique, mais je la connais assez bien », glisse-t-il parfois, en riant. Il découvre, comme il l'écrira en novembre 1960 dans *The King's Rally*, la revue mensuelle du mouvement des étudiants catholiques, dont il signe les éditoriaux, « cette Inde du XXe siècle qui est confrontée aux problèmes gigantesques de 400 millions d'habitants : l'unité d'une variété de cultures et de langues, la confrontation entre les vieilles traditions et les techniques modernes, et par-dessus tout, les difficultés à trouver de la nourriture et du travail pour tous ».

Il écume les gares, les hôpitaux, ces lieux-carrefours où toutes les populations, toutes les Indes se mêlent, se croisent. L'Inde, elle est tout entière dans ces longues files d'attente de malades à l'hôpital qui patientent pour se faire soigner les yeux, les oreilles, les mains, les pieds... L'Inde, elle est dans la gare de Calcutta où hommes, femmes et enfants s'enchevêtrent, vivent,

1. Après l'indépendance, l'ambassadeur de France à New Delhi a accepté que Pierre Ceyrac ait la double nationalité, l'administration indienne a exigé qu'il abandonne la nationalité française. Ceyrac a refusé, car il a besoin de son passeport français qui est plus pratique pour ses nombreux voyages à l'étranger. Il fonctionnera donc toute sa vie avec un visa de cinq ans à entrées multiples... tout en étant inscrit sur les listes électorales – droit de vote qu'il n'utilise pas par honnêteté.

naissent, meurent, font l'amour... Il apprend à connaître, à sentir, à toucher cette pauvreté de l'Inde, les intouchables au bas de l'échelle des castes, ces *dalits* que Gandhi appelait les *harijans* – ce qui signifie « nés de Dieu » – et auprès desquels le père Ceyrac vivra plus tard. Il passe – parfois dans la même journée – d'une Inde à l'autre, de celle qui a tout à celle qui n'a rien, et il touche ainsi du doigt ce décalage indigne dont parlait Nehru. Comment peut-on tolérer cette cohabitation ignoble ? « Le droit de vivre surpasse le droit de propriété, s'insurge le père Ceyrac. A aucun moment la Bible ne parle du droit de propriété. C'est une affaire romaine cela. Un pauvre a le droit de vivre. Saint Thomas d'Aquin disait : *In extrema necessitae omnia sunt communia.* "Dans une extrême nécessité tous les biens de la terre sont communs." Pourquoi ne le dit-on pas dans les églises ? »

En quinze ans, Pierre Ceyrac va parcourir des centaines de milliers de kilomètres à travers l'Inde, en train, en moto, au volant d'une Peugeot 304 bâchée qui deviendra célèbre dans les villages, ou de tout autre moyen de locomotion qu'il a à disposition – sauf les chameaux et les éléphants, plaisante-t-il parfois. C'est ainsi qu'il remplit son office, constituant, à travers les quatre-vingt-six universités du pays, des réseaux d'étudiants destinés à servir les plus pauvres.

Dans ces années Nehru euphoriques, le missionnaire est galvanisé. Il se sent porté par l'énergie et l'idéalisme – cette espérance formidable ! – qui promeuvent une Inde nouvelle, vigoureuse. Il a l'impression de « baptiser » le pays, les rues, les villages, avec Nehru. Son enthousiasme est débridé. « Le plus fort, le plus moderne pendant toutes ces années, ce fut notre amour de l'Inde », se souvient le père Ceyrac.

Le religieux est « envoûté » par l'agnostique Nehru. Quand il le rencontre, en 1956, dans une grande ville du Nord, Kanpur, au bord du Gange – Ceyrac est alors secrétaire pour le pays tamoul du Bharat Sevak Samaj, organisation national de travail social – une jeune fille tamoule se précipite vers le Premier ministre et lui demande :

– Pourriez-vous me donner la rose que vous portez à la boutonnière ? » Et Nehru lui tend sa fleur fétiche que, dit-on, sa fille Indira – futur Premier ministre de l'Inde – cueille chaque matin pour lui. Le sentimental Pierre Ceyrac est touché par ce geste. Lors d'une seconde entrevue, à Chennai-Madras, dans une école spécialisée en travaux sociaux, Nehru se met en colère parce que le micro ne fonctionne pas.

– C'est honteux que vous invitiez le Premier ministre de l'Inde et que le micro ne marche pas ! s'exclame-t-il.

Le doux Nehru, personnage à facettes, capable de répondre de sa main à la lettre d'une jeune Italienne éperdue d'admiration ou d'accourir sans cérémonie auprès d'humbles qui le demandent, est aussi connu pour ses emportements. On raconte que lors d'une conférence des peuples du Sud-Est asiatique, il se leva soudain, s'empara de sa chaise et la lança sur deux spectateurs dont il n'appréciait pas les réflexions. D'aucuns verraient dans la colère de Nehru à laquelle il assiste une vanité déplacée, Pierre Ceyrac, lui, perçoit dans cette indignation un acte de noblesse. « Nehru était pris d'une belle colère, à l'image de celle de Jésus-Christ chassant les marchands dans le Temple, raconte le missionnaire. Le Premier ministre exigeait que l'on respecte sa fonction. Il enrageait, au nom de la dignité de l'Inde. »

*

Impossible de ne pas participer à l'aventure indienne ! A longueur d'éditoriaux, dans *The King's Rally*, l'aumônier national Ceyrac exhorte les étudiants catholiques à contribuer à la transformation de leur pays : « Nous ne sommes pas des réactionnaires réclamant un ordre des choses qui soit une réminiscence du passé, mais les pionniers d'une nouvelle civilisation, les hérauts d'un nouvel ordre social, lance-t-il ainsi en 1954. Plus que tout autre, nous nous dressons contre les "désordres établis". Plus que tout autre, nous sommes concernés par le progrès humain et la reconstruction sociale. Nous aussi saluons l'éveil des masses, la liberté de l'individu, la culture pour tous, nous aussi voulons construire un monde de justice et un monde d'abondance où chacun pourra avoir sa part de nourriture pour le corps et pour l'âme. Mais cela n'est possible que dans un monde avec Dieu. »

Il est prêtre catholique, il est aumônier des étudiants de l'Inde – un poste stratégique pour l'Eglise. De cette tribune, la plume vigoureuse, il donne la vision du monde catholique – en anglais. Il prend son rôle au sérieux, il y met du sentiment...

« Comme catholiques et comme étudiants, souligne le père Ceyrac, nous devons deux fois nous dévouer à la Vérité ; nous devons faire de la recherche de la Vérité le but de notre vie. Nous ne devons jamais être effrayés par cela. La Vérité est divine, elle vient de

Dieu. La Vérité nous rendra libre ! Dans un monde de faussetés et de compromis, le Chrétien est un témoin de la Vérité. » Dans le même article, il s'élève contre la propagande du contrôle des naissances, signe de l'« influence matérialiste ». « L'utilité devient la norme de la moralité, le standard par lequel nos actions doivent être jugées, s'écrit-il. Mais l'utilité ne peut être le critère du juste et du mauvais. Sinon la porte est ouverte à tous les abus dont nous avons été témoins et dont nous sommes témoins sous les régimes totalitaires, et cela au nom de l'"utilité" ! »

Au cours des années cinquante, la menace communiste est forte en Inde. Les bases de ce nouvel Etat indépendant sont encore fragiles, la pauvreté est immense, Nehru est proche de la Russie soviétique, Mao, le nouvel homme fort de la Chine, guette. En 1950, dans un livre, *L'Inde devant l'orage*, le Hongrois-Français Tibor Mende soutient qu'un jour les masses indiennes prendront conscience de leur état de pauvreté, et que ce jour-là leur colère fera trembler le monde. L'ouvrage est un best-seller dans le pays. Alors que la nation indienne est dominée par le parti du Congrès, les communistes parviennent à prendre le pouvoir dans deux Etats : le Bengale et le Kerala, l'ancien Travancore-Cochin où sont groupés la majorité des catholiques. Les chrétiens, donc, s'inquiètent.

Dans le journal des étudiants catholiques, le père Ceyrac relaie ces angoisses. Il se bat contre l'« attraction du communisme » que ressent la jeunesse du pays. A sa manière, avec douceur, sûr de son inspiration. « Nous, et nous seuls, pouvons offrir à nos amis non catholiques une vision de la vie et du monde bien plus belle que la vision communiste, lance Ceyrac aux étudiants catholiques. Nous aussi, comme les Communistes, et plus qu'eux, voulons un monde meilleur, un monde de justice et de charité, un monde de fraternité où il serait bon de vivre. Nous avons dans notre foi chrétienne des vues plus magnifiques de la grandeur de l'Homme et de sa Destinée. » Plus tard, l'aumônier salue le « combat pour la liberté » des étudiants de Budapest en octobre 1956, le « courage de ces teen-agers qui, avec des armes improvisées, se sont dressés devant l'avance brutale des tanks russes ». L'éditorialiste soutient, à l'été 1958, les grèves des étudiants contre le gouvernement communiste du Kerala, Etat voisin du Tamil Nadu au sud de l'Inde, démonstrations de l'« échec des communistes à capturer la jeunesse du Kerala »...

Mais l'aumônier national des étudiants de l'Inde n'agit pas comme un petit soldat de Rome. « A cette époque, témoigne l'ancien étudiant P. T. Kuriakose, l'Eglise catholique était très anticommuniste, tous les chrétiens en Inde étaient anticommunistes. Nous n'avions pas le droit de lire les livres de Marx et de Lénine. Moi, j'étais intéressé par savoir ce qu'il y avait dans ces ouvrages. Le sachant, le père Ceyrac a emprunté dans une bibliothèque les œuvres de Lénine pour me les donner... »

Pierre Ceyrac est l'un des responsables de l'Eglise catholique en Inde – avec la rigidité dogmatique qui prévaut à cette époque, antérieure au concile de Vatican II. Il en partage les convictions, les doctrines essentielles – ce qui le conduit, par exemple, à être hostile à tous les moyens de contrôle des naissances. Formé dans le respect de l'autorité et de l'obéissance, il a le sens de la hiérarchie – et l'homme n'aime pas blesser. Mais il tient à sa liberté de pensée. Il est loyal, mais refuse l'embrigadement. Le père Ceyrac n'aime pas le système de paroisse, l'« esprit de clocher » comme il dit. Son but n'est pas de proclamer Jésus-Christ avec un porte-voix à la manière des harangueurs de Hyde Park à Londres. Il ne cherche pas à « faire grandir l'Eglise » en Inde – cette « évangélisation », comme l'on dit, effraie les populations locales.

– L'idéologie de base, c'est de sauver l'homme quel qu'il soit, chacun porte le visage du Seigneur, a-t-il coutume de répéter.

Le missionnaire jésuite connaît aussi les limites de l'Eglise. Il est choqué quand il voit dans la presse trois évêques, bien en chair, habillés de beaux vêtements, portant une grosse croix en or sur leurs poitrines, qui posent aux côtés d'un Nehru vêtu avec sobriété de sa coutumière tunique blanche... Pierre Ceyrac sait les faiblesses de l'Eglise en Inde, et il en est meurtri. L'Eglise est riche – grâce aux flots d'argent versés depuis Rome par la Commission pontificale de la propagation de la foi – alors que la majorité des catholiques sont pauvres. A son poste, il combat cet état de fait. « La Bible ne sépare jamais le "religieux" du "social", défend-t-il dans la revue des étudiants catholiques. Sans la justice, la religion est moins que rien : les sacrifices, les assemblées ou les festins, les temples et les fastes sont des abominations. »

Autre indignation, l'Eglise ne remet pas en question les injustices du système de castes. Dès le XIXe siècle, pourtant, les quatre jésuites français qui abordent l'Inde pour recréer la province du Madurai, s'émeuvent de ces discriminations. « Ce matin, un pariah m'a signalé que mon mouchoir gisait sur le sol. Je lui ai demandé de l'attraper. Mais il n'a pas voulu le toucher, il avait peur de le polluer », s'étonne ainsi par exemple le père Joseph Bertrand. « Il existe des villages dans lesquels nous avons deux églises, l'une pour les hautes castes et l'autre pour les basses castes », relève pour sa part, en 1888, l'évêque français, Mgr Faisandier.

A la fin des années cinquante, ce système, imposé à l'origine par les Aryens pour asseoir leur supériorité sur les Dravidiens et, donc, imbriqué au plus profond de la culture de l'Inde[1], perdure. Et l'Eglise s'y soumet. La grande majorité des chrétiens sont des intouchables, des *dalits*, mais les prêtres et religieux sont très peu nombreux parmi eux. A l'époque, dans nombre de paroisses, les *dalits* sont encore relégués à l'arrière des églises, assis par terre ; pour recevoir la communion, ils doivent emprunter une file différente ; et, à leur mort, leur dépouille est transportée dans un autre corbillard et enterrée dans un cimetière séparé, entre autres discriminations[2]...

---

1. « A la fois oppressive (de l'extérieur) et protectrice (de l'intérieur), [la caste] n'est pas seulement le fruit d'une idéologie qui légitime les inégalités au nom du bon ordre du monde, de la réincarnation selon les mérites (la loi du karma) et qui demande à chacun d'accomplir, là où il est, au rang qui est le sien, son devoir de caste, pour que perdure le bon ordre du monde (loi du dharma). Elle ne facilite pas seulement, chez les dominés, l'intériorisation des logiques d'oppression. Elle est aussi le cadre dans lequel se reconnaît le plus grand nombre : le groupe nourri des liens du sang et de la parenté, qui définit une identité essentielle, qui permet de se positionner, qui porte une culture, des références, des divinités de prédilection. » Extrait d'un article de Josiane et Jean-Luc Racine, directeur de recherche au CNRS, Centre d'étude de l'Inde et de l'Asie du sud, *Revue du CNRS*, n° 37, 1998.

2. Selon la thèse doctorale du père jésuite indien (d'origine *dalit*) Alphonse Manickam, « Les jésuites et l'intouchabilité au Tamil Nadu, études historiques et anthropologiques sur des approches longtemps différées ».

Quelle doit être la mission de l'Eglise sur une terre comme celle-ci ? Elle est trop active dans une Inde contemplative – les monastères manquent, juge Ceyrac. « Le primat de la contemplation n'y a même pas besoin d'être affirmé tant il est reconnu, disait le père Montchanin. Un christianisme qui apparaîtrait purement actif, décapité de sa fonction essentielle qui est d'adorer et de louer Dieu semblerait inférieur aux religions indigènes [...]. Il est donc infiniment désirable que naisse un jour de l'Inde même, un ordre monastique voué à la contemplation du mystère trinitaire qui achèverait en les dépassant les aspirations millénaires de l'âme indienne au silence et à la méditation. »

Mais malgré ces efforts d'« indianisation » du catholicisme accomplis par le père Montchanin[1] et les pères de l'école belge de Calcutta, la théologie reste européenne, romaine. Comme ces hommes, le père Ceyrac, qui a étudié *Shankara* et sa connaissance intuitive de Dieu transmise par les « sannyasis », les ermites itinérants, l'amour mystique de la *Bhakti* et l'acte gratuit qui libère du *karma*, rêve d'une théologie chrétienne indienne, élaborée à partir des Vedas et des Upanishads. Comme eux, le prêtre souhaiterait jeter un pont entre le christianisme et l'hindouisme. Est-ce possible ?

A ce propos, l'écrivain Octavio Paz raconte cette

1. En compagnie d'un bénédictin breton, Dom Henri Le Saux, le père Montchanin recevra l'enseignement du plus grand mystique de l'Inde contemporaine, Ramana Maharshi. En 1950, les deux prêtres fondent l'ashram du Shantivanam (« le bois de la paix »), au bord du fleuve sacré de l'Inde du Sud, la Kavéty. Ils vivent dans des huttes, mangent uniquement de la nourriture végétarienne, s'habillent avec la tenue de coton safran des *saddhus* et prennent des noms sanskrits.

petite histoire, iconoclaste et plutôt savoureuse. « Après la dernière bataille prédite par les livres saints, parmi décombres et cadavres cheminent deux hommes, les seuls survivants, écrit Paz. A peine se voient-ils qu'ils commencent à discuter. L'un est hindou, adepte du Vedanta ; l'autre est chrétien et thomiste. Le chrétien répète son Credo : le monde est un accident ; il est né du *fiat lux* divin ; il a été créé et, comme tout ce qui a eu un début, il aura une fin : le salut est donc au-delà du temps. A quoi l'hindou répond : ce monde n'a pas eu de commencement et n'aura pas de fin ; il est nécessaire et se suffit à lui-même ; les changements ne l'altèrent pas ; il est, il a été, il sera toujours identique à soi. L'histoire ne nous dit pas comment se termine le dialogue. Ou plutôt : la discussion continue... »

Prêtre catholique d'origine française immergé dans l'Inde, Pierre Ceyrac croit tellement en une rencontre de ces deux mondes de l'Orient et de l'Occident, de l'hindouisme et du christianisme, qui sont désormais les siens que lorsque, en avril 1956, éclate la tumultueuse affaire Niyogi, il est profondément blessé. Répondant à plusieurs plaintes à l'encontre de missionnaires américains, une commission d'enquête désignée par le gouvernement de l'Etat du Madhya Pradesh, et dirigée par un juge à la retraite nommé Niyogi, dénonce la présence chrétienne en Inde. Le bilan que cette commission dresse est très critique : les missionnaires américains sont de plus en plus nombreux dans le pays depuis 1950, l'argent étranger consacré à l'évangélisation s'accroît, les incitations et les pressions pour les conversions se développent... Ces missionnaires prosélytes cherchent à « détache[r] l'Indien chrétien de sa nation ». Leur but est impérialiste, il faut y percevoir l'« alliance impie entre les catholiques romains et l'argent américain pour sauver l'Inde du communisme ».

Le rapport repose sur une réalité : nombre de missionnaires américains font alors de la politique, surtout dans le nord de l'Inde. Les religieux français ne sont – en principe – pas visés. Mais la commission Niyogi recommande de censurer toute propagande religieuse, de limiter le nombre de *tous* les missionnaires étrangers dans le pays et de contrôler l'argent qui leur est versé... La presse indienne se déchaîne contre les cinq mille sept cents missionnaires étrangers présents en Inde, si bien que les attaques finissent par toucher l'ensemble de la communauté chrétienne. Avec l'affaire Niyogi, les ressentiments et les amertumes éclatent au grand jour. Ils couvent depuis longtemps dans la société indienne.

Juste avant l'indépendance, un article de la revue jésuite *Missi*, de juin 1947, pressentait ce qui allait survenir. « De façon générale, exposait-il, les observateurs catholiques indiens envisageaient avec un certain pessimisme l'avenir de l'Eglise et du christianisme dans leur pays. Quelques événements récents leur ont donné l'impression que le gouvernement entraverait l'œuvre missionnaire catholique. Parmi les signes défavorables on notait l'opposition aux conversions en masse, une campagne systématique et organisée dans la presse contre les procédés d'éducation et d'évangélisation. » Nehru assurait alors que les droits des chrétiens ne seraient ni ignorés ni supprimés par un gouvernement national indépendant. Mais, dans l'esprit de l'opinion publique, la minorité chrétienne – qui rassemble tout de même alors près de vingt-cinq millions d'individus, dont les deux tiers de catholiques – reste associée au colonialisme britannique. Avant l'indépendance, les chrétiens occupaient des responsabilités dans l'administration, les chemins de fer, l'armée, les universités ; le gouvernement britannique accordait des subventions aux écoles chrétiennes, en particulier anglicanes...

A partir de 1947, les hindous récupèrent le pouvoir – même si la République indienne se veut laïque, et si Nehru tient fortement à cette neutralité. L'archevêque de Madras est un Français, Louis Matthias, oncle du futur président du Conseil Pierre Pflimlin. Mais de plus en plus d'Indiens prennent entre leurs mains les rênes de la communauté chrétienne du pays. La province jésuite du Madurai, dont dépend Pierre Ceyrac, devient en 1952 indépendante de la province de Toulouse à laquelle elle était rattachée depuis cent ans.

Les contempteurs de cette présence chrétienne « étrangère » oublient au passage que, dans la Constitution de l'Inde, promulguée en 1950, les minorités religieuses ont renoncé à tout privilège grâce à l'action de chrétiens membres du comité de rédaction du texte, parmi lesquels Jérôme D'Souza. Ce grand jésuite indien – pas seulement par la taille : il mesurait environ deux mètres –, recteur du Loyola College de Madras, quatre fois membre de la délégation indienne aux Nations unies et à l'Unesco avait, dit-on, aidé Nehru à se cacher quand celui-ci était pourchassé par les Anglais.

Missionnaire en Inde depuis bientôt vingt ans, engagé au service du peuple, Ceyrac, on s'en doute, est ébranlé par les attaques du comité Niyogi. Il s'en ouvre avec vigueur dans *The King's Rally*. « Le peuple de l'Inde – les milliers de citoyens ordinaires – savent que les missionnaires chrétiens sont innocents des motivations que le comité Niyogi leur attribue, défend Ceyrac. Ils sont venus ici dans un but qui n'est ni politique ni mercenaire. Ils répondaient à un appel plus haut. Ils aiment ce pays et ils l'ont adopté comme le leur. » Le prêtre se fait ardent polémiste. « Ces missionnaires n'ont pas d'autre ambition que de servir ce pays et de se dépenser pour son peuple, plaide Pierre Ceyrac. Certains peuvent avoir failli ici ou là dans l'accomplissement de leur mission. Comme tous les hommes qui ont dédié leur vie à une grande tâche, ils sont conscients qu'à certains moments ils n'ont pas fait tout ce qu'ils auraient pu : ils savent qu'ils auraient pu servir mieux. Ils demandent humblement que ces échecs partiels soient attribués à leur fragilité humaine, non au Message transcendant qu'ils portent dans leurs mains fragiles. Et ils espèrent que moins de publicité leur sera donné, afin qu'ils ne se sentent plus jamais étrangers dans ce pays qu'ils ont fait leur, et dans lequel la plupart d'entre eux ont passé la plus grande partie de leur vie sans jamais retourner à l'endroit où ils étaient nés. Ils demandent simplement le privilège de ne plus être considérés comme des étrangers mais comme des fils de ce sol, comme des Indiens, tous. »

A travers ces mots, c'est l'amour sincère du père Ceyrac pour l'Inde – « notre patrie », dit-il – qui s'exprime. Nul doute qu'il songe alors aux figures de son oncle Charles et de ces vieux missionnaires « broussards » dont l'exemple a décidé de son engagement et le sacrifice obscur contribué à l'édification de l'Inde.

CHAPITRE 8

LA CONSCIENCE DES PAUVRES

Quels gages doit-il donner pour prouver sa sincérité ? On l'attaque comme étranger, il ne s'est jamais senti autant indien. On le suspecte en tant que missionnaire de servir l'impérialisme occidental, il ne s'est jamais autant engagé, autant battu pour l'Inde. Après tout, la meilleure réponse est dans l'action. Au moment où le comité Niyogi remet son rapport, Pierre Ceyrac prépare le deuxième congrès national de l'All India Catholic University Federation qui doit avoir lieu en mai 1956, à Bangalore. « Ce serait criminel de notre part de nous fermer, dans un isolement égoïste, aux besoins de notre peuple et de rester indifférents aux énormes transformations qui prennent place dans notre pays, écrit le père Ceyrac. En tant que chrétiens nous devons accueillir les efforts gigantesques de l'Inde pour résoudre ses problèmes et prendre une part active à ces enjeux nationaux. »

Il porte une conviction : une nation est un agrégat d'individus liés en cordée les uns aux autres. « Nous sommes les parties et les parcelles d'une grande famille de 400 millions, les fils et les filles de cette patrie, poursuit Ceyrac, et si nous avons reçu, sans mérite de notre part, le don de la foi et le privilège d'une éducation universitaire, ce n'est pas pour que nous profitions de ces avantages pour notre propre satisfaction égoïste. Chaque talent reçu doit être utilisé pour ceux parmi lesquels nous vivons, pour le peuple au service duquel nous sommes. »

Afin de faire passer ses idées, Ceyrac place le congrès de Bangalore sous le signe d'un texte biblique : « Où est ton frère ? » Il s'agit de l'histoire de Caïn et d'Abel. L'histoire de l'humanité n'a pas débuté avec Adam, explique Ceyrac – celui-ci est un type sur mesure créé par Dieu, il n'a ni père ni mère, il fallait bien que l'histoire commence... Non, le premier homme qui annonce les autres, c'est Caïn. Et Caïn a tué son frère Abel. Le premier homme est donc un meurtrier. Et la première phrase de Dieu à cet homme qui est notre semblable est : « Où est ton frère ? Que fais-tu pour lui ? » Caïn répond alors : « Je ne suis pas responsable de mon frère. »

Le père Ceyrac exhorte les étudiants catholiques de l'Inde à ne pas être des Caïn. Il retourne cette parabole pour les appeler à leurs responsabilités, leurs devoirs, leur solidarité et – donc – *in fine* au service du bien commun.

– Où est ton frère ? interpelle le prêtre. Où est ton frère dans les bidonvilles de Calcutta ou les *slums* de Bombay ? Où est ton frère dans les villages brûlés par le soleil du Bihar, du Maharasthra ? Que fais-tu, toi, à l'endroit où tu te trouves, pour lui ?

Le père Ceyrac ne poursuit qu'un but : sauver l'homme. Parce que l'homme est le cœur du monde. Il le dit à ces étudiants assemblés à Bangalore en 1956.

– Le monde que nous voulons créer n'est pas un

monde tourné sur lui-même et centré sur la production, où l'homme est l'esclave de la machine et un individu sans racines sacrifié à l'Etat. Nous ne rêvons pas non plus ici d'une ville permanente ou d'un paradis terrestre. Le monde que nous voulons est un monde où l'homme est au-dessus de toutes les matières et où il peut vivre plus haut dans la dignité comme un enfant de Dieu.

Comment faire ? Mais agir ! Voici ces jeunes étudiants de l'Inde naissante enrôlés par le missionnaire sur des chantiers de travail. Le premier a lieu, à l'été 1957. Il s'agit de bâtir une route de trois kilomètres dans un désert, au sud, en allant vers Pondichéry, pour un village nommé Sadras. Quatre-vingts étudiants participent à l'entreprise. D'autres vont les rejoindre dans les années qui suivent. Ensemble, ils se mettent à construire des routes, des maisons, des dispensaires, des hôpitaux, des centres communautaires... Ces jeunes volontaires donnent un coup de main pour le travail aux champs, préparent des « composts », instruisent les enfants des villages ou même nettoient les décharges d'ordures. Ils travaillent dans les villages, l'« âme de l'Inde » comme disait Gandhi qui rassemble les trois quarts de la population du pays, dans les bidonvilles, les centres urbains. Le maire de Madras, Mme Tara Cherian, offre un terrain à l'organisation, à Tondiarpet, pour installer les hommes, les femmes, les enfants qui viennent de tout le sud de l'Inde échouer sur les trottoirs de cette mégalopole – la quatrième ville du pays. Le projet commence avec cinquante familles – plus tard, au début des années quatre-vingt, ils seront quinze à vingt mille personnes, hindous, musulmans, chrétiens, à habiter dans ce lieu baptisé « Cherian Nagar ».

– Nous avons bâti une communauté humaine, s'enthousiasme le père Ceyrac, dont l'énergie paraît inépuisable.

Sous son impulsion, quelques semaines par an, ces jeunes volontaires, dont nombre viennent de familles riches et éduquées, plongent dans les entrailles de l'Inde. Et apprennent ainsi ce que l'université ne leur enseigne pas : « le sens de leurs responsabilités à l'égard des masses », selon l'expression du prêtre. Il s'agit de faire se lever « une jeunesse unie dans une Inde unie ». La foi soulève des montagnes, dit-on, et avec la sienne, Pierre Ceyrac pourrait faire décoller l'Himalaya ! « La pluie est tombée, les torrents ont dévalé, la tempête a soufflé et s'est abattue sur cette maison ; la maison ne s'est pas écroulée, car elle était fondée sur le roc », dit le Sermon sur la Montagne, dans l'Evangile de Matthieu. « Les difficultés économiques, les tensions internationales, le sous-développement technique, tous ces facteurs qui freinent le progrès de l'Inde peuvent être surmontés », s'emporte le missionnaire. Un seul élément peut être fatal à l'avenir de l'Inde, ce que Nehru désigne par le « communalisme », soit le repli de chaque individu sur sa communauté, religieuse, linguistique, tribale. Contre cette « étroitesse d'esprit communautaire », Ceyrac en appelle au rassemblement de la jeunesse.

L'objectif est aussi idéologique. Il s'agit de contrecarrer l'influence des camps de jeunesse communistes. « L'une des raisons de la spectaculaire avance du Communisme, spécialement dans les pays asiatiques, est que le Communisme présente une vision qui s'étend au-dessus des horizons de l'Etat, une fraternité qui unit les travailleurs du monde dans une vaste fratrie sans frontières, écrit alors Pierre Ceyrac. Une nouvelle force a émergé dans notre XXe siècle : l'International Prolétariat. Il ne fait aucun doute que les techniciens du communisme [...] ont été les premiers à visualiser les problèmes de l'ascension des masses, de la dissémination d'une culture populaire dans un objectif international. Il suffit de lire quelques textes de Lénine ou d'architectes du communisme chinois pour être éveillé à ce fait. Il serait tragique que nous chrétiens, avec ce grand héritage qui est le nôtre d'une vision aussi large que le monde, tardions à réaliser les nouvelles dimensions internationales de l'homme et de l'univers et que nous limitions nos préoccupations à nos simples petits problèmes. »

Ces générations qui portent les espoirs de l'Inde doivent d'abord servir leur peuple, et non chercher à obtenir – pour eux seuls – les meilleurs emplois et les plus gros salaires... C'est ce que leur dit aussi l'abbé Pierre, invité exceptionnel du troisième congrès national de l'Aicuf à Bombay, le 31 décembre 1958. « Tous ceux qui ont souffert depuis des siècles et des siècles, maintenant commencent à souffrir d'avoir souffert ; ils n'acceptent plus l'incompréhension et l'injustice de leurs souffrances », prévient le fondateur du mouvement Emmaüs. Celui qui quatre ans plus tôt par quelques paroles à la radio a levé des millions de Français pour ce qu'on a appelé l'« insurrection de la bonté » et dont le nom fait déjà le tour de la planète tonne. « Il existe une impuissance de la puissance parce que ceux qui sont puissants sont aveugles à la réalité de la souffrance, et ceux qui souffrent sont muets et incapables d'exprimer leurs besoins – la faim qu'ils ressentent. »

L'abbé Pierre harangue : « Si, lance-t-il, vous êtes des garçons et des filles qui veulent uniquement "mon" plaisir, "ma" promotion... Laissez les autres mourir. Si telle est votre attitude, alors vous serez les plus misérables des êtres humains, parce que la misère du monde ne vous permettra pas de vivre aussi bien que les générations qui vous ont précédés. Mais si vous comprenez que la loi de toutes les lois, l'utilité juste de l'Univers, de la création de Dieu, si vous réalisez que la joie de chaque être humain est d'être le serviteur de la joie de tous, d'être heureux dans le bonheur de tous, si vous comprenez cela, alors vous serez la plus heureuse des générations, parce que vous aurez entre vos mains les moyens qu'un Etre humain n'a jamais possédé, pour travailler à la libération de ceux qui souffrent. »

L'abbé Pierre parle à des jeunes de l'Inde, mais il s'adresse à leurs pairs, sur tous les continents. « Si vous savez tout sans savoir ce qu'est la misère de ceux qui souffrent, vous serez – avec toutes vos connaissances – des chefs désastreux pour demain. »

« Des chefs désastreux pour demain »... Le père Ceyrac pousse ses troupes à ressentir la pauvreté et la faim, pour comprendre de l'intérieur, et être ainsi poussé à agir. « Nous devions expérimenter la pauvreté de l'Inde, explique l'ancien étudiant P. T. Kuriakose, afin qu'ensuite, en tant que professeur, ingénieur ou médecin, chacun dans nos domaines de compétences, chacun à notre échelle, nous puissions combattre les injustices. Il nous fallait savoir ce que représentait la vie quotidienne dans des villages du fin fond de l'Inde sans eau ni électricité, ni toilettes, ni médecin à proximité. C'était très dur. »

Le soleil, la sueur, la poussière, le manque d'hygiène, les moustiques, peu de nourriture, les nuits sur le sol en terre battue... Les conditions sont en effet rudes. Même pour Pierre Ceyrac qui étonne ses étudiants en suivant le même mode de vie qu'eux. « Il faisait tout avec nous, il portait les pierres pour construire une maison ou s'occupait de la cuisine », témoigne P.T. Kuriakose. Un jour, alors que Ceyrac participe au percement d'une route dans la montagne, à Shembaganur, le prêtre s'effondre. En buvant l'eau des mares, il est contaminé par les amibes. Il souffre d'une infection du foie. Il est transporté jusqu'à Madras par train-couchettes, dans un état semi-comateux. Le père Ceyrac sera hospitalisé pendant deux mois, entre la vie et la mort.

*

Quelques années plus tard, le missionnaire reçoit un coup de fil dans sa chambre du Loyola College.

– Ici, le secrétariat du gouverneur de Madras, lui dit son interlocuteur. Nous recevons l'ambassadeur du Kenya à New Delhi, il voudrait revoir un village dans lequel il a travaillé et rencontrer une seule personne à Madras : vous.

Ensemble, ils retournent dans le village en question. Toute la population est rangée le long de la route pour les accueillir. Cet ambassadeur est l'un des rares étudiants africains à avoir participé aux chantiers – le racisme était important à l'époque. Il est reçu de manière triomphale. Sa photo est même affichée dans nombre de huttes.

Un jour, le chantier consiste à installer de l'eau dans une carrière pour un village. Un village voisin réclame le même traitement. Mais l'administration refuse de fournir l'eau. Ceyrac et ses troupes menacent d'allonger au travers de la porte de chaque bureau de l'administration une jeune étudiante – il est néfaste d'enjamber une femme en Inde – et ils ne choisissent pas n'importe lesquelles : les filles de dirigeants du pays. En quelques heures, la décision est prise...

Qui peut arrêter Ceyrac ? Passant en voiture, dans sa vieille 304 Peugeot bâchée, s'il aperçoit des pauvres qui marchent sur le bord de la route, il peut s'arrêter pour les conduire. « Parfois, se souvient cet étudiant de l'Aicuf, à ce rythme, il lui fallait deux à trois jours pour parcourir les cinq cents kilomètres de route entre Chennai (Madras) et Madurai... » La force de cet homme est d'abord dans son immense sens de la compassion. Toujours en mouvement, il ne s'envole pas dans de grands discours mystiques, il reste vissé sur la terre, à la réalité concrète. A ceux qui viennent le voir, il ne récite pas l'Evangile, il demande :

– Que fais-tu ? Quel est ton programme aujourd'hui ?

Ce prêtre ne prêche pas, il vit sa foi dans l'action. Il ne sert pas de grands discours spirituels, il utilise des mots ordinaires, les mots de la vie, en établissant des relations faciles, directes avec son interlocuteur. Qu'il s'agisse d'un cardinal, d'un ministre, du pape Paul VI, invité à parler aux étudiants de l'Aicuf lors du grand congrès eucharistique de Bombay, en 1964, d'un jeune élève ou du plus pauvre parmi les pauvres... Il pleure, il rit. « Il est toujours sur le registre de l'émotion, il ne parle pas qu'avec sa langue, il s'exprime avec tout son corps », admire cet ancien étudiant, Rajkumar.

« Pleurez avec ceux qui pleurent, réjouissez-vous

avec ceux qui se réjouissent ! », dit Paul dans l'Epître aux Romains. Ainsi Ceyrac « inspire » – c'est le mot qu'emploie la plupart d'entre eux – ces jeunes catholiques de l'Inde. A ses côtés, l'autre missionnaire jésuite français, Paul de la Guérivière, joue aussi son rôle. Mais il est plus effacé. « L'Aicuf doit énormément au père de la Guérivière, se souvient Pierre Ceyrac. C'était un homme très clair et très engagé dans ses options, les problèmes sociaux de l'Inde surtout. Il a toujours été très aimé et admiré par les étudiants pour la clarté de sa pensée, son engagement intellectuel et concret, sa grande humilité et disponibilité. »

Si Ceyrac pousse les étudiants à agir, La Guérivière leur donne à réfléchir. « Mon cœur s'exprime à cause de Ceyrac, mais mon esprit parle à cause de Paul de la Guérivière », confie l'ancien militant de l'Aicuf, l'avocat Henry Tiphagne, devenu président de l'organisation de lutte pour les droits de l'homme au Tamil Nadu.

*

En sillonnant l'Inde des années cinquante, Pierre Ceyrac prend la mesure de la pauvreté et de l'injustice de l'intouchabilité, l'immense détresse du peuple – ce qu'il n'avait pas perçu de manière concrète à son arrivée.

« Le Cochin Express roulait lentement, avec précaution sur le pont, raconte-t-il en 1961. A travers les fenêtres, battues par la pluie, je pouvais voir une vaste étendue d'eau d'où émergeaient simplement des poteaux télégraphiques. Flottaient ici ou là sans but quelques vaisselles et le toit d'une hutte dilapidé. Au bord de la ligne de chemin de fer des pauvres gens se tenaient debout en silence. » Ces scènes-là, au cours des dernières semaines, le prêtre les a vues en plusieurs endroits du pays. « Nous qui vivons dans de bons hôtels et des maisons confortables dans lesquels aucune pluie ne rentre, poursuit-il, nous qui ne connaissons pas l'insécurité poignante quand la hutte dans laquelle nous habitons est dévastée, que toutes nos affaires sont disséminées et que nous devons en appeler à la charité publique, nous ne pouvons pas rester sans bouger face à la tragédie de ces milliers de personnes de notre peuple. Nous devons faire en sorte que leurs souffrances deviennent les nôtres. » Le prêtre n'en rajoute pas dans les effets, son style est direct, sec, efficace. « Il ne faut pas oublier, continue Ceyrac pour ses étudiants, que c'est grâce à eux, grâce à leur travail dans les champs que nous bénéficions de toutes les commodités de la vie : le riz pour nos repas, la laine pour nos vêtements, les matériaux pour nos maisons. Sans eux il n'y aurait pas de vie universitaire et pas d'ambitions intellectuelles, pas de papier pour nos livres, pas d'électricité pour nos nuits d'études... » Le père Ceyrac élèvera des générations à cette prise de conscience. Des milliers d'hommes et de femmes qui, plus tard, deviendront médecins, ingénieurs, professeurs, certains chefs d'entreprise, parfois ambassadeurs ou même ministres. « Il a transformé la jeunesse catholique, dit Dharma Sanjeevi, avocat à Madras, chrétien engagé, qui l'a connu en 1952. Il a libéré notre vision, il nous a sorti de notre foi basique, des petites prières... Il nous a poussé à réaliser quelque chose de plus grand, à travailler pour notre peuple, notre pays. L'expression de votre foi, nous disait-il, est dans les actes que vous accomplissez, pas dans la manière dont vous pratiquez. »

La Bible est son vecteur, mais Ceyrac se bat, d'abord, pour l'homme. L'Homme. « Ceyrac nous a appris que tout le monde exploite les pauvres, donc que les pauvres ont le droit de nous exploiter », résume Henri Tiphagne. Son objectif premier n'est pas l'« évangélisation » – il n'aime pas ce terme. Il est prêtre, mais avant tout militant. Militant pour les plus démunis. Il combat la pauvreté, mais surtout, il combat la pauvreté pour éviter que celle-ci ne conduise à la misère.

– Notre but est de mettre notre intelligence au service de notre peuple, souligne le père Ceyrac. Nous voulons devenir la voix de ceux qui n'ont plus de voix, « The voice of the voiceless of India ».

L'enjeu dépasse les frontières de l'Inde. Il est planétaire.

Dès 1960, l'opinion du père Ceyrac est faite. Le monde est en train de devenir cette « noosphère » dont parle Teilhard de Chardin – une « autre mondialisation » avant l'heure. L'espérance qu'incarne jusque physiquement le missionnaire défie les épreuves. « Quand un pays a faim, quand n'importe quel être humain dans n'importe quelle partie du monde souffre, la conscience de l'homme est alertée, aussi bien que si un signal rouge invisible s'était allumé, écrit le père Ceyrac aux étudiants catholiques de l'Inde. Un désastre à Agadir, un tremblement de terre au Chili, un cyclone dans l'est du Pakistan, des inondations au Bengale – et les hommes du monde partout bougent, des appels sont lancés, la machinerie se met en place, des dons sont envoyés par des amis inconnus vers des pays qu'ils n'ont jamais vus. "Une pierre dans la mer, et toute la mer est changée", dit Pascal. Malgré les tensions politiques, les crimes internationaux et les oppressions, l'humanité se comporte de plus en plus comme une grande famille. »

Ceyrac maintenant commence à effectuer quelques allers-retours en France. A chaque voyage, il donne des conférences dans les grandes écoles françaises. A chaque voyage, il « convertit » des jeunes étudiants français à venir passer quelques semaines en été en Inde, pour donner un coup de main dans les chantiers.

– Mais n'apportez pas ce que vous savez ! leur dit-il. Prenez le temps de regarder, faites comme les gens que vous allez rencontrer ! Mettez de côté votre manière de voir, et écoutez !

Ainsi, il se met à bâtir des petits ponts entre l'Europe et l'Asie, l'Occident et l'Orient, le Nord et le Sud, les riches et les pauvres...

– On peut avoir fait Polytechnique et ne pas savoir bâtir un mur, lance le père Ceyrac à ces nouvelles recrues. Vous devez vous mettre à l'écoute des maçons de l'Inde. Ils ont construit le Taj Mahal, vous savez....

Les premiers à venir seront huit élèves du collège jésuite du Caouzou de Toulouse, en 1966, afin de bâtir un dispensaire pour lépreux, à Madras. Bien d'autres suivront, issus pour l'essentiel de collèges jésuites ou de grandes écoles – et deviendront des personnes d'influence.

Le père Ceyrac commence à sortir des limites de l'Inde. Lors d'un voyage à Manille, en décembre 1959, il est l'acteur malheureux d'une aventure plutôt cocasse. Il se trouve aux Philippines pour représenter l'Inde au Congrès de l'organisation catholique *Pax Romana*, accompagné de l'étudiant P. T. Kuriakose. A leur arrivée, le religieux lui a confié son passeport. Celui-ci contient son visa indien, qui vaut titre de séjour, il a peur de le perdre ; de plus, après l'affaire Niyogi, les missionnaires restent sous forte pression... Malgré ses précautions, Kuriakose finit par égarer dans un bus le précieux passeport – une denrée recherchée aux Philippines. Le père Ceyrac est très choqué, P. T. Kuriakose s'attend à ce qu'il explose de colère. Mais, non, au contraire, il le console...

– P. T., c'est vraiment très mal cette histoire. Mais que pouvons-nous faire ?

Le lendemain matin, les deux hommes se rendent à l'ambassade française, afin d'obtenir une autorisation de voyage pour revenir en Inde. L'employé d'ambassade les démoralise un peu plus.

– La manœuvre va prendre du temps, nous devons envoyer des messages à la fois en Inde et à Paris, et cela va vous coûter très cher. Pouvez-vous remplir ce formulaire ?

P. T. Kuriakose et le père Ceyrac se regardent, inquiets – il leur reste tout juste trente dollars en poche. Le missionnaire inscrit son nom sur le formulaire. L'employé l'observe, interrogateur.

– Etes-vous parent avec François Ceyrac ?

Et le père Ceyrac se borne à dire, évasif.

– Oui, je le connais.

P. T. Kuriakose est « estomaqué » par son humilité qu'il trouve en la circonstance plutôt audacieuse. François Ceyrac est un homme qui commence à compter – il est l'un des hommes forts de l'organisation patronale française. Cette parenté en l'occurrence tombe du ciel. P. T. Kuriakose, donc, se tourne vers l'employé.

– Mais, monsieur, François Ceyrac est le frère du père...

L'employé se lève de son bureau, et grimpe à l'étage. Quelques minutes plus tard, l'ambassadeur de France descend et demande aux deux hommes de le suivre dans son bureau.

– Vous aurez votre document de voyage dans les deux jours, père, promet-il.

– Le problème n'est pas tellement le passeport, mais le visa, s'inquiète le père Ceyrac. Il contient la mention très importante, et très difficile à obtenir : « Pas d'objection au retour ».

– Ne vous inquiétez pas, je vais m'en occuper.

L'ambassadeur téléphone à son homologue indien et au ministre des Affaires étrangères, il fait raccompagner ses deux visiteurs à leur hôtel dans sa voiture, un nouveau passeport est délivré au père Ceyrac deux jours plus tard, et il n'eut aucun problème à rentrer en Inde.

En février 1964, le missionnaire est en France, puis de là il gagne les Etats-Unis. Dans une lettre aux étudiants de l'Aicuf, il s'émerveille de quitter Paris le 11 février à 13 h 30 et d'atterrir à New York le même après-midi, à 15 h 30 ! A l'aéroport, il est attendu par une limousine. Porteur d'un message du supérieur général des Jésuites, le père Jansen, Ceyrac a droit à tous les honneurs. Il est pauvrement vêtu comme à son habitude, il n'a que dix dollars en poche, et il bénéficie d'un traitement de seigneur....

– Voulez-vous faire quelques courses avec moi ? lui demande le ministre de la résidence jésuite.

Et le voilà qui l'entraîne dans un magasin de chapeaux.

– N'avez-vous pas besoin d'un feutre ? questionne son chaperon. Ne vous en faites-pas pour le règlement : « *It's on me* » (« C'est pour moi »). Et ces souliers, qu'en pensez-vous ? Et cette chemise, ce pantalon, cette veste... ? Vous plaisent-ils ? A mon avis, ils vous iraient très bien. Ne vous inquiétez pas, « *It's on me* », « *It's on me* »...

Voilà le père Ceyrac rhabillé de pied en cap. « En fait, il a honte de moi... », pense-t-il, en riant.

Ainsi vêtu de neuf, Ceyrac court les Etats-Unis. De New York, il passe à Philadelphie, il visite Chicago, Detroit, Cleveland, il est reçu dans les universités les plus prestigieuses du pays – Harvard à Boston, Berkeley à San Francisco, GeorgeTown à Washington... De conférence en conférence, il porte le message de l'Aicuf, celui du congrès de Bangalore de 1956 : « Où est ton frère ? ». Son but est de convaincre les étudiants expatriés dans ces grandes universités de regagner leur pays.

– Vos bourses d'études sont payées par les pauvres de l'Inde, grâce aux taxes prélevées sur les allumettes ou le sel..., leur lance le père Ceyrac. On n'a pas besoin de vous aux Etats-Unis, en Inde, oui !

A l'université Notre-Dame, à South Bent, à une soixantaine de kilomètres de Chicago, à la fin de la conférence, un étudiant indien se lève. Il fait pivoter son turban sur sa tête et, solennellement, promet : « Père, je serai de retour l'année prochaine en Inde. ». Et la salle se met à chanter l'hymne indien...

Durant ces années, Pierre Ceyrac devient un missionnaire itinérant. Après l'Asie et l'Amérique, grâce au soutien de l'Unesco, le voici en Afrique noire – toujours pour enrôler les étudiants catholiques au service de leur peuple. Il visite le Sénégal, la Côte-d'Ivoire, la Mauritanie. Puis le Cameroun, les Congo – français et belge –, Madagascar, le Soudan... Pendant deux mois, il sillonne les pistes africaines. Lagos, au Nigeria, l'Ethiopie. Puis, plus tard, Le Caire en Egypte, Beyrouth au Liban... Lui qui a passé sa jeunesse, en France puis en Inde, dans des espaces réduits, découvre, enfin, avec frénésie, l'immensité de la planète. Il reste un soldat jésuite, respectueux du vœu d'obéissance à sa hiérarchie qu'il a formulé lors de son engagement. Mais il regarde vers les horizons lointains du monde. Peu à peu, il abandonne la soutane et ne porte plus de croix pour ne pas se séparer des autres – le plus gros scandale de la religion est de diviser plutôt que d'unir. « C'est en vous aimant les uns les autres qu'ils reconnaîtront que vous êtes mes disciples », a dit le Christ. Il va en pantalon de toile, polo et baskets. Il se fond dans la masse. Il file entre les mains de la Providence, il se laisse guider par le doigt de Dieu. Jusqu'où ?

CHAPITRE 9

« TOUT MON EXERCICE EST D'AIMER »

Maintenant, il souhaite changer de vie. Pendant quinze ans, il a parcouru l'Inde, inspiré plusieurs générations d'étudiants qui commencent à occuper des places importantes dans la hiérarchie sociale. Il a construit pour les pauvres des routes, des villages, des centres sociaux, des hôpitaux. Pierre Ceyrac vient de livrer des batailles qu'il n'oubliera jamais, il vient de connaître les années les plus créatrices de sa vie, pense-t-il. Il a participé au renouveau de l'Inde, à ce formidable élan qui, dans les années suivant l'indépendance, ont embrasé le pays sous l'impulsion du pandit Nehru, qu'il admire. Dans sa vie d'homme, il lui aura été donné de participer à ces heures glorieuses. Il aura rencontré les deux grandes figures qui ont façonné l'Inde indépendante, deux personnages qui ont porté ce pays sur la scène du monde et dont les noms sont inscrits désormais dans l'Histoire.

Mais Gandhi a été assassiné, son combat subsiste dans les mémoires, pas dans la réalité. Toute l'Inde – et sept cents roses rouges – a accompagné Nehru il y a trois ans maintenant, le 27 mai 1964, sur un bûcher de bois de santal, juste à côté du Rajghat, le mausolée du mahatma, et l'énergie que celui-ci avait insufflée, l'enthousiasme qu'il avait suscité est retombé. Les mécontentements se multiplient dans le pays. Malgré les réformes entreprises, l'objectif de justice sociale n'est pas atteint, l'Inde reste un puzzle de communautés religieuses, linguistiques, très disparates d'un point de vue économique. Pourtant abolie par la Constitution de 1950, l'intouchabilité continue dans la vie quotidienne – la société indienne est toujours divisée en castes pures et impures, et les *dalits* sont écartés au sein des villages. Dans les années qui suivent l'ère Nehru, deux Premiers ministres se succèdent en moins de deux ans, le pouvoir écrasant du parti du Congrès s'effrite et celui-ci finit par perdre la majorité dans de nombreux Etats aux élections de 1967...

Quant à Pierre Ceyrac, il a cinquante-trois ans, il ne peut pas rester éternellement aumônier des étudiants catholiques, il l'a été pendant plus de quinze ans. Il n'est pas las, mais il sent qu'il n'a plus beaucoup à donner, ces jeunes troupes ont besoin d'un nouveau chef, de sang neuf. A quelqu'un d'autre de prendre la relève. A un Indien de poursuivre l'entreprise – ce sera d'abord le père Colaco, surnommé « Bobby », avant que celui-ci, de santé très fragile, cède la place au père Claude D Souza, qui restera en charge jusqu'au début des années quatre-vingt.

Pierre a fait part de son intention au charismatique archevêque de Bombay, le cardinal Gratias, un Indien, qui fut proche de Nehru.

– Eminence, dit-il avec un brin de grandiloquence, nous n'avons chacun qu'une note à donner dans le concert de l'univers. Et depuis quinze ans, les étudiants indiens entendent toujours la même. Il est temps de changer. Je vous demande l'autorisation de démissionner de mes fonctions d'aumônier national de l'Inde.

Mgr Gratias refuse. Pierre Ceyrac va alors trouver Mgr Raimond, l'archevêque de Nagpur. Celui-ci est responsable du secteur éducatif à la conférence épiscopale – il est donc le supérieur hiérarchique de l'aumônier Ceyrac. Raimond refuse également. Devant l'insistance du prêtre, les autorités catholiques finissent pas céder, et acceptent sa démission.

Il revient à la base. Il redevient missionnaire, tout en restant en charge du travail social, au sein de l'All India Catholic University Federation. Il est aussi élu président du Service civil international de l'Inde. L'objectif de ce mouvement pacifiste fondé par un protestant à Genève avant la guerre de 14 est de mettre ensemble des citoyens de pays en guerre, dans des chantiers de travail – le premier a eu lieu à Verdun au début des années vingt : vingt Français et vingt Allemands s'étaient groupés pour reconstruire un village détruit par les bombardements. Ainsi le père Ceyrac poursuit dans la perspective qu'il a tracée au Congrès de Bangalore en 1956. Ce discours fondateur autour de cette parole biblique : « Où est ton frère ? » Sa ligne de conduite – et de vie – n'a pas varié. Il reste au service des plus pauvres.

Mais il se place dans une optique différente. En 1967, une grande famine – l'une des dernières catastrophes de cette nature que l'Inde ait connue – dévaste l'Etat du Bihar.

– Nous ne pouvons pas philosopher dans nos universités quand les gens meurent de faim à côté, accomplissons quelque chose de concret ! s'exclame le père Ceyrac.

L'idée qui lui vient alors est d'aider au développement d'un village de l'Inde profonde. Le projet doit prendre corps autour d'une ferme-pilote – pour assurer sa pérennité. Mais il ne s'agit pas de prendre la terre d'un autre. L'idée est d'acheter un terrain dont personne ne veut, un lopin de terre qui ne vaut rien, et de le transformer.

– Quel est l'endroit le plus pauvre du pays tamoul ? s'enquiert le père Ceyrac autour de lui.

Un collègue jésuite a entendu parler d'une quarantaine d'hectares en vente, à cinq cents kilomètres au sud-est de Madras. L'endroit est situé dans le district de Ramnad (actuellement Shivaganga), le plus reculé des districts de l'Etat du Tamil Nadu, touché par des sécheresses régulières du fait de moussons aléatoires. La population est miséreuse. Le terrain sert de débarras à une fabrique de tuiles et de briques. Il appartient à un homme originaire du Kerala qui souhaite retourner dans son Etat, plus riche. Ici, au sud du pays tamoul, la terre est friable, la chaleur, accablante. Il n'y a rien à faire... C'est bien volontiers que le propriétaire cède son terrain au père Ceyrac – qui l'achète grâce à des dons.

Une armée de volontaires tuent les dizaines de cobras qui infestent l'endroit, et défrichent. « C'était un désert de roche ocre ; avec trente travailleurs, nous avons tout nettoyé, puis nous avons bâti », se souvient Adaikalam, le responsable de la ferme, un ancien *coolie*, le représentant du petit peuple de l'Inde.

Le terrain est si rude que les bœufs ne peuvent pas le labourer. L'organisation achète un tracteur, au volant duquel le père Ceyrac jubile. Il s'émerveille de la force de cet engin qui défonce un terrain comme celui-ci ne l'avait jamais été auparavant. Il a l'impression d'accomplir un acte créateur, fondamental. A plus de cinquante ans, il repart de zéro, avec l'enthousiasme d'un gamin. La ferme « Ameidhi » – le mot signifie « paix » en tamoul – de Manamadurai démarre son activité.

Entouré d'une *ring road* – route circulaire – l'espace est quadrillé de chemins rectilignes. Des grands puits sont creusés un peu partout sur les vingt hectares. On plante des arbres fruitiers – cinq mille au total –, notamment des goyaviers, espèce rare dans cette région, et des cocotiers – trois mille –, au cordeau – vingt-cinq pieds entre chaque arbre – le long de rigoles qui permettent aux racines de s'abreuver. On construit une route et, peu à peu, des familles viennent s'installer autour de la ferme... Une maison, puis une deuxième, une troisième, un village naît – et ne cesse de s'étendre. Le projet est de développer une ferme-pilote. De nouvelles variétés de riz sont testées – suivant un programme gouvernemental. Une irrigation au goutte-à-goutte est tentée. Des vignes sont plantées – mais cette dernière entreprise se révèle un échec.

Manamadurai est l'occasion de mettre en pratique, dans un lieu circonstancié, les enseignements et les expériences que le père Ceyrac a tirées de ces années comme aumônier national du mouvement des étudiants catholiques. Il s'est battu pour la justice sociale, il applique ses préceptes – non sans conséquences : l'entreprise sera en déficit. Les employés reçoivent des salaires supérieurs au minimum gouvernemental – soixante roupies contre quarante-cinq, à l'époque. L'écart salarial entre hommes et femmes est très rétréci. Un compte en banque est ouvert pour chacun. Et personne n'est licencié. Les produits de la ferme sont en vente. Et les premiers servis sont les pauvres :

chacun d'entre eux a le droit à un fruit et dix roupies par semaine. Une fois par an, un sari est offert à chacune des trois cents femmes des villages alentour. « Ces saris sont fabriqués pour nous et durent dix ans, alors que ceux que l'on trouve dans le commerce s'usent au bout d'un an », vante le père Ceyrac, qui est le meilleur « vendeur » des produits de la ferme.

L'entreprise ne se développe pas sur un modèle paternaliste.

– Nous disons : « Vous n'êtes pas pour la ferme, la ferme est pour vous », souligne le missionnaire. Nous ne cherchons pas à réaliser des profits sur les gens qui travaillent. Nous ne sommes pas une ferme de colons. Nous voulons promouvoir des êtres libres, redonner une dignité et une fierté à ces personnes qui étaient brisées par la pauvreté.

De longues allées bordées de cocotiers, de petites maisons basses qui forment des corps de bâtiments autour de la cour de la ferme, une grande halle qui sert d'espace de réunion pour les villageois alentour... Et au milieu courent des dizaines de paons. Au fil des années, le terrain aride s'est transformé en Eden miniature. Le bois est devenu la première ressource de la ferme, et autour de ce centre actif, de multiples projets se développent. Chaque année, une trentaine d'étudiants français viennent participer aux travaux de la ferme. Des étudiants brillants, élèves dans des grandes écoles françaises – ils sont normaliens, polytechniciens, ingénieurs, professeurs ou médecins qui, appâtés par le charisme du père Ceyrac, consacrent trois semaines en été pour servir dans cette ferme du bout du monde aux conditions de vie plutôt spartiates. Et beaucoup reviennent, d'une année sur l'autre.

Grâce aux dons que reçoit le père Ceyrac, et à la vente des produits de la ferme, Manamadurai devient peu à peu un petit pôle d'attraction pour toute la région. L'extension de ces activités commencent à partir des années soixante-dix avec l'opération « Mille puits »[1]. Une ressource vitale pour ces villages arides du sud profond de l'Inde. Cent puits permettent de distribuer de l'eau à cinquante mille personnes, et donc mille puits, à cinq cent mille individus. Chaque forage suit une procédure élaborée, pas seulement pour des considérations techniques. Chaque puits est creusé pour l'ensemble du village – et non pour une caste –, sur un terrain communautaire – et non privé –, par les habitants eux-mêmes. Ce sont les directives du père Ceyrac. « Nous menons une entreprise de développement local, nous ne nous contentons pas d'une simple activité caritative », explique le prêtre.

Aux Indiens à prendre en main leur destin. Cette opération « Mille puits » est, d'ailleurs, pilotée par l'un d'entre eux, un jeune, Natarajan Thanappan. Celui-ci avait treize ans quand il a rencontré, en 1968, le père Ceyrac, dans son village natal de Vedanthangal, près de Chennai-Madras. Enfant, il a été confié à son instituteur par son père, qui n'avait pas suffisamment de moyens pour l'élever – simple charpentier, celui-ci devait nourrir neuf enfants. Une infirmière écossaise, Elizabeth R. McLean, qui passait une fois par semaine dans le dispensaire créé au village par le père Ceyrac, avait besoin d'un traducteur de tamoul-anglais auprès

1. Cette opération aura permis de creuser – à fin 2004 – plus de 1 200 puits dans des villages indiens.

des malades. Thanappan qui montrait de bonnes dispositions scolaires fut choisi. Et fut ainsi présenté au missionnaire jésuite.

Celui-ci finance les études de Thanappan – une école de formation industrielle. Devenu mécanicien, le jeune homme se met à la disposition du père Ceyrac, qui le renvoie dans son village, pour en assurer le développement – le prêtre subvient à ses besoins. Thanappan prend confiance en lui, et son père commence à se méfier. Il veut que son fils se marie, il lui a trouvé une femme. Il va voir le père Ceyrac, et il explose : « Il est hors de question que vous fassiez de mon fils un jésuite, il doit se marier ! »

Dans les heures qui suivent, Thanappan, alors à Delhi, reçoit un télégramme express : « Viens me voir à Loyola College tout de suite ! Signé : Ceyrac. »

Thanappan croit que le père Ceyrac a une nouvelle mission à lui confier, il accourt. Et le prêtre lui dit : « Je crois qu'il serait préférable que tu te maries. »

Quelques années plus tard, Thanappan épouse la femme que lui avait trouvée son père. Mais il ne cherche pas ainsi à obtempérer à la directive paternelle, il respecte le vœu du père Ceyrac.

Thanappan devient l'un des piliers de l'organisation qui se met en place autour de la ferme de Manamadurai. Ceyrac, Thanappan l'appelle Father mais non par dévotion à sa fonction de révérend père. Il l'appelle Father parce qu'il le considère comme son père. Thanappan n'est pas catholique, mais hindou.

Il n'est pas pratiquant mais il lui arrive de prier, quel que soit l'endroit, dans un temple, une église, une mosquée. Ce n'est pas le père Ceyrac qui va l'en empêcher, Thanappan le sait : celui-ci ne demande jamais à personne d'indiquer sa caste ou sa religion, et ne se présente jamais comme prêtre jésuite. Manamadurai n'a pas été créée sous une bannière catholique.

Quand on lui demande s'il cherche Dieu, Thanappan répond en souriant : « Non, puisque je l'ai à la ferme. »

Ce père de famille pondéré et responsable voit en Ceyrac un *moving god* – un dieu itinérant. Parce qu'il se déplace de place en place pour aider et consoler ceux qui sont dans la peine. Parce qu'il est capable, des semaines après, de lui demander des nouvelles de l'opération d'une femme malade qu'il a croisée, en passant, dans un village. Parce que sans lui il n'aurait jamais quitté son village dans lequel il aurait pris la suite de son père – et vécu dans la misère comme lui. Parce que Father Ceyrac ne lui donne jamais d'ordre, mais lui fait confiance, tout en parvenant à le mener où il veut, en finesse, par simples suggestions...

*

La réputation du père Ceyrac commence à se répandre en Inde, transmise par des hommes et des femmes qui, comme Thanappan ou les étudiants de l'Aicuf, sont éduqués, et peu enclins à une idôlatrie sans distance ou une bigoterie sans nuance. Le principal intéressé a beau soupirer devant ce genre de publicité, il n'y peut mais.... Des jeunes sollicitent ses conseils. Des travailleurs sociaux requièrent son aide pour un projet. Les mendiants de l'Inde le guettent à la sortie de la résidence jésuite du Loyola College, à Madras. Ils viennent chaque jour, ils le poursuivent dans les couloirs, ils grattent à sa porte, ils font le pied de grue – ils sont des dizaines parfois. Un homme aux cheveux blancs, édenté, la peau sur les os, exhibe un énorme pansement sur une hanche. Une vieille femme tend la fiche médicale de son petit-fils et lui demande de l'argent pour l'opération. Des veuves se faufilent dans les galeries de la résidence, discrètement – on entend juste le frôlement de leurs saris. Elles l'attendent derrière un pilier – certaines sont époustouflantes de beauté, avec leurs étoles aux couleurs vives, leur teint d'ébène, leurs grands yeux noirs, leurs bijoux dorés qui accentuent la couleur de leurs traits et leur sourire étincelant... Elles l'accrochent par le bras, elles ont besoin d'argent, elles vivent dans des bidonvilles, elles sont mères de jeunes enfants, elles n'ont qu'une alternative de vie, la prostitution ou la mendicité.

Dans la petite chambre de jésuite du père Ceyrac, les lettres s'amoncellent. Il en reçoit une vingtaine par jour, il s'efforce de répondre à toutes – la plupart sont adressées par des pauvres auxquels personne n'écrit. Le téléphone sonne. C'est un homme dont la femme se meurt et qui souhaite sa présence, demande quelques roupies pour assurer un enterrement décent – il faut deux mille roupies pour une boîte en bois en guise de cercueil, une fortune. Ceyrac promet d'arriver au plus vite et de donner. Il a de l'argent – il reçoit beaucoup de dons de l'étranger, de France notamment –, cela se sait, le bouche-à-oreille fonctionne vite sur les trottoirs de l'Inde. Il n'a rien, quelques livres, quelques chemises, un ou deux pantalons rapiécés, des baskets, des châles et son Bréviaire – lui aussi vit de la charité publique. Mais gens de toutes sortes, de tous horizons réclament son assistance, son opinion, sa confiance, sa présence.

En France, en cette fin des années soixante-dix, une bonne partie de la jeunesse parle de conflits de classe, de retour à la terre.... Et voilà que le père Ceyrac est invité à donner des conférences dans quelques écoles de l'élite française. Il raconte l'Inde – c'est encore loin l'Inde, mais la destination devient à la mode –, ce « pays riche de pauvres gens », la colossale richesse et l'immense détresse de l'Inde. Il cite un proverbe sanskrit, un adage tamoul et promeut le dynamisme local, ces ingénieurs en informatique que commence à s'arracher le monde... Il raconte « ses » chantiers avec ces étudiants qui se dévouent à leur pays, à leur peuple. Il décrit les visages de l'Inde, les sourires de l'Inde, l'immense dignité de ces « gentilhommes du pays tamoul » comme il les appelle. Il passe d'une histoire à une autre, des histoires d'hommes, de femmes, d'enfants. Il témoigne, dans une bouffée de sanglots ou un éclat de rires. Il sait parler, illustrer un propos, souligner un effet ; il a vécu chaque parole qu'il prononce... « Je viens d'un pays où les gens n'ont rien, et ici les vitrines des magasins sont pleines à craquer ! » s'indigne-t-il.

Il livre son expérience de voyageur. Il confie son étonnement qu'en Occident les visages soient fermés, que les gens se barricadent chez eux quand en Inde, on croise du monde partout, y compris au beau milieu de la campagne, que dans les trains, les passagers se parlent de compartiment à compartiment, de couchette à couchette, partagent leur nourriture, leur boisson... Chemin faisant, par petites touches, le père Ceyrac en vient à évoquer des valeurs universelles. L'amour, l'humanité, la justice, le sens des autres...

Dans l'auditoire se trouve Dominique Peccoud, il a vingt-deux ans, il est novice jésuite, il prépare les concours de grandes écoles d'ingénieurs à Ginette, il est venu assister à cette conférence en traînant les pieds – encore un missionnaire qui va geindre sur son sort ! pense-t-il. Il repart transporté par cette « énergie nucléaire », cet homme passionné pour l'humanité, non une humanité globale mais chacun des visages humains en particulier. Il a devant lui un aventurier de l'homme, il croit entendre les paroles de saint Jérôme : « Dieu est un mot vide de quatre lettres qui se charge progressivement du sens que nous donnons à l'existence humaine. » L'été suivant, Peccoud manie la truelle dans un village du fin fond de l'Inde.

Il y a Véronique. Elle, connaît les histoires du père Ceyrac, elle a été élevée avec. Véronique est la fille cadette de la petite dernière des enfants Ceyrac, Alix. Mais à chaque fois qu'elle écoute cet homme, qu'elle le lit – il lui écrit très souvent de longues lettres touchantes dans lesquelles se croisent réflexions spirituelles et petites considérations quotidiennes –, elle est bouleversée. Elle ne voit pas le prêtre en premier lieu, elle voit un être « trempé dans l'évidence, dans l'essentiel de l'homme, quand nous autres vivons à côté de ce que nous sommes ». Véronique vient de passer son diplôme d'infirmière, elle part rejoindre son oncle en Inde, elle est prête à y rester toute sa vie, à poursuivre la tradition familiale, à prendre la relève...

Il y a son cousin Paul, le fils de Jacques Ceyrac. Paul se cherche. Il a été ébranlé par Mai 68. Il est un peu mystique – ce qui le conduira un temps à rejoindre la secte Moon, dans le sillage de son cousin Pierre qui en est l'un des responsables. Il est né en septembre 1947, un mois après la mort de son grand-père – dont il porte le prénom. Cet oncle Pierre, missionnaire en Inde, est à la fois un philosophe, un directeur de conscience, un « poteau indicateur », résume Paul... Avec lui, on peut être libre, avoir des discussions intimes, profondes ou converser simplement, sur tout et sur rien. Paul ira à trois reprises en Inde.

Il y a Marc Giordan. Lui connaît l'Asie – il a passé une partie de son enfance au Cambodge, entre les âges de huit et treize ans, son père était professeur à l'Ecole royale d'administration de Phnom Penh. Il connaît les Jésuites aussi – il est leur élève au collège Franklin, dans le XVIe arrondissement de Paris. Mais il est alors peu catholique : pour l'adolescent, l'Eglise française est dans le camp des nantis. Cependant, quand il assiste à une conférence du père Ceyrac à Franklin, en 1964, Marc Giordan est fasciné : cet homme « parle vrai », il raconte des choses passionnantes... Douze ans plus tard, après son diplôme de l'Institut d'études politiques de Paris et une maîtrise en droit, le jeune homme part vivre en Inde... Il a pris de quoi assumer son autonomie pendant un an, il a sauté sur sa mobylette Motobécane, et en avant ! Il lâche sa mobylette en Turquie, et continue le voyage en bus, puis en train, jusqu'à Madras.

Pendant ce temps, le père Ceyrac avance. Il ne planifie pas – la gestion n'est pas son fort –, il ne philosophe pas, il n'est pas du genre à s'asseoir derrière un bureau pour raconter sa vie. C'est un homme du mouvement, il suit une « continuité intérieure », comme dit l'écrivain Julien Green de François d'Assise. Il préfère rouler sur sa moto, au volant de sa vieille 403 Peugeot, ou confiné sur une couchette d'un train indien... « Nous ne parlons pas, nous vivons », répète souvent le père Ceyrac aux étudiants de l'Aicuf. Il a appris en

Inde la force et la valeur incroyable de la vie. Il en a fait une maxime..

– On ne passe jamais deux fois le chemin de la vie, dit-il.

Il a découvert la notion du temps auprès de cette civilisation qui pourtant l'ignore – puisqu'un hindou a devant lui vingt millions d'années, que son existence se répète dans un cycle infini, le fameux *Samsara*.

– A l'origine, la date de naissance en Inde n'a aucune importance, explique le père Ceyrac, c'est une importation de l'Occident. Aucune histoire de l'Inde n'a été écrite par un Indien. Quelle est l'importance de savoir quand Shiva et Vishnou ont existé ? La question n'a aucun intérêt. Le temps est la mesure de la matière. Les anges ou les dieux ne sont pas dans le temps. L'esprit pur n'est pas dans le temps, dit saint Thomas d'Aquin. Pour l'hindou, la matière n'existe pas. C'est une illusion – *Maya*. On ne mesure pas une illusion, un rêve, ou un cauchemar. Ce n'est pas le temps qui est en question, mais la vie, l'amour de la vie. Plus on aime, plus la vie a de la densité, voilà ce que signifie cette phrase : « On ne passe jamais deux fois le chemin de la vie. »

L'expérience de Dieu du père Ceyrac est contenue dans cette quête. L'amour de la vie. Les manifestations de dévotion à son égard le mettent mal à l'aise. « Malheureux êtes-vous quand tous les hommes disent du bien de vous : c'est ainsi que leurs pères traitaient les faux prophètes », proclame Jésus dans le Sermon dans la Plaine.

– Je suis un homme ordinaire, un pauvre type, confie le père Ceyrac. Je n'ai jamais eu de transport, d'élévation du corps comme saint Antoine de Padoue.

Je n'ai jamais connu de grandes extases comme saint Ignace qui pleurait tellement de joie dans la transfiguration de la messe qu'à la fin on craignait qu'il perde la vue. Je n'ai jamais eu de visions de Dieu comme des grands saints en ont, mais j'ai l'impression d'être très proche de Lui dans les pauvres que je rencontre : un lépreux, pour moi, représente la Sainte Face.

Il a fait sienne cette phrase qu'il a lue sur la plage de Madras : « Nous voyons le visage de Dieu dans le sourire des pauvres. »

« Il restait homme, mais il était habité par le Christ », écrit Julien Green à propos de François d'Assise.

– Il faut comprendre que le secret de nos vies, c'est Jésus-Christ ! s'exclame le père Ceyrac quand on l'interroge sur la source de son engagement.

Il prend un bout de papier, et il dessine un petit triangle. Voilà, Dieu est au sommet, Jésus-Christ sur le côté gauche, l'homme à droite... Il explique, la démonstration paraît toute simple :

– Est-ce que j'aime Dieu ? Je ne sais pas, je n'ai jamais eu de vision de Dieu. Mais je vois celui qui est à son image : l'homme. Je sais que Dieu m'aime puisque Jésus est venu me le dire – il est mort pour que cet amour m'atteigne. Dieu désigne Jésus *(il trace un trait)*, Jésus m'aime *(un autre trait)*, et cet amour de Dieu, je le répercute à angle droit sur mon voisin.

La réalité est évidemment bien plus compliquée. On le lit dans cette tension qui semble parfois le traverser, ce combat intérieur qu'il paraît mener...

Quand elle arrive en Inde, sa nièce Véronique l'interroge :

– As-tu déjà douté ?

– Naturellement, je doute tous les jours ! rétorque le père Ceyrac.

Puis, il reprend son chemin, sans paraître ébranlé. Sa force est sa foi. « Je sais d'une façon incroyable, profonde en moi-même, et non de manière intellectuelle, que Dieu ne me laissera jamais tomber », assure-t-il.

Il prie deux à trois heures par jour, le matin, au lever, le soir, au coucher. Il dit sa messe, et lit son Bréviaire qui ne le quitte jamais. La prière est le socle de sa vie, le pilier sur lequel il s'appuie. Sans la prière, il deviendrait fou, dit-il. Il a besoin de temps de silence. On approche Dieu dans la solitude et le silence. « Nous avons connu l'amour à ceci, c'est que Jésus a donné sa vie pour nous, dit Jean dans sa première épître, que le père Ceyrac affectionne particulièrement. Nous aussi, nous devons donner notre vie pour nos frères ; mais si quelqu'un possède les biens de ce monde, et que, voyant son frère dans le besoin, il lui ferme ses entrailles, comment l'amour de Dieu demeure-t-il en lui ? Chers enfants, n'aimons pas en parole et de la langue, mais en action et véritablement. »

Chaque année, pour échapper aux « brouillards trompeurs de l'Espace et du Temps », il s'évade en retraite spirituelle au scolasticat jésuite de Shembaganur, où il a étudié. De là-bas, le 3 juillet 1969, il écrit à Véronique : « Ces jours-ci tout au long de mes promenades dans les grandes forêts d'eucalyptus, je répète la grande phrase de saint Jean de la Croix – phrase qui était si chère à sainte Thérèse de Lisieux : "Tout mon exercice est d'aimer." C'est si simple et pourtant si long à apprendre ! Aimer Dieu – et par lui et en lui nos frères les hommes, surtout les plus souffrants et les plus déshérités – il n'y a rien d'autre qui compte. C'est tout ce que le Seigneur est venu nous apprendre. Mais ça prend une vie à comprendre ça. “Tout mon exercice est d'aimer.” C'est formidable lorsqu'on y pense. Alors la vie devient une chose si simple, un chant qui ne s'arrête pas. Que ce soit dans la solitude des montagnes, ou en pleine masse humaine des foules de l'Inde, on vit alors toujours à “La Face de Dieu”. Car il est là, dans le silence des montagnes comme dans le brouhaha des foules qui le cherchent. Tout est signe de Lui, et tout est Grâce. Pourquoi se tracasser ? Tout mon exercice est d'aimer. Et en dépit des hauts et des bas, et de toutes nos lassitudes et lâchetés, la vie devient un long magnificat et une joyeuse marche vers la montagne de Dieu. »

Cet amour, c'est – encore et toujours – aux pauvres qu'il le consacre. Il ne cesse de parler d'eux dans sa correspondance. « Ils sont si nombreux à travers le monde, si proches de nous (bien que nous les ignorions si souvent), ce sont les faces diverses de la Passion du Christ dans le monde – le Christ parmi nous. Ils ne sont pas toujours “confortables” pour nous et on aimerait bien se débarrasser d'eux, mais ils seront toujours avec nous », écrit le père Ceyrac à Véronique le 24 décembre 1969, pour Noël. « Noël, c'est pour toujours la fête des pauvres, poursuit-il. Et pourtant, ce sont les enfants riches qui reçoivent les cadeaux aujourd'hui. Les pauvres ne peuvent se payer ça. Tout un tas de petits gosses sont venus me voir aujourd'hui. J'ai fait des petites distributions de bonbons et de biscuits, tu sais, 3 ou 4 biscuits et bonbons dans un petit sac plastique, avec un petit ruban. Ça ne coûte pas cher. Si tu avais vu leurs yeux briller...

Ils n'avaient jamais reçu de cadeaux comme ça, car ce sont des pauvres gosses. Très pauvres. »

Dans une autre lettre, envoyée de Madras le 29 juillet 1970, et toujours adressée à Véronique, il précise le sens de son apostolat : « Je ne fais rien de bien extraordinaire, tu sais, écrit le père Ceyrac, de toutes petites choses, la plupart du temps insignifiantes. Je me rends compte de plus en plus que ce qui importe, ce n'est pas tellement de « faire » des choses, que d'« être ». Et ma petite philosophie, ou si tu préfères ma théologie missionnaire, se réduit à 2 ou 3 idées toutes simples :

« 1) Etre un porteur d'Espérance (*le mot est souligné dans le texte*) – car c'est cela dont les hommes ont le plus besoin, qu'ils soient riches ou pauvres, en pays développés ou dans le tiers monde.

« 2) Une Espérance fondée sur cette chose formidable (et cela est l'essence du message chrétien) que Dieu nous a aimés (*l'expression est soulignée*), nous aime, nous aime réellement d'un amour extraordinaire, et comme nous sommes.

« 3) Et pour faire "passer" cela, pour faire comprendre cela, pas besoin de grands sermons ou de discussions : il nous suffit d'aimer à notre tour, d'être présent aux autres, être leur "frère" vraiment. C'est à travers cet amour très humble et très simple qu'ils découvriront quelque chose de la splendeur de l'Amour de Dieu pour eux – un petit reflet comme dans un pauvre miroir... Ainsi, faire sentir un peu aux hommes, à travers notre pauvre amour, quelque chose de la chaleur de l'amour de Dieu pour eux.

« Et, ce faisant, leur donner (ou re-donner) l'Espérance !

« Tu vois, c'est si simple ! Je t'embrasse de tout mon cœur. Oncle Pierre. »

Le but paraît, en effet, simple, couché ainsi sur le papier. Pourtant, il déroute, il énerve. L'amour universel, la belle affaire ! Mais encore ? Le volontarisme d'un Ceyrac enflamme certains, mais en agace d'autres. Y compris au sein de la Compagnie de Jésus. Trop simpliste, trop sentimental, trop naïf – « Il va se faire avoir », « Il n'est pas assez réfléchi », murmure-t-on... Le père Ceyrac occupe une position à part chez les Jésuites. Il respecte les règles de la Compagnie, les vœux qu'il a formulés en s'engageant, notamment le devoir d'obéissance, mais il souhaite par-dessus tout conserver sa liberté d'action. Il n'agit pas comme un petit soldat aveugle. « C'est un homme qui ne s'appartient pas, dit l'un de ses admirateurs jésuites. Il se dépouille en permanence de son être, de son identité, de ses idées pour répondre aux sollicitations extérieures – dans la Bible, en hébreu, on appelle cela la *hesed*, un amour-compassion qui se laisse atteindre et mobiliser pour l'autre. Il consent à une dépossession de lui-même pour devenir le porte-parole des souffrances des pauvres. Il souffre avec eux, tout en ayant un grand sens de la jouissance de la vie. »

Pour les uns, il est un prophète, le personnage biblique qui tempête contre l'injustice, un saint... Pour les autres, il est un original – « et les originaux ne sont pas très bien perçus au sein de la Compagnie », confie un jésuite français. Une communauté religieuse est aussi une société humaine – avec son lot de caractères, d'affrontements, d'incompatibilités d'humeurs, d'aigreurs, de jalousies, de rivalités d'ambitions... Le

« cas Ceyrac » divise. « Son comportement ne paraît pas logique, confie l'un de ses amis. L'amour n'est pas logique ! "Vous ne raisonnez pas !" Et les jésuites raisonnent trop. Nous avons une formation trop intellectuelle, trop critique. Nous avalons des thèses et des thèses, nous sommes pris dans un certain moule, nous apprenons à nous comporter d'une certaine façon dans certaines circonstances. Nous n'avons pas mis suffisamment au premier plan l'amour et la gratuité. Nous oublions qu'Ignace de Loyola était un homme de cœur, un homme de feu, un aventurier de l'amour. Pas un administrateur. »

« Je cherche le visage du Seigneur dans le visage des pauvres », ne cesse de répéter le père Ceyrac quand on l'interroge sur le but qu'il poursuit. Il est persuadé que chaque être humain recèle en lui le reflet divin, l'Atma indien. Dans cette conviction, le père Ceyrac puise l'énergie, le combustible qui le propulse, chaque jour, toujours plus, vers l'avant. Où court-il ? Peut-être ne le sait-il pas lui-même. « Le vent souffle où il veut : tu entends le bruit qu'il fait, mais tu ne sais pas d'où il vient ni où il va, rapporte l'évangéliste Jean. Il en est ainsi de tout homme qui est né du souffle de l'Esprit. »

CHAPITRE 10

INTOUCHABLES

Les rares fois où il revient en France, Pierre Ceyrac ne manque jamais d'effectuer un détour par Meyssac. Sa mère vit toujours dans la maison familiale. La vieillesse a endurci les traits de son visage et ridé sa peau mais ses cheveux ne blanchissent pas et son tempérament la préserve des démissions du temps. Avec son chapeau noir, elle ressemble aux gravures anciennes représentant le roi Louis XI – c'est ainsi que certains la surnomment dans la famille.

Le troisième frère Ceyrac, Jacques, le notaire, à ses heures perdues, écrit des pièces de théâtre qui sont jouées à la radio par les habitants du village. Il continue d'être très attaché à son frère Pierre même si toutes ces histoires de sainteté, comme il dit avec humour, le « gonflent » quelque peu... Son épouse, Chantal, elle, est en admiration – pour ne pas dire en dévotion – devant son beau-frère auquel elle écrit plusieurs fois par semaine, lettres auxquelles elle joint parfois les articles de *La Montagne*, le quotidien régional.

La Corrèze reste la terre d'ancrage de la famille. Le mari d'Alix, la petite sœur, Michel Ponchet de Langlade est originaire de Collonges. Bernard, qui poursuit sa carrière dans l'industrie, a gardé des attaches dans le village. Charles, qui s'est installé comme agriculteur à La Serre, s'est lancé en politique. Il est maire et conseiller général de Collonges – qu'il a fait « rebaptiser » Collonges-la-Rouge. Il vient d'être élu député de la Corrèze, en 1972[1].

Le père Ceyrac n'a jamais renié ni sa famille ni ses racines. Il suit à distance les événements familiaux. Dans ses (nombreuses) lettres, il ne manque jamais de relever mariages, naissances, baptêmes, décès... Il garde le contact avec tous, y compris avec son neveu Pierre – qui a été baptisé de ce prénom en son honneur – malgré les engagements poussés de celui-ci à la secte Moon et au Front national qui ont amené nombre de membres de sa famille à s'éloigner de lui[2]. Plusieurs membres de la tribu tiennent informé le missionnaire de la chronique familiale – qui a même son « greffier », en la personne de Bernard, le quatrième frère.

Le père Ceyrac n'a jamais rompu avec son frère François dont l'engagement, pourtant, est aux antipodes du sien. Après vingt-six années comme responsable de la commission sociale du Conseil national du patronat français (CNPF), François Ceyrac, en 1972, est devenu en effet le président de l'organisation.

---

1. Charles Ceyrac sera député jusqu'en 1979, puis président du conseil général de Corrèze de 1985 à 1992.

2. Fils de Bernard Ceyrac, Pierre Ceyrac fut secrétaire général pour l'Europe du mouvement Causa, branche politique de l'Eglise de l'Unification fondée par le révérend Moon, et cadre dirigeant du Front national – il fut député de ce mouvement à l'Assemblée nationale française entre 1986 et 1988, député européen en 1989, puis conseiller régional du Nord-Pas-de-Calais en 1992. Il a quitté le Front national avec fracas en 1994 puis la secte Moon quelques années plus tard.

Les deux frères s'opposent jusqu'à la caricature – l'un s'occupe des pauvres, et l'autre des riches. Ils en discutent parfois entre eux, mais personne ne les a jamais vus hausser le ton – l'affection, l'esprit de famille et l'éloignement géographique atténuent les oppositions. Chaque fois que Pierre revient en France, les enfants de Paul et Suzanne Ceyrac se retrouvent autour d'une table. Et quand on l'interroge sur cette particularité, le missionnaire a coutume de répondre, sur un ton assuré : « De toute façon, vous savez, à ma place, François aurait agi mieux que moi, car il organise davantage. »

Un ami jésuite de Pierre se souvient d'une discussion entre les deux frères, au début des années soixante-dix. Il avait l'impression d'être le spectateur d'une confrontation entre deux mondes, deux univers, celui du prophète et celui du gestionnaire. Mais jamais la conversation ne dérapa. Les deux frères dialoguaient, sans s'énerver, chacun écoutant l'autre exposer ses arguments.

– Pensez-vous vraiment que vous, les patrons, vous en fassiez assez pour la justice sociale, les différences de salaires, l'égalité entre individus dans l'entreprise ? interrogeait Pierre.

– Tu sais, ce que l'on demande aux entreprises est difficile, nous sommes aux limites de nos possibilités, il faut que nos affaires tiennent le choc face à une concurrence de plus en plus effrénée, qu'elles soient bien encadrées, rétorquait François.

– Mais les hommes ne sont-ils pas abîmés par leur formation ? reprenait Pierre. Vous n'arrêtez pas de parler de responsabilité, mais pensez-vous que le système a accordé assez de place à la responsabilité individuelle ? En même temps, tous ces problèmes sont des débats de pays riches. Vous arrive-t-il ici en Europe d'observer ce qui se passe dans les autres pays ? Quand on voit la situation, l'immense détresse dans lequel est confiné le peuple de l'Inde... C'est tellement intolérable.

Cette injustice, Pierre Ceyrac s'en rend chaque jour un peu plus compte en Inde. Le voici volontaire pour l'association catholique *Caritas India* dans des camps à Salt Lake City, près de Dum Dum, l'aéroport de Calcutta, situé à treize kilomètres de la ville. Des milliers de réfugiés affluent en provenance du Bangladesh, qui fait alors partie du Pakistan. Ils fuient la guerre. Ils sont des milliers, des dizaines de milliers, bientôt trois cent mille hommes, femmes, enfants. Et soudain, la mousson éclate, l'eau recouvre la terre, se propage, et tous les excréments déposés dans les fosses qui servaient de toilettes, toutes les ordures remontent à la surface. Les déchets de trois cent mille personnes... La situation est terrible. Des excréments flottent dans tout le camp. Le choléra se déclare, il prolifère. On manque de sérum pour des piqûres, on casse des noix de coco parce qu'elles renferment l'eau la plus pure. Comment faire face à la situation ? Les officiels se réunissent, chacun propose un plan. A la fin du *briefing*, une dernière personne, une petite femme, avec timidité, demande la parole. D'une voix lente, elle dit :

– Il faudrait quadriller le camp, découper l'espace en carrés de quelques trente à quarante mètres. On entoure chaque carré d'un mur d'environ un mètre avec des sacs de toiles de jute. Au centre de chacun, nous plaçons une pompe diesel. Il nous suffira alors de dessécher carré par carré, tout le camp.

Les responsables écoutent la proposition, en silence. Ce schéma est le meilleur de tous. Il est adopté. On distribue les rôles à chacun. Pierre est chargé d'aller dans les usines de toiles de jute, mandaté par le gouvernement, avec un ordre de mission signé du général en chef de Calcutta, pour réquisitionner des sacs de toiles de jute. La femme qui a eu l'idée de ce plan porte un sari blanc à liseré bleu à un dollar, une croix de bois sur l'épaule gauche, une ceinture en corde d'alfa et des sandales, uniforme reconnaissable entre tous dans toute l'Inde. Cette femme, c'est Mère Teresa.

Née le 27 août 1910 à Skopje en Albanie, arrivée en Inde en 1928, Agnès Gonxha Bojaxhiu consacre sa vie aux misérables qui ont échoué sur les trottoirs de Calcutta. Fondatrice en 1950 d'une congrégation, les *Missionnaires de la Charité*, qui compte déjà plus de mille religieuses dans près de cent centres d'accueil, celle qui a pris pour nom Marie Teresa de l'Enfant Jésus, en hommage à sainte Thérèse de Lisieux, incarne aux yeux du monde le combat contre la misère indienne. Elle a pris la mesure de cette « indescriptible pauvreté » dès qu'elle a posé le pied sur le sol du pays, à Madras, près de dix ans avant le père Ceyrac. « Beaucoup de familles vivent dans la rue, le long des murs ou sur les voies de passage, note-t-elle alors. Ils vivent là, jour et nuit, sur un tapis fabriqué avec de grandes feuilles de palmier ou à même le sol. Ils sont tous complètement nus. Dans le meilleur des cas, un chiffon enroulé autour des reins leur sert de vêtement. »

En 1948, Mère Teresa a quitté le collège Sainte Marie de Calcutta où elle enseigne l'histoire et la géographie aux jeunes filles de bonne famille de l'Inde pour aller vivre parmi les pauvres de la rue, dans le dénuement total. « Mon toit c'est celui des déshérités, dit-elle alors, mais encore plus précisément, celui des plus pauvres d'entre eux. De ceux dont on s'écarte par crainte de la contagion, de la saleté ou parce qu'ils sont couverts de parasites et de plaies. De ceux qui ne vont pas prier à l'Eglise parce qu'ils n'ont plus de vêtements à se mettre sur le dos. De ceux qui s'affaissent dans la rue en sachant qu'ils vont mourir, alors que les bien-portants passent à côté d'eux sans les regarder. De ceux qui ne peuvent plus pleurer parce qu'ils n'ont plus de larmes. »

La peau ridée, la bouche comme cousue, un regard perçant, qui défie, Mère Teresa est une petite femme volontaire et autoritaire. Le père Ceyrac a pu s'en apercevoir lorsqu'il l'a rencontrée pour la première fois, alors qu'il était aumônier des étudiants. La religieuse lui avait demandé de prêcher une retraite de prière de huit jours pour ses sœurs, et, faute de temps, le prêtre avait dû refuser... Un peu interloquée, mi-figue mi-raisin, elle l'avait dévisagé, et lui avait lancé : « Mais, on ne refuse pas à Mère Teresa ! »

Cette petite Mère est déjà une légende. En 1964, le pape Paul VI l'a remarquée lors d'une visite à Bombay, et lui a offert une limousine Lincoln blanche, cadeau d'un bienfaiteur indien. Elle a vendu la voiture aux enchères et réparti l'argent – cent mille dollars – entre les pauvres. Depuis, sa notoriété ne cesse de prendre de l'ampleur. Le magazine américain *Time* portera en couverture – privilège rare – cette femme qui « est à l'aise avec le pape et le Premier ministre, mais continue de nettoyer les toilettes », écrit l'hebdomadaire, qui « a gagné une multitude d'honneurs internationaux, comprenant l'Ordre indien du Lotus et le premier prix de la paix Jean XXIII du Vatican », mais considère cela comme la « reconnaissance que les pauvres sont nos frères et sœurs, qu'il y a des gens dans le monde qui ont besoin d'amour, d'attention, de savoir qu'ils sont désirés ». En 1979, le jury Nobel lui décernera le prix Nobel de la Paix – après Anouar el-Sadate et Menahem Begin[1]...

Certains la critiquent. Pour les uns, elle transmet au monde la déplorable image d'une Inde dévastée par la misère. Pour les autres, son travail est seulement caritatif, donc limité – selon l'adage bien connu du cautère sur une jambe de bois... « Mère Teresa, c'est du replâtrage ; l'action ne doit pas se borner à sauver les gens écrasés par la machine, nous devons changer toute la machine, l'ensemble des structures de la société », lancent des militants de gauche.

Pierre Ceyrac, lui, a une profonde admiration pour la religieuse. Elle incarne le message chrétien en Inde qui, pour lui, passe par le caritatif. « Nous n'apportons pas aux Indiens le sens de Dieu, mais le sens de l'homme, considère le père Ceyrac. Puisque tout est sacré en Inde, y compris les singes et les cobras, plaçons l'homme au premier plan ! Avant de bousculer les structures, il faut renverser les valeurs, mettre en avant

1. Décédée en 1997, Mère Teresa a été béatifiée par le pape Jean-Paul II en octobre 2003. « Icône du Bon Samaritain, elle s'est rendue partout pour servir le Christ dans les plus pauvres des pauvres. Ni les conflits ni les guerres n'ont réussi à l'arrêter », disait alors le Saint-Père dans son homélie. « Elle aimait répéter que la plus grande pauvreté est d'être non désiré, de n'avoir personne qui prenne soin de soi », soulignait le pape.

l'homme plutôt que l'argent. Mais pour cela, il faut commencer par le caritatif, puis, progressivement, s'orienter vers la libération de l'individu. » Ceyrac se réfère à la doctrine de « la théologie de la libération », qui prend à l'époque corps en Amérique du Sud notamment, dont le principal théoricien est un théologien protestant chilien, Paolo Freire, auteur de *Pégagogies des opprimés*. Celui-ci décrit un processus en deux étapes : prise de conscience par la communauté – ce qu'on appelle la « conscientisation » –, puis organisation. Ces idées ont inspiré l'expérience du missionnaire à la tête du mouvement des étudiants catholiques de l'Inde. Il les retrouve dans le travail de Mère Teresa.

Ceyrac va où on le demande. Il est disponible. Il est au Bangladesh, avec le Service civil international, pour rebâtir un village aux côtés d'Indiens, de Pakistanais, de Bangladais. Il part au Bengale, jusqu'à Seliguri, au nord de l'Inde, au sud du Sikkim. Le père Ceyrac se rend partout où l'appelle sa mission, partout où les pauvres ont besoin de secours. « En vérité, je vous le dis, tout ce que vous faites aux plus petits de mes frères, c'est à moi-même que vous le faites », dit le Seigneur dans ce passage de l'Evangile de Matthieu qui inspire le missionnaire.

En 1977, des inondations terribles ravagent la région de Gunthur, à cinq cents kilomètres au nord de Madras. Un cyclone s'est levé dans la baie du golfe du Bengale. Un raz de marée recouvre soudain l'intérieur des terres – jusqu'à sept kilomètres. Les effets de cet orage gigantesque se sont produits ailleurs, des digues ont craqué au sud, dans le pays tamoul, près de la ville de Dingidul. Prévenus, le père Ceyrac, une sœur belge,

Jeanne Devos, et quelques étudiants du mouvement catholique quittent Madras à bord d'une camionnette bâchée pour se rendre sur place. A leur arrivée, le spectacle qui s'offre à leurs yeux est apocalyptique. Les routes sont barrées. L'eau a tout envahi. Les villages, dévastés par les eaux, ont été évacués. Les habitants se sont enfuis ou sont morts, noyés – quatre-vingt-huit mille personnes périront dans cette catastrophe. Les volontaires humanitaires sont obligés de s'enfoncer dans l'eau jusqu'à la taille pour récupérer les corps. Ils se débattent avec un cauchemar. Ils voient passer sous leurs yeux des bras, des jambes, des têtes, charriés par les eaux...

« La région donnait l'impression d'avoir été submergée par un cataclysme, se souvient l'un des sauveteurs indiens. Il s'agissait de villages de grande pauvreté, qui comprenaient deux bassins d'eau distincts, l'un pour les hautes castes, l'autre pour les basses. Les habitants n'ont pas pu manger pendant dix jours. Nous n'avons pu accéder à certains villages seulement cinq jours après pour enterrer les morts. »

Le père Ceyrac et l'équipe de volontaires passent deux mois à rebâtir des villages dans le Sud. Parmi eux se trouve Marc Giordan. Avec des hindous, des musulmans, des catholiques, le jeune Français participe à un projet de développement local qui vise à soutenir la reconstruction, développer un système de santé, et aider les paysans à prendre conscience de leurs droits, leur démontrer qu'il ne faut pas tout attendre de l'extérieur, d'une assistance de l'Etat ou de dons étrangers. A l'époque, c'est la position du père Ceyrac : rien ne sert de collecter des fonds de manière effrénée, il faut identifier les besoins des populations et leur apprendre à se prendre en charge, à se sortir de la misère par elles-mêmes.

Marc Giordan a alors vingt-cinq ans. Il est le seul Européen présent dans ce village. Il va y rester un an. Il apprend le tamoul, vit comme les autres villageois, mange la même nourriture, dort par terre... Il veut s'assimiler – en suivant le processus d'« inculturation » –, il rêve de rester en Inde, de faire sa vie ici, d'être « pauvre parmi les pauvres »... Mais, comme lui dit toujours le père Ceyrac, l'assimilation est une utopie : Marc est le seul du village à recevoir du courrier, et à tout moment il peut rentrer tranquillement chez lui.

Sa compagne, Isabelle, l'a rejoint. Très peu de temps auparavant, la jeune femme a reçu une greffe rénale. Le voyage est très risqué, mais Isabelle a tenu à partir. Elle est médecin pédiatre, toute sa vie elle s'est battue pour les autres, les bébés prématurés, les enfants malades, elle veut vivre une vie normale – quelles qu'en soient les conséquences... C'est ce qui la pousse à venir en Inde, aider ces hommes et ces femmes, qui n'ont plus rien pour rebâtir leurs maisons... Marc essaie de l'en dissuader – à l'époque, il n'y a pas possibilité d'un rapatriement d'urgence en France. Dans son état, c'est de la folie. Mais pour Isabelle et son compagnon, à l'âge de vingt-cinq ans, la folie consisterait à rester en France et à reproduire la vie de leurs parents et de leur entourage proche...

Ils ont choisi de partir, ils ont voulu porter secours aux autres. Leur démarche répond à un mouvement naturel. Elle paraît sacrificielle. Le père Ceyrac y voit lui, au contraire un acte suprême d'amour. « L'amour, c'est toujours de la folie, dit le prêtre. D'ailleurs on parle de la folie de l'amour. “Tout ce qui n'est pas donné est perdu", proclame cette phrase en sanskrit que j'ai lue un jour dans une léproserie près de Pondichéry. L'amour est d'offrir sa place pour éviter que quelqu'un d'autre se noie. C'est Maximilien Kolbe, fusillé à la place d'un père de famille juif dans un camp de concentration. "Le plus grand exemple de l'amour, c'est de donner sa vie pour les autres", a dit Jésus-Christ. On ne parle pas suffisamment d'amour dans les églises. »

Vingt-cinq ans après la tragédie de 1977, les villageois de Thamuthu Patti – qui perdirent trois mille des leurs dans la catastrophe, et auxquels, à l'époque, dans ce désert très pauvre, personne n'avait voulu venir en aide – ont organisé pour leurs sauveteurs une grande fête. Colliers de fleurs, fanfare, cinq heures de chants et de discours en tamoul, sous un soleil accablant... Pierre Ceyrac et les volontaires, qui n'étaient jamais revenus ici, sont fêtés en héros. Dans les villages alentour, les anciens pleurent en les reconnaissant. Un vieil homme, soudain, se met à courir comme un gamin derrière leur voiture, dans la poussière. Des femmes dalits improvisent des chants et des danses folkloriques. Une femme grabataire, sachant qu'il est là, fait demander le père Ceyrac à son chevet pour qu'il la bénisse. Les enfants, en petits uniformes, ont préparé des compliments. Le prêtre pleure, console, rassure. Il semble chez lui, ici, dans cette foule de villageois qui se réjouit, au milieu de la misère. Pierre Ceyrac rit, discute avec eux, joue avec les enfants. Malgré l'âge, le prêtre n'a rien perdu de sa combativité. Entre deux cérémonies, il s'indigne : « Ces gens sont si pauvres, s'exclame-t-il, la voix nouée, déambulant au milieu des maisons. Il n'ont pas d'eau, pas de terrains disponibles, pas de sources de revenus. Pour trouver du travail, ils doivent s'exiler au Kerala. Leurs maisons s'effondrent, ils supplient le gouvernement, et celui-ci répond qu'il ne peut rien pour eux. Il leur dit : "Mais ce n'est pas nous qui avons construit les maisons." Voilà. N'est-ce pas honteux ? ». Et le prêtre étouffe un sanglot. « Nous n'avons jamais fini d'explorer la pauvreté de l'Inde, notre *discovery of India* », lance-t-il, regardant les volontaires qui l'entourent.

*

Le 28 juillet 1978, dans une ville du nom de Villupuram, à deux cents kilomètres au sud de Chennai-Madras, cent cinquante maisons sont incendiées et quinze personnes sont assassinées. Les habitations et les victimes font partie du même quartier, au centre de la ville. Toutes appartiennent à une même caste, celle que les Indiens considèrent comme la plus impure, celle des dalits. Ces actes sont criminels. Ils ont été perpétrés par des individus de hautes castes, qui voulaient repousser les dalits en périphérie de la ville. L'affaire mobilise les gros titres de la presse. Vingt-huit ans après la proclamation de la Constitution qui, en théorie, a abolie l'intouchabilité, alors que les lois de la plupart des Etats considèrent cette pratique comme un délit, et bien que le premier président de l'Union indienne, l'auteur de la Constitution, le Dr Ambedkar, soit un dalit, le système de castes constitue encore la colonne vertébrale de la société indienne. Et la source de conflits quotidiens qui, parfois, se règlent ainsi dans le sang. Quelques années avant le crime de Villupuram, dans un village du Tamil Nadu, quarante hommes, femmes et enfants *dalits* ont été brûlés vifs dans l'incendie de leurs chaumières à la suite d'une querelle sur la rémunération offerte pour leur travail agricole.

Le système de castes, discriminatoire, humiliant et injuste, dresse les individus les uns contre les autres. Mais – obstacle majeur à tout bouleversement – il est imbriqué dans le tissu culturel indien depuis ses origines, la civilisation des Indus. Au début des années soixante-dix, l'Eglise commence à entrouvrir la porte aux *dalits*. Mais les « intouchables » continuent d'être tenus à l'écart dans certaines paroisses, dans les cimetières et au sein du clergé.

Le premier jésuite *dalit* à être ordonné prêtre ne le fut qu'en 1956. Et pendant ces années soixante-dix, alors que le nombre de jésuites indiens grimpe en flèche, bien peu des collègues de Pierre Ceyrac au Tamil Nadu – ils sont près de cinq cents – se recrutent encore parmi les *dalits* – ils ne sont qu'une petite vingtaine en 1980.

Cette injustice ne peut laisser indifférent le père Ceyrac. Il a constaté la pérennité de ces discriminations dans les villages profonds de l'Inde. Elles ne sont pas seulement indignes, elles constituent une entrave à l'avenir économique. « La caste est un obstacle au développement ; dans un village, on peut rester esclave toute sa vie, ou plutôt serf, je préfère ce terme ! » s'insurge le prêtre. Pis, l'Eglise à laquelle il appartient ne combat pas avec grande énergie cet ordre établi... Le père Ceyrac n'admet pas que l'on exclue de cette manière et que l'on se retrouve entre soi ! Certes, il a bien relevé dans les Ecritures que saint Paul et saint Jean étaient déjà « un peu exclusifs », puisqu'en

Mésopotamie, ils réservaient les aumônes aux seules communautés chrétiennes. Mais Jésus-Christ, lui, n'a jamais pratiqué cette « exclusivité », ce « communalisme », comme aurait dit Nehru...

La colère couve. Elle explose avec le drame de Villupuram. Pierre Ceyrac participe aux travaux de reconstruction des maisons incendiées et à l'assistance – matérielle et juridique – des victimes. Le père Claude D Souza, son successeur à l'Aicuf, fait partie de l'équipe de sauveteurs. Mais un homme y est très présent, un autre jésuite, très charismatique, se démène au milieu de la tragédie. Cet homme va « enrôler » le père Ceyrac dans le combat qu'il mène contre l'intouchabilité.

Anthony Raj connaît précisément cette exclusion, il l'a vécue. « Je suis né impur... », dit-il quand on lui demande de raconter son histoire. Sa vie a commencé ainsi, dans un petit village du sud de l'Inde, Meenduthy, à cent kilomètres de Madurai. Ses parents travaillaient comme *coolies* au service des hautes castes. La famille vivait dans une maison à l'écart du village, sans terrain, sans eau potable. Le père et la mère n'avaient aucune éducation. Ils eurent trois enfants, Anthony est le dernier. Poussé par son frère qui a réussi à devenir l'instituteur du village, il montre certaines aptitudes pour les études. Son père passe une bonne partie de son temps à prier dans les églises, son frère est aussi catholique. Anthony suit l'enseignement des bons pères – grâce à une bourse du gouvernement. Sous cette influence familiale, il décide de devenir prêtre, il intègre le noviciat jésuite à dix-neuf ans, en 1963, il est ordonné douze ans plus tard. C'est à cette époque qu'il rencontre Pierre Ceyrac. Il raconte à cet aîné son histoire, il commence à le sensibiliser à la cause des dalits. Fils d'intouchables, intouchable lui-même, intellectuel et combattant, Anthony Raj est un militant radical. Qui compare le système des castes au régime d'apartheid en Afrique du Sud – il voue un culte à Nelson Mandela. Qui considère qu'en la matière l'Eglise catholique a échoué dans sa mission. Et qui ne condamne pas l'usage le cas échéant de la violence. « Je suis fortement convaincu que la voie pacifique permet de réaliser des changements sociaux, dit le père Anthony Raj. Mais parfois il peut arriver, dans certaines occasions, que des ruptures violentes soient nécessaires. » La violence, ce sont ces deux prêtres qui se sont fait « bastonner » parce qu'ils sont *dalits*. Ce combattant, après quelques années d'études à Manille et à Chicago, n'aura pas trop de mal, malgré sa rudesse, à convaincre le père Ceyrac de la justesse de son combat.

Mais, pour l'heure, d'autres luttes attendent le missionnaire. Il a reçu un coup de fil de New Delhi, de la part du père provincial responsable de la Compagnie de Jésus en Inde, le père Ambrose de Mello.

– Pierre, l'épiscopat de Bangkok demande des volontaires pour le Cambodge, es-tu prêt à y aller avec une équipe de docteurs et d'infirmières ? a simplement demandé son supérieur hiérarchique.

Un flot de réfugiés impressionnant arrive dans les camps, à la frontière de la Thaïlande et du Cambodge. Ils sont quatre cent mille, cinq cent mille, puis, très vite, en quelques semaines, leur nombre culmine à un million. Rarement les humanitaires ont été confrontés à une crise d'une telle ampleur. Débordée, comme toutes les organisations non gouvernementales, la *Caritas* de

Thaïlande demande du renfort auprès de la délégation indienne qui a davantage l'habitude des grandes catastrophes. La longue expérience de Pierre Ceyrac est précieuse. Comme tout jésuite, il est tenu d'obéir aux ordres hiérarchiques. Agé de soixante-six ans, il se soumet à un « check-up médical », le diagnostic est favorable, le missionnaire est encore apte pour le service. En juillet 1980, il demande un dernier avis, celui du père général des jésuites, Pedro Arrupe, de passage au Loyola College de Madras. De son ton inimitable, et dans un style très ignacien, le charismatique chef de la Compagnie de Jésus l'encourage simplement par deux mots :

– Allez-y, partez !

En septembre 1980, quarante-trois ans après son arrivée, pour la première fois, le père Pierre Ceyrac quitte l'Inde, ce pays dont il a fait sa patrie et que parfois, avec humour, il parle comme de « (sa) paroisse » ou de « (son) monastère ». Il est en route vers une nouvelle terre de mission. Que va-t-il trouver là-bas ? Il l'ignore. Il a empaqueté quelques affaires, et son vieux Bréviaire dont il ne se sépare jamais. « Si l'espérance t'a fait marcher au-delà de ta peur, tu pourras tenir jusqu'au soleil de Dieu. »

CHAPITRE 11

L'HORREUR MUETTE DES CAMPS

Des barbelés, des miradors, des mitrailleuses. Une multitude de baraques délabrées aux toits de tôle. Des haut-parleurs qui, à longueur de journée, hurlent une liste de noms. A cent vingt kilomètres de Bangkok, en Thaïlande, le camp de transit de Chonburi Phanat Nikhom ressemble à un camp de prisonniers. Les réfugiés, en majorité cambodgiens, qui arrivent ici ont fui leur pays, sous les tirs croisés. Les Khmers rouges de Pol Pot, au pouvoir entre avril 1975 et janvier 1979, ont massacré deux millions des leurs. Les quatre cinquièmes de leur territoire sont passés aux mains des troupes vietnamiennes, soutenues par l'URSS, auxquelles s'opposent, d'une part, les maquisards de la coalition gouvernementale khmère reconnue par les Etats-Unis et, d'autre part, les partisans du prince Sihanouk. La plupart de ces vingt mille réfugiés sont des enfants et des femmes, veuves le plus souvent – leurs maris ont été tués par les soldats de Pol Pot ou les militaires vietnamiens. Ils ont tout perdu, ils ont échappé à la barbarie, ils ne savent pas où ils vont aller. Les uns, plus de la moitié, essaieront de recommencer leur vie aux Etats-Unis, les autres, au Canada, en Australie ou, pour la majorité, en France. Peut-être...

En attendant que leur sort soit décidé, ils patientent à Phanat Nikhom, dans des conditions abominables. Il fait chaud la journée – jusqu'à quarante degrés – et froid la nuit – quinze degrés. Ils sont compressés dans ces baraques en tôles, réparties par communautés – les Cambodgiens et les Laotiens, d'un côté, les Vietnamiens, de l'autre – le long d'une route qui traverse le camp de part en part. Parmi ces hommes se trouvent des anciens ministres, des avocats, des médecins, des professeurs, des ingénieurs qui n'ont plus rien... Il n'y a pas d'électricité – sauf dans quelques parties. L'hygiène est déplorable, la nourriture est insuffisante, on ne sait pas trop ce que vendent ces marchands ambulants thaïlandais qui ont obtenu le droit de proposer leurs produits. Ceux qui n'ont pas assez de moyens travaillent pour gagner quelques baths et subvenir à leurs besoins, dans des petits marchés, des restaurants... Dans ce magma humain, les trafics se multiplient – et la violence fait partie du quotidien. Vols, viols, meurtres, drogue... Quand la nuit tombe, Phanat Nikhom devient la proie des bandits.

Dans ce camp sous contrôle de l'armée thaïlandaise, les étrangers sont tenus à distance. Seuls les officiers chargés de la sélection des candidats à l'immigration et les représentants de quelques organisations non gouvernementales ont le droit de pénétrer dans l'enceinte. Les autorisations sont délivrées, au compte-gouttes, par l'armée thaïe, à Bangkok. En débarquant à Phanat Nikhom, la Française Magali Petitmengin est suffoquée par la dureté et la pagaille qui sévissent dans le camp. Qu'est-elle venue faire dans ce bourbier ? C'est le hasard qui l'a conduite ici. Une cousine de son mari, épouse d'un ambassadeur, a décidé d'adopter un enfant abandonné de Thaïlande, et lui a proposé d'agir de la même manière – Magali, d'abord réticente, en élèvera quatre. Une nuit, cette cousine lui téléphone :

– Les camps de réfugiés s'ouvrent, les gens sont affolés, ils ne savent pas où ils vont pouvoir aller, avec mon diplôme d'infirmière, on a besoin de moi ; je pars donner un coup de main... Viens-tu ?

Magali la rejoint. Rien ne prédestinait cette femme à quitter une vie confortable dans la banlieue ouest de Paris pour se retrouver au milieu d'un camp en Thaïlande. En arrivant à Phanat Nikhom, elle ignore encore qu'elle y est pour longtemps, qu'elle va fonder une association d'aide aux réfugiés et travailler plusieurs années à l'accueil de familles et d'enfants isolés en France en provenance de ces camps[1]. Et que ceux-ci bouleverseront sa façon d'appréhender le monde...

Pour l'heure, Magali Petitmengin est effrayée. A peine arrivée, elle est immergée de plain-pied dans cet univers terrible. Une cinquantaine d'hommes sont alignés dans un hangar. Chacun d'entre eux a un petit dossier vert posé devant soi. Il y est inscrit, en diagonale, le cachet officiel : « Accepté par la France ». Ces hommes supplient :

– Il faut nous aider, nous sommes prêts à nous entasser à dix dans une pièce, à exercer n'importe quel métier, on vous jure..., clament-ils.

– Mais malheureusement, je ne peux rien vous promettre, je ne suis rien ici, déplore Magali Petitmengin.

1. Il s'agit du SIPAR : Association pour le soutien à l'initiative privée et à l'aide aux réfugiés.

Elle lit la déception sur les visages, elle éprouve un sentiment de honte. Dans un coin, un peu plus loin, discrètement, au milieu de réfugiés, se tient un homme maigre – « maigre comme un coucou », se dit-elle. Cet homme, c'est le père Ceyrac.

Le missionnaire est à la tête d'une équipe de douze volontaires, huit médecins et infirmières, quatre jésuites. L'un d'entre eux, le père John Bingham, est un grand Américain, un peu tête brûlée, qui, avec ses cheveux ras, ressemble à un Marine. Les deux prêtres sont inséparables. Dans le camp, Ceyrac a créé une école de français, John Bingham, d'anglais. Tous deux apportent le soutien dont les réfugiés ont besoin. Ce père Ceyrac qui, au milieu de l'infamie, parle de tolérance, d'amour et de beauté impressionne Magali Petitmengin. Face à des réfugiés dans un état dramatique, il dit : « Regardez cet enfant comme il est beau ! » Il aperçoit une femme âgée, le crâne rasé, édentée, la bouche noire, à force de chiquer du bétel, et il se tourne vers elle, il plante son regard dans le sien, et il lui lance : « Comme vous êtes belle ! » On pourrait croire ce geste mièvre, s'il n'y avait ce sourire radieux qui, d'un coup, illuminait le visage de la vieille femme usée... Magali est bluffée par ce missionnaire, elle qui, protestante, a toujours gardé ses distances avec les milieux catholiques – qu'elle trouve trop liés au pape – et s'est toujours méfiée des prêtres, en particulier des jésuites – des intellectuels un peu roublards, lui a-t-on toujours dit. Qui est ce père Ceyrac que l'on rencontre partout dans les camps, qui paraît à l'aise avec tout le monde et que les réfugiés appellent avec tendresse « notre vieux papa » ?

Comme à son habitude, l'homme a empoigné sa nouvelle mission à bras-le-corps. Les débuts n'ont pas été faciles. Dans une lettre datée du 29 décembre 1980 à sa nièce Véronique, le père Ceyrac se montre, certes, rassurant. Il se qualifie de « veinard », de « privilégié » – avec les guillemets. Après avoir pris des nouvelles précises de toute la famille, et en avoir transmis quelques-unes qu'il a reçu de la ferme de Manamadurai – « aucune pluie et tous, hommes et bêtes, tirent la langue dans les plaines desséchées » –, il confie sa « joie, après toutes ces années en Inde, d'avoir un petit "interlude" cambodgien... et d'y découvrir une autre dimension de l'Asie – et de la famille de l'homme ». « C'est aussi pour moi une "purification" (au grand sens du mot), poursuit-il, et j'espère (avec la Grâce de Dieu) l'occasion d'un nouveau départ... Je puis t'assurer que cela vaut toutes les "retraites" du monde. Il est bon, dans nos vies d'hommes, de "changer de vitesse" de temps à autre et de jeter du lest... On s'attache à tant de choses (même en Inde !) et on s'arrange toujours (même à Manamadurai) à faire son "petit trou", bien confortable, à l'abri des grands vents qui soufflent sur toutes les plages du monde... Il faut de temps en temps reprendre la voile, et avoir le courage de "partir" de nouveau. »

Mais l'exercice semble relever de l'autopersuasion. Car le missionnaire s'est ouvert à certains proches de quelques états d'âme. Il n'a pas voulu quitter l'Inde, il souhaitait y poursuivre son action. Il a été en quelque sorte « parachuté » au Cambodge, par loyalisme jésuite. Il est bouleversé par les souffrances auxquelles il est confronté. Ces internés se précipitant, dans un silence lourd, aux barbelés à l'approche d'un convoi de vingt à vingt-cinq autocars, dans lesquels se trouvent trois à quatre cents nouveaux arrivants, les regards qui cherchent parmi eux un enfant perdu dans la forêt, un époux ou une épouse disparue, et ce cri, soudain, déchirant le silence : « Te voilà ! » La douleur cachée de cette petite fille de sept ans que le père Ceyrac prend dans ses bras, elle sourit, elle semble insouciante... Et, soudain, il s'aperçoit que l'une de ses jambes est en bois – elle a sauté sur une mine. Pierre Ceyrac pensait avoir approché toute la misère humaine dans les *slums* – les bidonvilles – de l'Inde. Dans ces camps, il découvre l'horreur. Une horreur souvent muette – les réfugiés ne racontent pas les tragédies qu'ils ont vécues, à moins d'être interrogés. Il est impressionné par ce no man's land, ces hommes et ces femmes, dont certains ont occupé des positions élevées dans la société, qui n'ont pas de passé, pas de présent, pas d'avenir... Et les enfants, que vont-ils devenir ?

« Je crois qu'il n'y a rien de comparable à la détresse d'un réfugié, dira-t-il plus tard. Ce sont des gens déracinés, déchirés et rejetés à la manière des arbres qu'on déracine et qu'on disloque. Les réfugiés croient qu'enfin ils sont sortis de l'enfer et, en fait, la détresse opiniâtre continue dans les camps et les poursuit souvent dans les pays d'accueil d'Occident qu'ils appellent "troisièmes pays". »

Six mois après son arrivée, le père Ceyrac a achevé sa mission, l'équipe est dissoute. Comment peut-il partir, quitter ces hommes, ces femmes, ces enfants qui ont encore besoin de son soutien ? Il se souvient de cette jeune fille qui, l'embrassant le jour de son départ pour Montréal, lui confie pour la première fois : « Père, vous êtes mon père, ma mère, mes frères et mes sœurs, parce que j'ai perdu mon père, ma mère, mes frères et mes sœurs. » Avec son ami John Bingham, Ceyrac souhaite poursuivre le travail.

Les deux missionnaires s'envolent pour Rome, et se rendent à la Curie généralice des jésuites, le siège de la Compagnie situé dans un immeuble discret du Borgo Santo Spirito – Faubourg du Saint-Esprit ! – à quelques mètres en retrait de la place Saint-Pierre, le cœur du Vatican. Pendant deux heures, devant le père Arrupe et ses assistants, les deux hommes s'expliquent, exposent la situation. Leurs arguments portent. Le père-général des Jésuites leur donne la permission de gagner la frontière cambodgienne. Le père Ceyrac était venu servir dans ces camps pendant six mois, il va y rester treize ans.

*

Il est rattaché à la communauté jésuite de Xavier Hall, située à Bangkok. Il loge dans une maison avec quatre autres jésuites – dont son partenaire, le père John Bingham – à Aranyaprathet, une petite ville thaïlandaise à trois cent soixante-cinq kilomètres à l'est de Bangkok, sur la ligne de chemin de fer désaffectée Bangkok-Phnom Penh. Un vieux pont métallique d'une centaine de mètres permet d'accéder au territoire cambodgien – qui commence à cinq kilomètres. Le Klong Leuk, un canal profond, fait office de ligne de démarcation. Aranyaprathet – « Aran », disent les autochtones – est un bourg transfrontalier sans charme, dans lequel l'armée patrouille vingt-quatre heures sur vingt-quatre. Il sert de base arrière aux diplomates et aux humanitaires qui interviennent dans les camps de réfugiés – selon les règles de l'Onu, aucun civil étranger n'a le droit d'y séjourner la nuit. Les pères John et Pierre peuvent croiser des délégués de l'Onu, des volontaires de la Croix-Rouge internationale ou de Médecins sans frontières, des journalistes, des résistants cambodgiens, quelques réfugiés ou encore... des espions russes, chinois, allemands, français – chaque grande puissance a posé ses antennes ici. On murmure, en riant, qu'Aranyaprathet accueille autant de représentants des services secrets qu'Istanbul pendant la Seconde Guerre mondiale. Le dimanche soir, la petite communauté française se retrouve au poste de la Croix-Rouge française, pour regarder un film en dégustant des steaks « cordon-bleu ».

Chaque matin, au volant de son « pick-up » Toyota brinquebalant, le père Ceyrac parcourt la soixantaine de kilomètres qui sépare Aranyaprathet du camp où il travaille. La route longe les rizières – tantôt emplies d'eau, tantôt asséchées, selon les saisons – dans lesquelles travaillent les paysans et leurs buffles... Le voyage se fait par étapes, en suivant un long rituel.

Avant de partir, le prêtre s'approvisionne à Aranyaprathet en nourriture, bonbons, affaires de toilettes, cigarettes et magazines de charme aussi... Il monte dans la voiture, puis il s'arrête. Il se met à cacher des lettres, des quantités de lettres, dans le véhicule, sur lui ou sur ses passagers, dans les poches, sous les vêtements – il en transporte tellement que parfois il ressemble à un « bibendum ». Il reprend la route. Puis, il est sommé de s'arrêter. Une barrière, une guérite interdisent l'accès. Trois ou quatre soldats de l'armée thaïlandaise, la « TASK force 80 » – avec leurs terrifiants uniformes noirs, tête de mort sur l'épaule –

montent la garde. *Check-point.* Le père Ceyrac baisse sa vitre, et tend aux plantons un paquet de cigarettes et quelques-uns des magazines qu'il a achetés.

– *Thank you, father !* s'exclament les soldats en chœur, la mine réjouie.

Le père Ceyrac répète l'opération à chacun des *check-points* qui se tiennent le long de la route. C'est une manœuvre de séduction, pour tromper la vigilance des militaires... Car dans sa voiture, le missionnaire transporte des denrées très précieuses qu'il est interdit de faire entrer dans les camps de réfugiés : des lettres et, surtout, de l'argent.

Le père Ceyrac est un « passeur ». Il transmet des nouvelles et de l'argent des familles, cela se sait entre réfugiés. Il reçoit des mandats d'Europe et des Etats-Unis, il change l'argent en Thaïlande et il l'apporte en main propre aux destinataires dans les camps. Il transporte avec lui des milliers de dollars. Un jour, le chef d'un *check-point* lui demande de sortir de la voiture, commence à le fouiller, puis lui demande de se déchausser. Soudain, la nièce du père Ceyrac, Véronique, qui l'accompagne s'écrie :

– Mais, fais attention, voyons ! Tu as des billets de cent dollars qui dépassent de tes chaussures...

Il arrive même parfois au missionnaire de dévisser les parois de sa voiture pour y cacher de l'argent. Jusqu'à ce qu'un jour, il vienne l'idée aux militaires de désosser le véhicule. Ils n'en croient pas leurs yeux... Le conducteur transporte une grande quantité de lettres et au moins vingt mille dollars sur lui. Les soldats confisquent l'argent, et ouvrent toutes les lettres. Le père Ceyrac est traduit en conseil de guerre devant deux généraux et un colonel. Il est interdit de camp pendant un mois.

Mais, au total, il est rare qu'il soit surpris. Sa technique est au point, son sens politique fait le reste. Pendant un certain temps, il compte parmi son équipe de volontaires une princesse Kinga. La jeune femme, née au Mexique, appartient à la famille des Habsbourg et descend de l'empereur d'Autriche-Hongrie. Pour le père Ceyrac, c'est une protection. Car cette demoiselle Kinga est connue comme l'amie de la reine, et donc, à son passage aux *check-points*, les soldats, qui la reconnaissent – l'armée est très loyale à la royauté –, au lieu de fouiller la voiture, se mettent au garde-à-vous.

Les réfugiés sont regroupés, de manière politique, dans plusieurs camps. L'un est contrôlé par le Front national de libération du peuple khmer (FNLPK), un autre par les Khmers rouges, un troisième par le groupe sihanoukiste – dirigé par le fils du prince Sihanouk, le prince Ranariddh. Chaque camp a sa propre école, sa propre administration. Les Nations unies financent des programmes dans tous les domaines : social, éducatif, sanitaire, développement rural – entre 1979 et 1985, les organisations internationales versent une aide de près d'un milliard de dollars.

Sous l'égide du Catholic Office for Emergency Relief and Refugees (COERR), les pères Ceyrac et Bingham, ainsi qu'une sœur infirmière américaine et une doctoresse philippine, prennent en charge le service social au camp d'Ampil, sur le territoire cambodgien – jusqu'à ce que ce camp soit bombardé par les chars d'assaut russes de l'armée vietnamienne et que l'équipe et les réfugiés soient repoussés à quarante kilomètres au nord, sur la frontière thaïe. Ils s'occupent de l'enseignement – le camp comprend une école secondaire, une école normale d'instituteurs, une école d'infirmières et une école technique qui accueillent trois cents élèves, la plupart de jeunes mamans de dix-huit à vingt-deux ans.

Le problème le plus terrible auquel ils ont à faire face est sans nul doute le manque cruel de nourriture – qui est accentué par la chaleur accablante. Les Nations unies distribuent du riz une fois par semaine aux détenteurs d'une carte alimentaire donnant droit à cinq ou six kilos. Mais tous les réfugiés ne peuvent en bénéficier. Les garçons n'ont pas le droit à cette carte – dès leur plus jeune âge, ils sont considérés comme des combattants éventuels, et l'Onu tient à sa neutralité. Quant aux filles, elles doivent être âgées de douze ans. Comme la plupart n'ont plus de papiers d'identité, l'administration a décidé d'octroyer la carte à toutes celles mesurant plus d'un mètre vingt. Ceyrac et Bingham toisent donc avec un bambou de cette dimension les enfants. Pour pouvoir profiter de l'aubaine, certains, quand ils n'ont pas la taille requise, se dressent sur la pointe des pieds ; des petits garçons, parfois, arrivent vêtus de la jupe de leur petite sœur...

Mais le plus clair de leur temps, les missionnaires le passent à s'occuper des handicapés. Nombre d'entre eux ont sauté sur l'une des mines posées dans la forêt voisine. Ces engins blessent ou tuent une quarantaine de personnes, en moyenne, chaque mois. C'est un jeune homme de vingt-deux ans déchiqueté. Ce sont ces femmes, une dizaine de femmes qui cherchaient des bambous et du chaume pour rénover leurs huttes endommagées par la mousson. L'une d'elles heurte un chapelet de mines reliées par un fil de fer... Elles meurent achevées à la baïonnette par les soldats vietnamiens qui se trouvaient à proximité. Une seule survit à ce massacre, elle est secourue par le père Ceyrac et son équipe. Mais le répit est de courte durée : deux heures plus tard, la Cambodgienne succombe à ses blessures.

Les pères John et Pierre veulent vivre comme les réfugiés. Ils refusent un traitement de faveur. Ils rejettent les talkies-walkies qu'on leur propose, comme à tous les sauveteurs – les réfugiés n'en ont pas. Quand le camp s'apprête à être bombardé, par des tirs de harcèlement de roquettes et de mortier environ une fois par semaine, ils ne le quittent pas – les réfugiés restent. Une échelle d'alerte a été mise au point : alerte n° 1 « une attaque se prépare », alerte n° 2 « attaque imminente, tous les volontaires qui ne sont pas médicaux quittent le camp », alerte n° 3 « le bombardement va commencer, repliez-vous aussi vite que possible », alerte n° 4 « rentrez immédiatement dans vos abris » – il s'agit de *shelters*, des trous individuels couverts de troncs d'arbres.

Quand retentit l'alerte n° 2, soudain, une centaine de voitures précédées et suivies de deux auto-mitrailleuses quittent le camp. John et Pierre ont obtenu l'autorisation du responsable de l'Onu de rester, par solidarité avec les Cambodgiens. Ils veulent jusqu'au bout partager le sort de ceux qui voient partir leurs sauveteurs et restent là, seuls, dans des fossés de fortune... Leur action est en phase avec l'indignation du Christ, quand celui-ci s'écrie : « Le fils de l'homme n'a pas où reposer sa tête alors que les renards ont leurs tanières et les oiseaux du ciel leurs nids. »

Pierre Ceyrac est impressionné par ces hommes, ces

femmes, ces enfants qui échouent dans ces baraques, fuyant à la fois les camps de la mort khmers et l'armée vietnamienne. Il pleure à la vue de ces soldats blessés que ramènent en convoi trente à quarante ambulances, sur lesquelles flottent les drapeaux de la Croix-Rouge – il a l'impression d'assister à la Berezina de l'armée napoléonienne. Ils sont jeunes, ils ont cru entrer dans la résistance, ils reviennent chez eux sans jambes. Ils ont souffert le martyre sur la route creusée par les « nids d'éléphants » que provoquent les bombes. Mais lorsque s'ouvrent les portes des ambulances, ces hommes sourient... Chaque jour apporte son cortège de souffrances. Des êtres humains qui ne tiennent plus debout, qui ont passé des semaines cachés dans la forêt. Ces quatre enfants qui ont perdu leurs parents et survécu simplement en mangeant des herbes...

Qu'est-ce qu'un prêtre s'il n'est pas un homme révolté par les souffrances des autres ? A l'automne 1982, le père Ceyrac participe à une réunion de crise avec une vingtaine d'humanitaires – dont Magali Petitmengin – à l'ambassade de France à Bangkok, sur la situation de cinq mille six cents réfugiés cambodgiens dont le dossier a été retenu par la France et qui attendent – depuis plus d'un an ! – leur départ. Il y a urgence. Le secrétaire général du Conseil de sécurité de la Thaïlande, le colonel Prasong, vient de convoquer les représentants des pays d'accueil des réfugiés pour les rappeler à l'ordre avec vigueur : « Messieurs, leur a-t-il dit, voici deux ans que nous supportons le poids des réfugiés, alors que vous vous étiez engagés à les accueillir. Si avant le 31 décembre, vous ne les avez pas reçus nous les refoulerons à la frontière. »

Le père Ceyrac est inquiet. La situation s'est déjà

produite en 1979, et comme le régime vietnamien établi à Phnom Penh refusa alors de recevoir ces immigrants illégaux, il y eut trente mille morts. Le missionnaire ne tient plus en place. Il le dit au cours de cette réunion à l'ambassade à Bangkok.

– Il faut aller à Paris défendre ces cinq mille six cents réfugiés cambodgiens !, s'exclame-t-il.

Le lendemain matin, avec un autre prêtre, le père Yves Brasseur, il s'envole pour la France.

A Paris, le père Ceyrac actionne ses relations, court les ministères, les administrations. Il voit les responsables religieux, le ministre des Affaires sociales, Pierre Bérégovoy, son ami Bernard Kouchner, président de Médecins du monde, et qui est très au fait du dossier. Il finit par obtenir un rendez-vous avec Danielle Mitterrand, grâce à son ami jésuite, le père Bernard de Boissière – celui-ci a fait la connaissance de la sœur du président, la très pieuse Geneviève Delachenal, directrice dans le groupe catholique Bayard-Presse. Les deux prêtres se présentent devant le poste du garde républicain qui contrôle l'entrée du Palais de l'Elysée.

– Nous avons rendez-vous avec Madame la présidente, disent-ils avec une solennité de circonstance.

L'homme détaille des pieds à la tête le père Ceyrac qui, fidèle à son habitude, est accoutré comme bon lui semble, ou plutôt comme la Providence l'habille... Le col ouvert, des vêtements dépareillés, des baskets. Bref, s'amuse son compagnon, il ressemble à « un homme radicalement désapproprié ». Le garde, donc, ne veut rien savoir. Mais, devant l'insistance des visiteurs, il finit par joindre le secrétariat de Danielle Mitterrand qui donne son feu vert.

– Bien entendu que ces deux messieurs ont rendez-vous. Laissez-les entrer !

Le père Ceyrac salue timidement Danielle Mitterrand, qui le met à l'aise. Et soudain, le voilà qui s'emporte. Il parle avec ferveur. Il plaide pour ces hommes, ces femmes qui ont dû tout quitter, qui sont rescapés de l'enfer, qui ont tous leur dossier vert portant le cachet officiel « accepté par la France », auxquels donc « nous, la France » avons accordé sur l'honneur le droit d'asile... et qui croupissent depuis plus d'un an dans un camp cerné de barbelés, dominé par les miradors garnis de mitrailleuses. Il raconte la vie quotidienne dans les camps. Il témoigne. Ce ne sont pas les histoires qui lui manquent. Il parle de cette mère de deux enfants interrogée par un employé de l'ambassade américaine – elle a un bon dossier, son frère ou sa sœur vit à New York. Après enquête minutieuse, l'employé l'interroge avec minutie. Il demande à cette femme son nom, son lieu de naissance, le nom de son mari tué sous Pol Pot... Puis, il questionne :

– Combien avez-vous d'enfants ?

– J'ai cinq enfants, répond la femme.

– Vous mentez, l'enquête vous concernant n'en mentionne que deux, rétorque l'agent de l'ambassade

– C'est vrai, je n'ai que deux enfants, mais j'ai pris en charge trois enfants errants dans la forêt cambodgienne et qui mangeaient des racines.

– Pardonnez-moi, madame, vous êtes maintenant six au lieu de trois. Il nous faut reprendre à zéro toutes les formalités pour vos billets d'avion et votre carte d'hébergement en Amérique. Votre départ ne pourra donc avoir lieu que dans deux ou trois mois...

« Vous mentez », lui a-t-on dit... De retour dans sa

hutte, pour se punir, cette femme se coupe la langue avec une paire de ciseaux. Elle mourra le soir même à l'hôpital.

– Assez ! C'est assez !

Le père Ceyrac achève toujours cette histoire par ces mots.

C'est le cœur du missionnaire qui s'enflamme.

– On parle de la détresse du tiers monde, de celle du quart monde, mais il faudrait parler de celle de ce cinquième monde, c'est-à-dire de ces gens qui ont tout perdu ; leurs biens, leur pays, leur famille. Que leur reste-t-il ?

Le père Ceyrac a convaincu Danielle Mitterrand. Il lui reste maintenant à rencontrer le ministre des Relations extérieures, Claude Cheysson. Là aussi, grâce au père de Boissière, le contact est facile à établir : Cheysson est l'un des anciens camarades de Polytechnique du jésuite. Et son épouse, Danielle, a adopté une jeune Cambodgienne quelques années plus tôt.

Devant le ministre, le missionnaire raconte à nouveau ces cinq mille six cents réfugiés en attente dans les camps, ces Cambodgiens qui faisaient partie jadis de l'Indochine française. Pierre Ceyrac aimerait que son pays de naissance tienne son rang. Il en fait une question d'honneur – c'est la noblesse du père Ceyrac qui s'exprime. L'ambassadeur de France, un jour, lors d'une visite dans un camp avait caché son drapeau, le père Ceyrac, outré, s'était tourné vers un ami en disant : « Ils ne savent même pas montrer leurs couleurs. Le drapeau français est, pourtant, le seul que les Cambodgiens connaissent... »

– Qu'est-ce que cinq mille six cents personnes pour un pays comme la France ? s'exclame le père Ceyrac.

Cela fait mille ou mille deux cents familles, soit une douzaine par départements. En parcourant la France nous nous sommes rendu compte par la sympathie rencontrée que leur accueil était chose possible et facile.

Le père Ceyrac retourne confiant au Cambodge. Il a reçu de toutes les autorités des assurances. Son témoignage, qu'il confie dans un article poignant publié quelques semaines plus tard dans la revue des Jésuites, a touché son but.

« Nous savons bien qu'il y a dans nos pays fortunés des problèmes économiques, des problèmes de logements, des problèmes de chômage toujours poussés en avant, écrit-il dans cet article. Nous ne les ignorons pas... mais nous savons aussi qu'il y a des milliers de gens qui dans ces camps crèvent de solitude et de faim. On nous parle toujours du droit de propriété de l'homme mais son premier droit est le droit à la vie. »

Et il poursuit, avec ferveur : « Quand une pauvre maman cambodgienne a trois enfants mourant de faim, elle peut entrer dans une boulangerie et prendre une livre de pain. Ce n'est pas du vol, ce n'est pas du marxisme, c'est du christianisme authentique enseigné depuis vingt siècles par l'Eglise de Dieu. C'est très bien de nous objecter toujours les difficultés économiques. Nous les connaissons. Mais comment pourrions-nous oublier qu'actuellement 20 % du genre humain possèdent plus de 80 % des richesses mondiales et que dans dix ans 10 % du genre humain posséderont 90 % de ces richesses. Alors moi qui suis un homme du tiers monde, qui appartiens à la piétaille, au grand prolétariat du monde, je n'accepte pas que des enfants meurent, ou ne puissent se développer parce que nous n'en voulons pas chez nous. »

Le 31 décembre 1982, Magali Petitmengin, qui au nom de son association s'est engagée à contribuer à l'accueil des cinq mille six cents réfugiés cambodgiens « acceptés par la France », reçoit un télégramme signé de Claude Cheysson, ministre des Relations extérieures de la République française. Le message est court, mais lourd de portée : « Nous venons d'envoyer un accord au gouvernement thaïlandais pour prendre en charge ces cinq mille six cents réfugiés sur une durée de trois ans. Madame, tenez votre promesse ! »

CHAPITRE 12

PRÊTRE UNIVERSEL

Viendra-t-il ce matin ? Marann Pan guette sa camionnette. Elle attend l'homme qui la réconforte au milieu de ce camp inhumain, le père Pierre. Marann est bouddhiste, mais elle admire « comme un dieu » ce prêtre catholique. Elle le trouve différent des autres. Sa voiture semble toujours prête à partir à la casse, il est mal habillé, il est toujours en sueur, il n'est vraiment pas soucieux de son apparence, il ne prend même pas le temps d'essuyer ses lunettes, et il s'assoit par terre, au milieu des réfugiés. Les autres prêtres, eux, portent des vêtements propres, repassés, et ils demandent des chaises.

Cette femme est née dans la bourgeoisie cambodgienne. Son père était maire de la ville de Takhmau, au sud de Phnom Penh, elle avait quatre sœurs et deux frères, ingénieurs. Capitaine dans l'armée, elle disposait à son service d'une ordonnance et d'un chauffeur. En quelques heures, cette vie a été balayée. Les Khmers rouges ont séparé les familles et déplacé les populations dans les rizières. Marann se retrouve à planter du riz, des pommes de terre, à couper des arbres, chaque jour, de quatre heures du matin à six heures du soir. La nourriture fournie est insuffisante, et pour remplir l'estomac il faut ajouter des feuilles d'arbres dans des soupes de riz. Les personnes âgées meurent, et les survivants creusent la terre pour enterrer les cadavres. Marann n'a plus que sa chemise, elle a déchiré tous ses papiers, elle n'a qu'une seule peur : que les Khmers rouges découvrent son identité. Un jour, ils la suspectent. Ils lui attachent les mains avec du fil de fer derrière le dos, ils la mettent à genoux devant les fosses qui servent de tombes. Et ils l'interrogent.

– Tu es capitaine dans l'armée ?

– Non, monsieur, je suis vendeuse de cigarettes et de billets de loterie.

– Tu as beaucoup de frères et sœurs ?

– Non, monsieur, j'ai seulement un frère et une sœur.

Ils la frappent avec les pieds, sur la tête, sur le dos. Elle crie.

– Excusez-moi, excusez-moi, je suis innocente !

Le militaire fait venir San, l'ancien chauffeur de Marann. Il a confiance en lui – l'homme est devenu le chef de cuisine du camp. Il le questionne.

– Tu connais cette femme. Elle est capitaine dans l'armée ?

– Non, répond San. Je vous jure, si cette femme est capitaine, vous pouvez me tuer. Elle est vendeuse de cigarettes et de billets de loterie.

Marann Pan est libérée.

Les Vietnamiens envahissent le Cambodge. Elle retourne à Phnom Penh à pied – trois cent soixante kilomètres – avec les soldats vietnamiens. Là-bas, il ne lui reste qu'une sœur, Rasy – Marann retrouvera deux autres sœurs, deux mois plus tard. Les autres membres de la famille ont été massacrés par les Khmers rouges...

Marann devient un temps institutrice. Puis, avec sa sœur Rasy, de peur d'être placée dans un camp de rééducation par les Vietnamiens, elle fuit, de nuit, vers la frontière thaïlandaise, jusqu'au camp de Rithisen...

Ce n'est pas encore la liberté, la tragédie se poursuit. Quand la nuit approche, Marann s'angoisse. Les bombardements. Les viols des femmes par les soldats thaïs. Les vols. Les humanitaires et les officiels étrangers ne sont plus là... Dans ce climat de violences, chaque petit geste est un acte de vie. Et le père Ceyrac a l'art, le don du petit geste. Il met devant les baraques un peu de végétation, un bout de tissu sur la porte pour protéger l'intimité de la famille... Il est capable d'aller à Bangkok et de rapporter une vingtaine de machines à coudre dans sa camionnette... Le missionnaire s'efforce, chaque jour, d'améliorer la vie des réfugiés.

Une femme, ex-princesse de la famille royale du Cambodge, a perdu ses lunettes, ce qui la met dans un état de grande détresse – les Khmers rouges ont supprimé les lunettes par horreur des intellectuels. Un jour, le père Ceyrac se présente devant cette femme, un sac plastique Adidas à la main. Et voilà que du sac, il extrait deux paires de lunettes : l'une à reflets bleus, l'autre, d'une teinte orange. Il invite la femme à se mettre debout, il lui présente les deux paires de lunettes. Et il dit.

– Il va falloir choisir, cela ne va pas être facile...

Il marque un petit temps d'arrêt. Puis, il reprend.

– Observez bien ces deux paires, madame. Moi, pour tout vous dire, je préfère l'orange. Elle s'accorde mieux à votre teint...

La femme est pétrifiée de bonheur. Le Dr Alain Deloche observe le manège du père Ceyrac, stupéfait. La scène est surréaliste, se dit-il. Au milieu des réfugiés et des bombes, Pierre joue les opticiens délicats...

Avec Ceyrac, pense le médecin, le combat se gagne toujours à l'unité, on est loin des idées. Depuis qu'il l'a rencontré en 1981 dans les camps, Alain Deloche est captivé par ce prêtre iconoclaste. Cet homme au physique d'arbre sec et au regard habité paraît peu solide, il est d'une force incroyable....

Deloche est un chercheur. Son éducation a fait de lui un calviniste pur et dur, et il trouve, dit-il, la vérité dans le bouddhisme. Les conversations qu'il peut avoir avec ce père Ceyrac l'apaisent. Le médecin sait que ce prêtre doute, que son but n'est pas la conversion, qu'il ne fait pas du « prêchi-prêcha », qu'il n'aime pas beaucoup le terme de charité. Il agit au nom de l'homme, avec un pragmatisme forcené, pour réparer l'injustice du monde. Au fond, ce père Ceyrac n'est pas très éloigné de Camus l'athée. L'humanitaire reçoit le message du prêtre, de la manière suivante :

« Nous ne pouvons pas tout expliquer, mais la clé est que Dieu est amour et que nous en sommes chacun le reflet. Au nom de cela, nous devons *faire.* L'individu est au centre de l'univers. Chacun a le droit d'être un homme debout. Il faut agir dans ce sens. Tout le reste n'est que paroles. »

Dans les camps, Alain Deloche se promène avec en permanence sur lui un carnet qui lui permet de noter les petites phrases de Pierre Ceyrac. Le médecin baroudeur a l'impression de suivre l'enseignement d'un maître de philosophie.

– Une moitié du monde obéit à une autre logique

que la nôtre, lui explique Pierre Ceyrac. Il existe notre tendance judéo-chrétienne fondée sur l'avoir et le faire, et une autre logique qui suit l'être et l'amour. J'essaie de me situer au carrefour de ces deux tendances. Comme toi, Alain.

Cet homme parle de l'universel, et en même temps il s'adresse à chacun en particulier. Pierre Ceyrac, admire Alain Deloche, a l'art de se projeter dans l'autre. Un jour, le médecin vient trouver le missionnaire.

– Je voudrais créer une faculté de médecine ici, dans les camps, dit-il. C'est une folie, mais, bon...

Le missionnaire le regarde, réfléchit une seconde. Puis, le regard brillant, lui jette :

– Exactement, c'est ça !

Le médecin est nommé professeur, des infirmières sont recrutées, les premiers étudiants s'inscrivent. Avec Ceyrac, seul l'acte compte.

– Tu es davantage que ce que tu es, davantage que ce que tu fais, dit-il à Alain Deloche qui noircit son petit carnet.

*

Le père Ceyrac entrecoupe ses visites dans les camps de voyages à Paris pour plaider la cause des réfugiés auprès des autorités françaises. La partie n'est jamais gagnée... Quand le politique cède, c'est l'administration qui traîne les pieds. Le 15 juin 1984, voici donc le missionnaire de retour au Quai d'Orsay. Claude Cheysson a convié à déjeuner une tablée de diplomates et de fonctionnaires du ministère de l'Intérieur et de la Direction du Travail et de l'Emploi. Au menu, terrine de légumes, mignon d'agneau Richelieu, sorbet aux fruits, et un Château Balestrard La Tonnelle 1974.

Devant la vingtaine de convives, le ministre inaugure la réunion par une intervention brillante sur la situation en Asie du Sud-Est. Assis face à lui, le père Ceyrac écoute, puis finit par s'enfoncer dans son fauteuil. Il s'impatiente, il brûle de parler. Une fois le discours du ministre achevé, le voisin du missionnaire se tourne vers lui.

– Mais alors, mon Père, parlez-nous un peu de ces réfugiés !

Ceyrac commence alors à raconter l'histoire d'une femme dans les camps. Une femme parmi d'autres.

– Cette femme ne peut plus vivre, dit-il. Son mari a été tué, elle-même a été brutalisée...

La rencontre avait commencé de manière mondaine, le ton, soudain, devient grave..

– Mais il faut faire quelque chose pour cette femme ! s'exclame une voix.

Le père Ceyrac marque un temps d'arrêt. Puis, il poursuit.

– Et si seulement il n'y avait que cette femme. Mais il y a aussi dans ce camp sa sœur, sa cousine, la fille de sa cousine... Toutes ont vécu la même histoire.

Peu à peu, avec subtilité, à partir d'un, puis deux, puis plusieurs cas personnels, Ceyrac amène cette table de hauts fonctionnaires à prendre conscience de l'ampleur du drame... Il cite son émotion face à l'« écrasement de leur dignité d'hommes », puisque ces réfugiés sont « à la merci d'un oui ou d'un non d'un attaché d'ambassade qui dispose de leur avenir ou du sort de leur famille »... Il continue.

– Comprenez la poignante angoisse de ces gens qui

se demandent toujours : « Qui va nous prendre ? Qui va nous accepter ? » Ces hommes et ces femmes qui redoutent toujours d'entendre le verdict sans appel : « Vous ne répondez pas aux critères administratifs pour être admis aux Etats-Unis ou en France. »

Le père Ceyrac s'est fait réfugié parmi les réfugiés. Fidèle à ce qu'il a appris, à ce qu'il est, il s'efforce de se fondre dans la masse. Avec le père Bingham, ils travaillent la langue khmère quatre à cinq heures par jour. C'est une langue difficile, ils ont l'impression d'accomplir des efforts héroïques. Heureusement, la vieille élite cambodgienne parle le français. Les deux missionnaires cherchent à partager au plus près la vie des réfugiés – dont certains sont là depuis de nombreuses années.

– Tu dois ressentir en toi-même la douleur des réfugiés, partager avec eux leur histoire, conseille un jour le missionnaire à sa nièce Véronique, qui, infirmière, vient de le rejoindre.

Et pour se faire entendre, il l'emmène en voiture dans le camp de Khao I Dang. Ils s'arrêtent, ils descendent de véhicule, ils se mettent à marcher, jusqu'au pied d'un monticule de terre. Ce monticule sépare deux groupes de réfugiés, des militaires portant chacun une mitraillette sont postés tous les dix mètres. Le père Ceyrac s'approche lentement en compagnie de Véronique.

– Tu vas comprendre ! lui murmure-t-il.

Et il met le pied sur le monticule de terre. Aussitôt, le soldat, le visage féroce, braque son arme.

– Reste calme ! murmure le père Ceyrac à Véronique, entre ses dents. Et il retire son pied. En repartant, il glisse à l'oreille de Véronique.

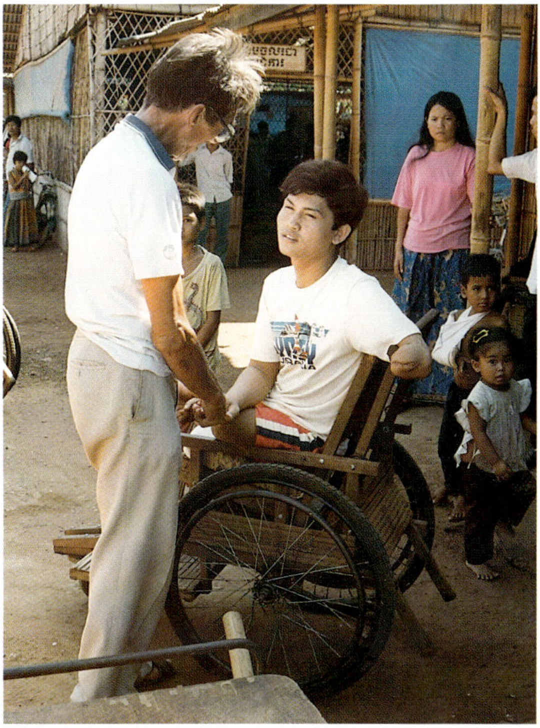

Dans le camp de Khao I Dang, en 1985, le père Ceyrac réconforte un jeune handicapé.

« Vous êtes belle, madame ! » Dans les camps, ces femmes veuves aux crânes rasés vivaient auprès des moines bouddhistes qui les protégeaient.

« Père, vous êtes mon père, ma mère, mes frères et mes sœurs, parce que j'ai perdu mon père, ma mère, mes frères et mes sœurs. »

Parti pour servir six mois, le père Ceyrac restera treize ans dans les camps. Ici, avec son compagnon jésuite américain, le père John Bingham.

Chaque jour, il répond aux lettres que lui envoient les pauvres.

La gare centrale de Madras. Les gares, les hôpitaux, il n'existe pas de meilleurs endroits pour connaître l'Inde, se plonger dans cette vie qui grouille... (Photo V. Appajee.)

« *Tout mon exercice est d'aimer*. C'est formidable, cette phrase, lorsqu'on y pense. La vie devient une chose si simple, un chant qui ne s'arrête pas. »

Pantalon beige, baskets, châle indien sur les épaules... Father Ceyrac dans son « uniforme », tenant par la main deux petites Indiennes.
(Photo Kalei Veeramani.)

– Father, je m'appelle Kalei, je suis photographe, j'ai adopté trente-huit orphelins, je n'ai pas assez d'argent pour les nourrir...
– Amène-moi, tes enfants ! Je voudrais les voir...

Le père Anthony Raj, fondateur du Mouvement pour la libération des chrétiens dalits. « Je suis né impur... », disent-ils. (Photo Jérôme Cordelier.)

Avec Natarajan Thanappan, responsable du centre d'activités de la ferme de Manamadurai. Ce père de famille pondéré considère le père Ceyrac comme un « moving god » – un dieu itinérant. (Photo Jérôme Cordelier.)

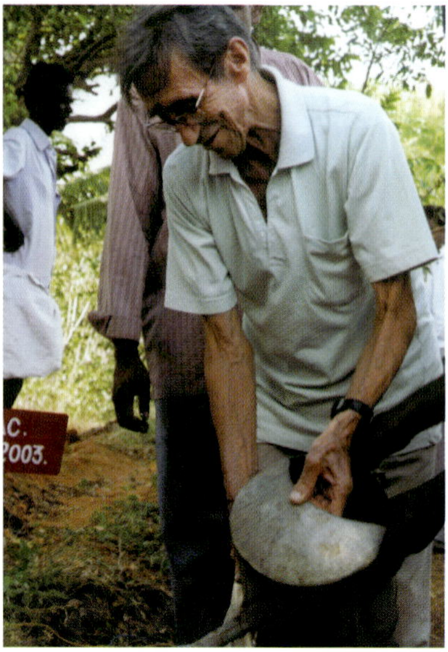

En septembre 2003, plantant un arbre de la paix, dans le village de Thamuthu Patti. (Photo Jérôme Cordelier.)

Le père Ceyrac pami ses milliers d'enfants de l'Inde, sources d'une jeunesse éternelle. (Photo Jérôme Cordelier.)

« Je suis chez moi chez les pauvres. » Ici, dans le village pour lépreux au-dessus de la ferme de Manamadurai, aux côtés de Thanappan (à droite du père Ceyrac sur la photo.) (Photo Jérôme Cordelier.)

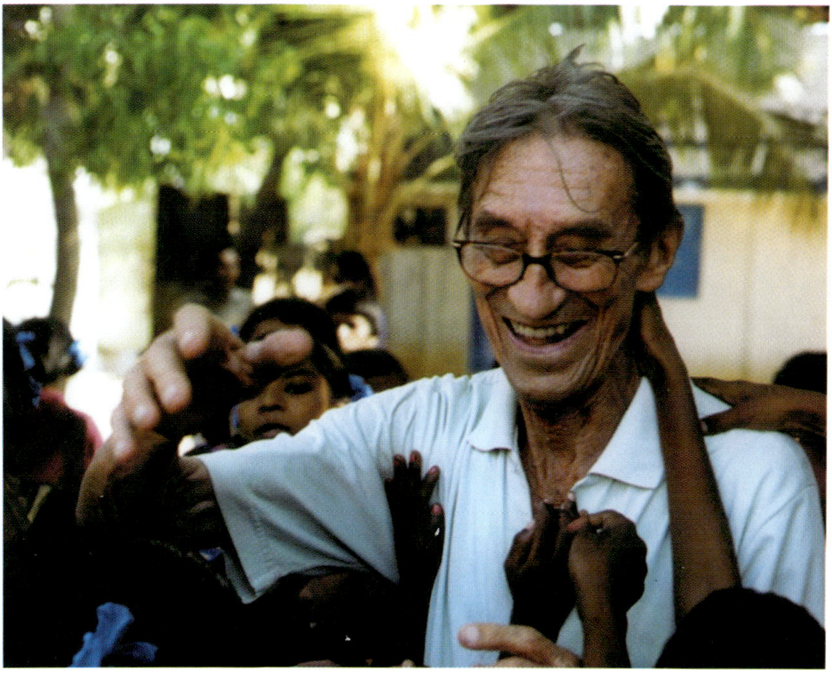

« La vie du père Ceyrac est une pédagogie de l'écoute de l'autre, il semble toujours avoir le temps, ne paraît jamais dérangé. » (Photo Jérôme Cordelier.)

Les six enfants de Paul et Suzanne Ceyrac au cours d'une fête familiale à La Serre en 1990. Pierre est à droite sur la photo.

Le père Ceyrac devant la tombe de son oncle, le père Charles Ceyrac, dans le cimetière des missionnaires jésuites de Madurai.
(Photo Jérôme Cordelier.)

Le père Ceyrac le jour de ses quatre-vingt-dix ans, en février 2004, en Inde. « J'ai vécu une vie de risques et d'aventures... » (Photo père Michaël.)

Nous avont tant
de choses à nous dire...
Rencontre avec
le dalaï-lama,
à Paris, en 2001.

Voyage en Afghanistan au printemps 2003 avec le professeur Alain Deloche, pour la pose de la première pierre d'un hôpital du cœur. « Sauver un enfant, c'est sauver le monde » (Dostoïevski). (D. R.)

Tout juste opéré, il est reparti sur le terrain. Épuisé, le père Ceyrac s'accorde une minute de répit. (D. R.)

Retrouvailles avec l'abbé Pierre fin 2002, à Alfortville, chez le fondateur d'Emmaüs. (Photo Laurent Desmard.)

Cérémonie en l'honneur du père Ceyrac à l'Élysée, le 25 novembre 2003. Le président Chirac lui remet le prix de l'Académie universelle des cultures, en présence de nombreuses personnalités, parmi lesquelles Bernadette Chirac et sœur Emmanuelle. (D. R.)

Aparté avec son vieil ami Bernard Kouchner, à Kaboul, au printemps 2003. (D. R.)

« On ne passe jamais deux fois le chemin de la vie. » (D. R.)

Sauf mention spéciale, tous les documents font partie des archives de la famille Ceyrac.

– Maintenant, tu peux comprendre l'angoisse de ces gens qui vivent dans ces paillotes au bord de ce monticule, lorsqu'à partir de cinq heures du soir les humanitaires quittent le camp et qu'ils se retrouvent entre eux, à l'écart du regard du monde, soumis à l'arbitraire des soldats « thaïs », sous les bombardements vietnamiens...

Afin d'échapper à la violence qui la nuit s'abat sur les camps, les réfugiés ont creusé sous leurs paillotes, pour se cacher, des fossés – qui ressemblent à des tombes. Le père Ceyrac en a parlé à Magali Petitmengin qui en a fait part à l'un des quatre officiers français chargés de sélectionner les réfugiés. Pour que le militaire se rende compte de la situation, le missionnaire les guide dans une première paillote. Il demande à une jeune femme de montrer la cache. Celle-ci pousse une petite table de bambou, retire avec sa main un centimètre de sable par terre, puis repousse un couvercle de carton. Elle cache là sa vieille tante et sa petite fille qui vivent en clandestines dans le camp – on estime de deux à trois mille le nombre d'« illégaux » à Khao I Dang. Un simple petit bambou leur permet de respirer vers l'extérieur. Quelques jours auparavant, les gardiens thaïlandais ont fait irruption dans la paillote et ils ont bouché l'orifice du bambou. Ceux qui se cachaient dans le trou sont morts asphyxiés...

Ils sont deux cent cinquante à trois cent mille réfugiés – dont environ cent soixante-dix mille Cambodgiens – à vivre ainsi au milieu de la terreur dans cet immense camp de Site 2, situé en Thaïlande, près de la frontière du Cambodge, à quatre-vingts kilomètres au nord-est de la ville d'Aranyaprathet. Ce camp s'étend sur environ huit kilomètres carrés, au pied des petites montagnes de Dangrek. L'espace est quadrillé comme une ville américaine avec, sur un sol en terre rouge, de part et d'autre des milliers de cabanes en bambou alignées – Site 2 ressemble à une petite ville en bambou. La rumeur dit qu'il est le plus grand camp entouré de barbelés. Et malheur à qui essaie de franchir cette enceinte ! Le père Ceyrac a vu des enfants qui tentaient de passer les barbelés pour aller chercher du bois de chauffage dans la forêt se faire tirer par les militaires « thaïs »...

Les réfugiés ici sont pour l'essentiel des Khmers qui résistent à l'occupation vietnamienne. Il s'agit du camp le plus important de la faction nationaliste de la résistance cambodgienne, le FNLPF, dirigée par Son Sann – cet ancien élève d'HEC fut le Premier ministre de Norodom Sihanouk. Des camions de citerne d'eau et d'autres remplis de bambous circulent toute la journée pour alimenter les réservoirs et construire les habitations. Les réfugiés vivent en permanence dans la poussière. L'hygiène est déplorable – dix personnes s'entassent dans des maisons de dix mètres sur quatre, de simples trous dans le sol sous une dalle de ciment font office de cabinets... Les hommes et les femmes qui vivent ici et qui possèdent une bicyclette ou une carriole de bois les tiennent en permanence à portée de main, chargées des quelques biens qui leur restent, pour, à la moindre alerte, s'enfuir... C'est ici que, depuis 1986, et pendant sept ans, les pères Pierre et John travaillent l'essentiel de leur temps, avec une équipe de trente-cinq volontaires appartenant à seize nationalités différentes – tous les pays d'Europe et d'Asie sont représentés dans cette « grande équipe » comme ils se désignent entre eux. Leur base d'action est l'enseignement. Site 2 comprend des écoles primaires, des écoles secondaires, des écoles techniques, une école pour handicapés et aussi un MBA reconnu par les universités américaines. Les cours se font en langue anglaise, le programme est financé en partie par l'Onu. Avec le père John, le père Pierre a même l'idée de fonder ce qu'ils appellent l'« université de la frontière » – un peu, rêvent-ils, comme la Sorbonne et Oxford, qui sont les deux universités les plus connues des réfugiés.

Un jour, la fonctionnaire des Nations unies qui dirige les programmes, une Singapourienne, demande de fermer les écoles sous le prétexte que cet enseignement risque de « décultariser », dit-elle, ces populations. Le père Ceyrac est furieux. Il le dit quelque temps plus tard, à une réunion des responsables de l'Onu qui a lieu dans un grand hôtel de Bangkok.

– L'objectif, bien entendu, n'est pas de « décultariser » ces populations, comme vous dites, madame. Il s'agit de donner à ces hommes et ces femmes un minimum de vocabulaire pour qu'ils puissent se débrouiller dans la vie courante. Qu'ils sachent des mots basiques en anglais comme *job*, *money*, *food*, *life*... Il marque un temps d'arrêt. Puis, il poursuit :

– J'ai connu deux Indiens qui parlaient un anglais admirable et qui n'ont pas été « décultarisés » comme vous dites..., assure le père Ceyrac.

Un nouveau petit temps d'arrêt. Et il enchaîne, rayonnant :

– ... Ces deux Indiens s'appelaient le mahatma Gandhi et le pandit Nehru.

L'effet a fait mouche. Les écoles du camp ne sont pas fermées. *Fair-play*, la directrice des programmes qui préconisait cette mesure écrit un peu plus tard une lettre aux autorités ecclésiastiques de Bangkok, pour dire :

– Ce sera une bien triste nouvelle quand Pierre et son équipe quitteront le camp.

Mais ce n'est pas tellement l'éducation qui est essentielle... Pour le père Ceyrac, l'enjeu est ailleurs.

– Notre but primordial n'est pas que ces hommes et ces femmes parlent un français ou un anglais impeccables, confie-t-il un jour à Jean Levet, un jeune volontaire français. Le plus important est d'être présent auprès d'eux, surtout pendant les bombardements.

Alors, le missionnaire file sur les routes le long de cette frontière au volant de sa Toyota. Alors qu'il visite un camp, il entend à la radio que Site 2 est bombardé. Il saute dans sa voiture, accompagné d'un journaliste, et roule à vive allure à contresens du cortège de véhicules qui fuient le lieu de bombardement et qui toutes l'alertent par des appels de phares. Quand ils arrivent à destination, les explosions ont cessé. Ils se chargeront d'enterrer les morts. C'est malheureusement le lot presque quotidien de cette mission.

Le père Ceyrac est de tous les combats. Chaque réunion mensuelle des coordonnateurs des ONG qui interviennent dans les camps, sous l'égide de l'Onu, commence par deux question rituelles :

– Quelles sont vos problèmes ? Quel est votre programme ?

A chaque fois, Ceyrac répond :

– Je n'ai pas de problème, je n'ai pas de programme !

Un jour, il est au Site B, le camp des partisans du prince Sihanouk. Un autre, il est au Site 8, le camp des Khmers rouges. Il est reçu par une assemblée d'hommes et de femmes vêtus d'une combinaison noire, des pieds à la tête, les visages fermés. Et soudain, un enfant se précipite dans les bras du missionnaire et l'assemblée se met à sourire – quelle image saisissante !

La guerre se reproduit dans les camps, les réfugiés sont répartis suivant les factions. Et le père Ceyrac circule de l'une à l'autre. Des milliers de destins humains se jouent dans l'immense confusion des combats. A la mi-janvier 1990, on a jamais autant parlé, pour la première fois depuis 1970, de la paix et du retour du prince Norodom Sihanouk à Phnom Penh alors que sur le terrain les Khmers rouges ont repris l'offensive militaire – ils ont attaqué Phnom Penh et Battambang, la deuxième ville du pays. Depuis vingt ans, le Cambodge est déchiré par les luttes fratricides et les ingérences des grandes puissances étrangères. Le 15 janvier 1990, les représentants des cinq nations qui siègent au Conseil de sécurité de l'Onu se réunissent à Paris pour discuter d'un nouveau plan de paix.

Le père Ceyrac a l'occasion d'évoquer fugitivement la situation politique, quelques jours plus tard, avec Michel Rocard, alors Premier ministre, auquel il est présenté lors d'une réception à l'ambassade de France à Bangkok et qui lui donne l'impression d'un « homme très "présent" ». « Je crois qu'il faut voir le problème du Cambodge dans sa plénitude et toute sa complexité, ne rien simplifier et surtout ne pas vouloir imposer notre façon de voir, écrit-il à sa nièce Véronique le 20 janvier 1990. Au final, c'est aux Khmers eux-mêmes à décider de leur destin. Je crois aussi qu'il ne faudrait pas rendre trop vite nos anciennes loyautés... et changer trop vite de bord [...]. Ici (je parle de la frontière, et surtout de ce qui se passe à 30 ou 40 kilomètres à l'est de la frontière), les choses ont l'air de se précipiter... Les journaux d'aujourd'hui parlent beaucoup de l'avance de la "coalition" (pas seulement des Khmers rouges), de l'encerclement de Si So Phom, et aussi de Battambang... Il n'y a pas de doute que la "Résistance" a marqué (et marque) beaucoup de points. Mais, hélas, c'est au prix de vies humaines, et ce sont des deux côtés des Khmers qui sont tués ou blessés. Il faut que ça s'arrête... Nous prions tous pour la Paix, aussi vite que possible. »

L'âge n'entame pas sa détermination. Le jésuite septuagénaire, chaque jour, parcourt – au minimum – les cent soixante kilomètres aller et retour qui séparent Aranyaprathet de Site 2. Il ne s'est pas assagi au volant, et les routes sont dangereuses. Son temps est toujours compté, il appuie sur l'accélérateur.

Une moto, brusquement, fait irruption sur la route. Le père Ceyrac donne un coup de volant, la Toyota termine sa course dans un arbre. Le conducteur est en sang, mais s'en tire sans trop de dommages... Il a eu de la chance. Quelque temps plus tard, il en aura moins.

Ce 21 juin 1992, il est en train de rouler derrière un camion transportant des sacs – de riz ou de ciment. Tout d'un coup, la quasi-totalité du chargement dégringole sur son pare-brise. Le père Ceyrac braque le Toyota – il en a acheté un autre après le premier accident – qui, cette fois, tombe dans un fossé. Heureusement, un autre missionnaire français, le père François Ponchaud, suit en voiture. Il récupère le père Ceyrac défiguré, maculé de sang, la mâchoire en miettes... Il le transporte à l'hôpital de la Croix-Rouge au camp de Khao I Dang. De là, son compagnon le père John

Bingham le conduit en trombe jusqu'à l'hôpital de Bangkok – ce qui représente tout de même trois cents kilomètres de route. Le père Ceyrac est opéré d'urgence de plusieurs fractures de la face et de la mâchoire – il a perdu toutes ses dents. Cette fois, la mort l'a frôlé. En convalescence, dans sa chambre d'hôpital, il se console en suivant à la télévision les images de Bernard Kouchner en compagnie du président François Mitterrand dans un Sarajevo isolé du monde, pilonné par les forces serbes et les *snipers*, désespéré, en proie à la famine et aux risques d'épidémie, sous le regard médusé de la communauté internationale. Emu, le missionnaire Ceyrac prendra sa plus belle plume pour féliciter le président français. Détail piquant, ayant écrit cette lettre sur un papier à l'en-tête de la résidence jésuite, dénommée « Xavier Hall », le père Ceyrac recevra en retour une réponse-type de l'Elysée adressée à... M. Xavier Hall.

*

Ne jamais céder à la fatigue, ne jamais déserter devant les souffrances. Le prêtre continue à s'efforcer de rassembler les familles, et tenter de faire admettre des réfugiés par la France. C'est un combat de chaque instant, au nom de chaque individu. Il adresse régulièrement des dossiers à sa nièce Véronique, à charge pour elle de les transmettre aux autorités. Ainsi, par exemple, les cas de ces deux Cambodgiens qu'il lui soumet par ce fax du 3 septembre 1992. L'un, pointe Ceyrac, est « un jeune Vietnamien très remarquable (parle 7 langues, dont le Français) qui pourrait être considéré comme un cas spécial et être accepté comme réfugié ». « Si cela ne marchait pas, précise le missionnaire, il faudrait essayer de le faire partir comme “boursier” pour des études... comme on l'a déjà fait pour de nombreux Cambodgiens. » L'autre cas concerne une mère et ses trois enfants qui a « une sœur près de Paris, de nationalité française, a passé quatre ans à Marseille vers 1970/74, a dû rentrer au Vietnam pour sa maman malade, a essayé deux fois de repartir comme boat people... sans succès ». Cette femme « est arrivée par voie de terre, est dans les camps depuis 1984 ou 1985 », et, indique le père Ceyrac, « comme son pseudo-mari a un frère aux Etats-Unis, elle vient d'être mise sur la liste des Etats-Unis, avec ses enfants. Mais elle veut se séparer de son mari et veut aller en France ».

Il voudrait en faire davantage. « Je peux toujours en faire davantage, mon peuple, c'est le visage du Seigneur ! » lance-t-il. Il est bouleversé par ces camps de résistance qui sont devenus des camps de réfugiés, cette pente qui a conduit ces hommes et ces femmes à dépendre de tout le monde et à perdre le courage de la lutte. Il le confie souvent à ses amis, dont Véronique Decrop, une jeune Française qui avait participé à l'un de ses chantiers en Inde en 1974 et à laquelle il a demandé de le rejoindre dans les camps pour enseigner le dessin – elle restera treize ans au Cambodge.

Il n'abandonne jamais. Dans une lettre à sa nièce Véronique du 9 novembre 1992, il écrit : « Te rappelles-tu l'histoire assez tragique de cette femme, mère de 5 enfants, qui voulant protéger son mari attaqué par une patrouille ennemie, eut les deux mains fracassées par une grenade ? Histoire que j'ai souvent cité dans mes conférences. Elle perdit son dernier bébé, après l'accident.

« Figure-toi que je viens de la retrouver au Site 2 ! Elle était repartie pour le Cambodge, s'était remariée (son premier mari ayant été tué par la grenade qui lui déchira les mains)... Et puis, ce deuxième mari l'abandonne, et donc elle revient au Site 2, avec deux de ses enfants, ayant laissé les deux autres au Cambodge. Je t'enverrais d'ici quelques jours une ou deux photos d'elle. »

La lettre et l'histoire se poursuivent. « On me dit, continue le père Ceyrac, qu'à l'heure actuelle on peut refaire des mains, qui ne soient pas de simples crochets, mais qui peuvent fonctionner comme des pinces, et donc prendre des objets (par exemple un verre d'eau, une brosse à dents, une savonnette)... Pourrais-tu en parler à Alain ? »

Au Site 2, le père Ceyrac met un point d'honneur à s'occuper de ceux qui sont rejetés de tous : les réfugiés vietnamiens, qui ont été rassemblés dans une enclave du camp appelée la « Plate-forme ». Il y a les « boat people », dont beaucoup ont subi des violences innommables, comme ces jeunes femmes que reçoit le père Ceyrac. Elles ont été violées par des pirates, en mer de Chine, elles ont fui à la nage, puis, recueillies par un autre bateau, elles ont été violées à nouveau. Elles étaient huit à leur départ du Vietnam, trois sont mortes en chemin...

Il y a aussi celles et ceux qu'on appelle les « land people » ; ils sont arrivés par voie de terre, en traversant le Vietnam puis le Cambodge à pied ; ils sont bloqués à la frontière thaïlandaise – certains depuis plusieurs années. Ils sont trois mille cinq cents personnes à vivre dans des conditions terribles. L'espace est réduit à moins de quatre mètres carrés par individu, ils n'ont droit chacun qu'à une ration de moins de trois kilos de riz par semaine et deux cent cinquante grammes de légumes – auxquels peut s'ajouter un peu de poisson séché.

Le père Ceyrac protège ces hommes et ces femmes méprisés par les Khmers. Dans l'église en bambou qu'il a installé au sein du camp, il leur dit la messe en français, en anglais, ou même en latin – nombreux parmi ces réfugiés viennent des enclaves catholiques du Vietnam. Et quand ces fidèles se mettent à entonner à quatre voix – dans leur langue merveilleuse, à sept tons – leurs chants de messe, le prêtre est aux anges...

Les messes du père Ceyrac ont acquis une petite réputation. L'immense majorité des réfugiés est bouddhiste, mais à Site 2 sont rassemblés vingt mille musulmans et quelque cinq mille chrétiens. Le père Ceyrac organise des cérémonies pour cette minorité de catholiques – à laquelle s'adjoint une petite troupe de jeunes volontaires français, Jean, Stéphanie, Isabelle et Olivia. Parfois, ils ne sont qu'une poignée devant le petit autel de la maison des jésuites à Aranyaprathet. Tous sont impressionnés par l'émotion qui étreint le père Ceyrac lorsque celui-ci célèbre l'Eucharistie, associant dans la communion toutes les personnes qu'il a connues dans le monde entier, parlant d'eux avec une telle proximité que certains dans l'assistance se mettent à les imaginer, pleurant à ces souvenirs, à l'image du Christ de la Passion... Pour bénir, le prêtre utilise toujours une fleur qu'il trempe dans un verre d'eau avant d'asperger la communauté.

Les messes du père Ceyrac attirent au-delà des rangs

catholiques. Un jour, à Aranyaprathet, le prêtre lance à Magali Petitmengin – qui est protestante :

– Vous venez à ma messe, Magali ?

– Non, je ne viens pas à votre messe.

– Mais, vous savez, j'ai toutes les religions représentées, des bouddhistes, des musulmans...

Magali Petitmengin suit le père Ceyrac jusqu'à son habitation. Il se faufile derrière un rideau, pour préparer des hosties. Magali lui lance :

– Ce n'est pas la peine d'en prévoir pour moi.

– Pourquoi ?

– Mais vous n'avez pas le droit !

– Et pour quelle raison ? Vous ne voulez pas partager le corps du Christ ?

– Mais pour moi, en tant que protestante, il ne s'agit pas du corps du Christ. Et, de toute façon, votre hiérarchie vous interdit de donner la communion à une protestante...

– Mais nous avons tout partagé ensemble durant la journée. Nous n'allons pas nous arrêter maintenant.

Depuis ce jour-là, la vie spirituelle de Magali Petitmengin a basculé. La protestante a étudié le catholicisme, le bouddhisme...

Dans son église en bambou de Site 2, le père Ceyrac organise des cérémonies informelles, œcuméniques, où se retrouvent des gens de religions et de cultures très différentes. Tout le monde est assis par terre et prie. Même une humanitaire qui s'est éloignée de la religion comme le docteur Véronique Fournier, cardiologue, engagée avec Médecins du monde. Lointaine parente du père Ceyrac, élevée chez les sœurs, celle-ci a, depuis, pris ses distances avec une religion catholique qu'elle juge intolérante – par son affirmation à s'autoproclamer détentrice de la Vérité. Mais Véronique Fournier ne juge pas Pierre Ceyrac de la même manière. Elle ne perçoit pas celui-ci comme un missionnaire catholique, elle est touchée de l'humilité de ce prêtre par rapport à son « véhicule » naturel qu'est la religion... Ceyrac parle de tolérance, d'amour, d'ouverture. Il ne cherche pas à enrôler sous une bannière, mais à nourrir les esprits. Le docteur Véronique Fournier admire cet homme parvenu à un niveau de renoncement, de dépouillement intérieur, qui lui permet d'entrer en communication avec n'importe qui...

Cette mue spirituelle, amorcée en Inde, a trouvé son accomplissement dans ces camps. Peu à peu, remarque Alain Deloche, le père Ceyrac a cassé le moule de son éducation et s'est ouvert au monde. Le jésuite s'est laissé pénétrer par l'Asie, il réalise la jonction entre les religions d'Asie et la religion judéo-chrétienne. Dans les camps, au cours de grandes cérémonies bouddhistes, le médecin voit le prêtre catholique officier pied à pied avec le vénérable bouddhiste Monichenda, l'un des responsables de l'une des plus grandes pagodes cambodgiennes de Site 2 – celle-ci regroupe soixante-dix moines. Le missionnaire est toujours reçu chez celui-ci, dans sa maisonnette et sa pagode, les deux religieux s'adonnent à de longues marches ensemble, le père Ceyrac le considère comme son frère – « Il n'est pas question de religion entre nous, dit-il, mais d'amour. » Il participe à la construction de villages pour les moinesses, ces religieuses aux crânes rasées, vêtues de toges blanches, qui habitent dans de petites maisons blanches très étroites.

Chacun voit Pierre Ceyrac avec ses lunettes. Il est

Father Ceyrac, le père Ceyrac, le père Pierre, plus simplement « Père » ou « Father », parfois Ceyrac ou même, pour quelques-uns, Pierre... Il est un missionnaire, un prêtre jésuite, un guide spirituel universel, un médecin des âmes, un humanitaire versé dans l'action, un saint ou un ami proche... Les uns tombent à genoux devant lui, d'autres lui donnent des claques dans le dos en le tutoyant... Les deux attitudes l'incommodent au plus haut point. On peut débattre avec lui d'une parole d'Evangile, d'une sentence en tamoul, en sanskrit ou en khmer, se retrouver à tuer des cobras au bout du monde ou deviser tranquillement du résultat d'un match de tennis... Pierre Ceyrac, le père Ceyrac est à tout le monde, croyant ou athée, et à personne. Son action est toujours portée vers les humbles, les pauvres, ceux qui souffrent – les bien-portants passent après. Il ne donne pas de leçons, il porte un témoignage – nuance essentielle. Il s'efforce à être par-dessus tout « *a man for others* » – « un homme pour les autres »...

« Les gens ont toujours la sensation d'être uniques pour lui », note cette jeune volontaire française, Olivia Guerbet. Ils sont des milliers à pouvoir dire la même chose, où qu'ils soient, quel qu'ils soient – puissants ou misérables... Ce sont toujours les mêmes témoignages qui reviennent à propos du père Ceyrac. Toujours les mêmes mots – « confiance », « liberté », « présence »...

Ce septuagénaire à l'éternelle silhouette de jeune homme, toujours vêtu de la même façon – pantalon de toile, chemisette, baskets – est un personnage familier des camps. Il tutoie tout le monde, mais sans condescendance, il a l'air au courant de tout, il est à l'aise partout, admire le « french doctor » Bernard Kouchner. Il circule dans cet univers confiné, obscur et violent comme une lumière dont « le rayonnement dépasse les mots » – selon l'expression de Véronique Decrop.

Il est disponible aux autres, mais il marque toujours une distance – laquelle, parfois, est peu sensible. Il n'aime pas la familiarité. Il apprécie qu'on l'appelle le père Ceyrac, par respect pour sa fonction – conventionnel, il a toujours été ferme sur l'« étiquette ». Et il peut être autoritaire, et cassant si l'on met en doute certaines de ses convictions. Le père Ceyrac sait tenir ses positions. Parfois, dans les camps, Alain Deloche a assisté à la scène, un anticlérical de service se met à l'interpeller sur un ton goguenard, en lui lançant :

– Alors, toi, l'abbé !

Le père Ceyrac s'arrête, regarde droit dans les yeux son interlocuteur, et lui dit :

– Tu me fais peur car tu es dans le néant. Je m'inquiète pour toi, tu vis dans le noir.

Un jour, à Phnom Penh, un Français en mission au Cambodge, Antoine Vaccaro, assiste à un dialogue de la même veine entre le jésuite et un médecin humanitaire français qui a « bourlingué » un peu partout sur la planète. Celui-ci est désabusé :

– Je ne vois pas comment on peut encore espérer en l'humanité... Mais regardez l'état du monde ! Croyez-vous vraiment que l'on pourra un jour changer quelques chose ? Pfft... Le genre humain n'a aucun avenir.

– Mais non, rétorque le père Ceyrac. Il existe toujours une lueur, une flamme à entretenir...

– Vraiment ? Mais quel lueur ? Nous sommes orphelins de Dieu...

Soudain, le père Ceyrac se met en colère. La conversation qui avait commencé dans une ambiance plutôt décontractée se fige. Le missionnaire tempête contre le désespoir, la déprime qu'exprime cet homme. Que retient du dialogue, le témoin, Antoine Vaccaro ? L'optimisme du père Ceyrac...

Ce débat éternel – quand il est possible – entre l'athée et le croyant, Bernard Kouchner se souvient de l'avoir eu une nuit, au Cambodge, avec celui qu'il appelle d'un sonore « Pierre ». Les deux hommes, qui se connaissent depuis les années quatre-vingt, ont une grande estime l'un pour l'autre. A ceux qui raillent l'appétit médiatique de Kouchner, le père Ceyrac rétorque : « Mais il a au moins sauvé dix mille vies cet homme ! Vous qui le critiquez, commencez par sauver une vie, après on verra... Je suis un inconditionnel de Bernard Kouchner. » Quant à celui-ci, il est intarissable sur ce prêtre catholique. Il aime sa grande indulgence, son intelligence subtile – la formation jésuite –, sa distance par rapport aux vicissitudes humaines. Ce prêtre ne range pas les individus dans des catégories, il ne juge pas, il prend le meilleur de chacun, et il tire vers le haut, il élève, voilà le mot.... Sa présence, sa culture, sa vision *élèvent* les hommes.

Cette nuit-là, les deux amis conversent. Ils sont couchés par terre, chacun dans son sac de couchage, à l'intérieur d'un grand hangar. Autour d'eux, tous leurs compagnons dorment. Eux veillent, et discutent à la bougie. La conversation tourne autour de Malraux, l'aventure, l'action humanitaire, l'engagement, la condamnation future, inéluctable de tout être humain... Le genre de dialogue, plutôt lyrique, épique, ponctué de quelques belles phrases définitives, entre deux hommes engagés, deux aventuriers qui se laissent un peu aller, une nuit sous les étoiles. Inévitablement, on finit par aborder la religion et l'existence de Dieu... C'est surtout Bernard Kouchner qui parle.

– Je suis très admiratif, je pense qu'il est très utile de croire en Dieu... Mais voilà, moi, j'ai cherché et que l'on arrête de me bassiner avec ces affaires, je n'y crois pas, un point c'est tout...

Le père Ceyrac écoute. Il n'est pas du genre à rétorquer alors : « Tu es un croyant sans le savoir... »

Non, il écoute – le prêtre reprend toujours un peu le dessus, songe Bernard Kouchner. Mais il se sent en confiance. Pierre est un camarade, le genre d'homme pour qui le médecin humanitaire a une « reconnaissance immédiate ». Il le voit comme un combattant de rue, un militant humanitaire plutôt qu'un père de l'Eglise. Les deux hommes parlent de ce qu'ils ont vécu. Leurs difficultés physiques à monter les opérations, à se battre contre tout le monde, à faire passer des messages aux politiques... Ces « boat people » qui sont morts en mer de Chine. L'intervention vietnamienne au Cambodge : faut-il être pour ou contre ? Chemin faisant, devant le père Ceyrac, Bernard Kouchner regrette sa cécité vis-à-vis du génocide cambodgien.

Le prêtre écoute – il écoute toujours, sans avoir l'air d'y toucher. Parfois, il l'interrompt seulement pour le questionner :

– As-tu pensé à Dieu à ce moment-là ?

– Non, je n'ai pas pensé à Dieu.

– As-tu pensé à la solitude, à ta famille ?

Le père Ceyrac n'essaie jamais de tirer un avantage prosélyte de ces confidences, il ne parle jamais d'engagement spirituel, mais d'engagement auprès des hommes, remarque Kouchner. Qui s'épanche :

– C'est dur, parfois, comme tu le sais, Pierre. Tu n'a pas les mêmes rapports familiaux que moi. Ce n'est pas toujours facile avec ma femme, mes enfants, je suis loin...

Avec ce genre d'interlocuteur, Kouchner se sent libre. Il peut, se dit-il, confier ses erreurs mais aussi ses actes d'héroïsme, sans paraître verser dans la forfanterie...

– Nous faisons tous cela aussi pour nous découvrir nous-mêmes, n'est-ce pas, Pierre ?

La discussion se prolonge ainsi dans la nuit, à la simple lueur de la bougie. Elle s'achève sur un grand sourire du père Ceyrac, comme une accolade de compagnon.

– Toi, Bernard, t'es un rude gars !

CHAPITRE 13

OMBRES ET LUMIÈRE

Entassés dans le Sisophon Express, un vieux train réquisitionné pour l'occasion, les derniers réfugiés regagnent Phnom Penh. Ceux qui reviennent dans leur pays, en ce mois de mars 1993, après ces longues années d'absence et de souffrances n'ont plus pour seuls biens que les maigres subsides qui leur ont été versées par les Nations unies – cinquante dollars par adulte, vingt-cinq dollars par enfant, et des rations alimentaires pour dix-huit mois. Après un voyage cahotique – le train met treize heures pour parcourir trois cents kilomètres ! –, nombre d'entre eux échouent dans les bidonvilles de la capitale cambodgienne.

Le père Ceyrac, lui, son service achevé, est retourné à Chennai-Madras. Le vieux missionnaire est harassé. Il ne s'est pas encore remis de son accident de voiture survenu sur une route thaïlandaise un an auparavant. Cette « grosse secousse » comme il l'appelle – avec un certain euphémisme – a failli l'emporter.

Il a connu en Inde ses années les plus fécondes dans l'élan « nehruiste », puis dans ces camps sa période la plus émouvante. Et maintenant, que va-t-il faire ? L'année prochaine, il aura quatre-vingts ans, il porte les souffrances de ces réfugiés au milieu desquels il a vécu – ce qu'il appelle la « blessure de la frontière » – et aucun projet ne se présente à lui. Il sent bien que la mort approche. Il devrait s'en réjouir, il s'inquiète. L'homme apprécie trop la vie terrestre pour ne pas craindre sa finitude. Le père Ceyrac est confronté à une nouvelle épreuve. Le noir de la dépression.

Il se confie à sa nièce Véronique, dans une lettre du 22 juin 1993 qu'il écrit depuis la ferme de Manamadurai où il est parti se reposer : « C'est incroyable ce qu'on peut s'attacher à des gens, surtout les plus pauvres et les plus exposés..., des millions et des millions en pleine détresse, s'attriste le missionnaire. Ce que disait un jour un jeune médecin (français) dans les camps est tellement vrai : "Nous avons plus besoin des réfugiés qu'ils n'ont besoin de nous." Et rentrant en Inde, je me suis senti un peu perdu, et mal à l'aise, coupé des gens que j'avais aimés pendant treize ans, et que je ne reverrai plus... plongé de nouveau dans cette réalité indienne qui vous isole (et c'est sa force, sa "différence") du reste du monde : pas ou peu de nouvelles du Cambodge et du reste du monde. Et arrivant à Manamadurai, avant-hier, assez fatigué par une mauvaise nuit dans le train, j'ai eu un "moment de noir"... et de doute. »

Il se raccroche à ce signe du ciel qu'il croit déceler dans cette pluie inespérée qui est tombée sur Manamadurai, après six mois de sécheresse – « les arbres qui, hier, étaient misérables (feuilles recroquevillées) sont ce matin tout verts et pleins de vigueur ! », s'émerveille-t-il.

« Cette pluie de hier soir – anniversaire d'un accident –, pluie que les gens désiraient tellement ici, et à laquelle ils ne croyaient plus est vraiment arrivée pour moi comme un signe du Seigneur : que tout est bien ainsi, et que ma place, désormais, était ici, poursuit le père Ceyrac. Tu sais, dans nos vies, nous avons tous un peu besoin de signes et de symboles. En Asie peut-être plus qu'ailleurs. Pour tout cela, je remercie le Seigneur. »

Manamadurai est le seul endroit au monde où il se sent vraiment chez lui. Pendant sa longue absence cambodgienne, il a chargé Thanappan du « travail d'extension » de la ferme. Il ne lui a rien imposé, le père Ceyrac n'ordonne jamais, il suggère, il donne des orientations. Il a simplement dit à Thanappan : « Reste à Manamadurai, et fais ce que tu veux ! »

Pendant six mois, Thanappan a couru les villages environnants, pour rencontrer les populations, évaluer leurs besoins, connaître leurs souhaits. Il a recueilli des statistiques sur le nombre d'habitants par maison, sur leurs conditions de vie. Il est allé voir les banques, pour obtenir des financements. Le père Ceyrac suivait son travail, et l'encourageait à distance, dans de nombreuses – et longues – lettres... A son retour en Inde, le prêtre interpelle Thanappan : « Pourquoi n'organiserions-nous pas des opérations dans les villages autour de la ferme ? »

Après ces treize ans au Cambodge, le père Ceyrac essaie de renouer avec sa vie en Inde, de retrouver l'élan qui fut le sien à la tête du mouvement des étudiants catholiques, de replonger dans l'action sociale. La philosophie de son programme tient en quelques lignes : « Il existe trois Indes : l'Inde développée, l'Inde développante, et l'Inde ni développée ni développante, explique-t-il. Cette dernière est constituée de près de 400 millions de personnes, elle comprend des familles qui vivent avec moins de six francs par jour. Notre travail vise à faire passer nos enfants de l'Inde non développée à l'Inde développante. Notre objectif est concentré en quatre termes : caritatif, social, développement et libération de l'individu. La finalité est de permettre l'émergence d'une élite parmi les plus pauvres. »

Sa vie ne s'est jamais insérée dans un plan préétabli, elle continue à s'inscrire dans une ligne de conduite. Il n'en a jamais dévié. La nature de son engagement est toujours la même. Il n'a pas pris de galons, il n'est pas devenu recteur d'un collège, père supérieur ou provincial de la Compagnie suivant le cursus jésuite habituel... Il est resté missionnaire, comme au premier jour. Un soldat, respectueux de sa hiérarchie et des règles de l'Eglise mais soucieux de sa liberté d'action. Son cœur n'a pas changé, mais Thanappan se rend bien compte que, depuis son retour du Cambodge, l'homme n'est plus le même. Le père Ceyrac a perdu de son allant. Il a laissé une part de lui-même dans les camps. Il est âgé, il se remet avec difficultés de son accident de la route en Thaïlande. Il a du mal à retrouver sa place parmi sa communauté de jésuites dont la plupart des membres, désormais, sont des Indiens. Pour ses collègues, le missionnaire français appartient au passé, ceux-ci respectent son histoire et son engagement, mais à leurs yeux il reste malgré tout un étranger... De plus, il a la réputation d'être trop rêveur, trop indépendant, de n'en faire qu'à sa tête... Le père Ceyrac traverse une mauvaise passe. L'activiste de Dieu a besoin de reprendre du service.

Et, n'en déplaise à certains, l'homme a encore de la ressource. Alain Deloche peut en témoigner. Le médecin humanitaire est venu chercher son maître des camps pour l'emmener avec lui en mission à Phnom Penh, là même où le père Ceyrac l'avait poussé à partir travailler, en 1988. « Il faut que tu sois à Phnom Penh pour rebâtir le Cambodge, lui avait dit le missionnaire. Les ONG doivent y revenir en masse. C'est là-bas que cela va se passer ! » La situation était à l'époque plutôt confuse sur le plan politique, le pouvoir étant partagé entre l'armée d'occupation vietnamienne, un pseudo-gouvernement cambodgien et la représentation de l'Onu sous le contrôle des Khmers rouges. En 1993, lorsque Alain Deloche s'apprête à revenir à Phnom Penh, le roi Sihanouk est remonté deux ans auparavant sur son trône[1]. Le cardiologue a annoncé à son ami Pierre qu'il a un « grand projet fou ». Il veut bâtir un hôpital au cœur au Cambodge. Et pour cette entreprise, le soutien du père Ceyrac est essentiel.

Car Sihanouk, qui l'a connu dans les camps, tient en profonde estime le missionnaire.

---

1. Imposé par les Français au conseil de la monarchie, Sihanouk règne de 1941 à 1955. A cette date, il abdique au profit de son père, crée un parti unique, le Sangkum. Profitant de son déplacement à l'étranger, son Premier ministre Lon Nol prend le pouvoir, le 18 mars 1970. Condamné à mort et interdit de séjour dans son pays, Sihanouk s'allie avec ses ennemis, les Khmers rouges, prend la tête d'un gouvernement de coalition et, en 1975, est de retour avec eux à Phnom Penh. Il est arrêté et emprisonné pendant quatre ans avec sa femme, la princesse Monique. Cinq de leurs enfants et quatorze de leurs petits-enfants sont assassinés par les Khmers rouges. Quand en 1979, les Vietnamiens envahissent Phnom Penh, Sihanouk s'enfuit à bord du dernier avion. En 1982, il est chef d'un gouvernement de coalition qui comprend l'un de ses anciens Premiers ministres, Son Sann, et les Khmers rouges. Par les accords de Paris en octobre 1991, Sihanouk devient président du Conseil national suprême. Il revient triomphalement à Phnom Pen le 14 novembre 1991.

Quelque temps auparavant, le père Ceyrac avait rejoint à la frontière thaïlandaise une grande marche pour la paix qui, partie du camp d'Auschwitz, en route pour Hiroshima, était arrivée à Phnom Penh, sous une pluie torrentielle. Les marcheurs avaient été reçus au palais royal. Sihanouk était sorti sur le perron sous un parapluie. Parmi un groupe d'handicapés, des hommes et des femmes qui avaient perdu leur jambe en sautant sur des mines, Ceyrac avait fait de grands signes pour le saluer. Le surprenant « roi-dieu », qui à ses heures perdues pousse la chansonnette sirupeuse et réalise des films sucrés, lui avait sourit, et lui avait lancé, joyeux, à grand renfort de gestes : « Oh ! Oh ! Père Pierre... ! »

Nul besoin, donc, de préciser que les deux hommes sont en excellents termes. Grâce à Ceyrac, Alain Deloche décroche un rendez-vous avec le roi Sihanouk.

La veille, les deux amis ont répété ensemble l'entretien. Pierre a décrit le scénario à Alain :

– Nous commençons par lui parler de sa santé, puis nous passons au contexte international et à la situation en Asie. Nous conversons quelques minutes comme cela, et après seulement, nous abordons le sujet qui nous amène, ton projet d'hôpital et le tour de table pour la fondation destiné à le financer... Il ne faut jamais attaquer de front une discussion...

Le vieux missionnaire a l'air de s'amuser comme un gamin.

– Nous ne sortirons pas du Cambodge avant que Sihanouk signe ! s'exclame-t-il.

Les deux hommes se présentent au palais royal de Phnom Penh. Fidèle à son habitude, Pierre est accoutré de façon bizarre – il est chaussé de sandalettes et tient un sac plastique à la main. Ils montent l'escalier sur un tapis rouge bordé de gardes – des membres du service de sécurité nord-coréens et thaïlandais. Suivant le protocole, le roi les attend en haut de l'escalier, le visiteur doit alors s'agenouiller mains jointes et Sa Majesté – qui se fait appeler « Samdech Euv », « Monseigneur Papa » – le relève. Mais à ce moment-là, à la grande surprise d'Alain Deloche, c'est le roi Sihanouk qui fait révérence au père Ceyrac – qu'il considère comme un saint homme. Et il lance : « Père, quel honneur ! » Fin politique, le père Ceyrac marque un instant avant de le relever. Les deux visiteurs sont introduits dans un salon plein de dorures. Le missionnaire commence l'entretien.

– Majesté – j'ai du mal à vous appeler ainsi – je vous trouve en bonne forme...

Puis, ils se mettent à deviser sur de Gaulle, sur les Américains, la politique, la médecine...

Sihanouk se tourne vers le médecin.

– Je connais le professeur Deloche, il est un digne successeur de ses grands maîtres...

Le médecin goûte le compliment, mais, peu habitué aux rencontres royales, il se tient sur sa réserve. Il sait que son ami Pierre peut se montrer très sec à la moindre maladresse, erreur de politesse, gaffe... Il le laisse donc conduire l'entretien.

– Je sais, Majesté, que vous êtes soigné par les médecins chinois..., lance le missionnaire.

– Oui, rétorque Sihanouk, mais la médecine, vous savez, c'est comme la cuisine. Il y a la chinoise et la française...

Au fil de la conversation, le roi finit par évoquer ses maladies. Il dit : « ... Et voilà que l'on me découvre de l'athérosclérose... »

Ceyrac se tourne alors vers son compagnon. Deloche prend la parole, sur le même ton que celui du roi.

– Et voilà que l'on vient de découvrir de l'athérosclérose sur la momie de Ramsès..., souligne-t-il, comparant l'état de Sihanouk avec celui du plus grand pharaon d'Egypte pour signifier ainsi qu'avoir de l'athérosclérose à son âge, soixante et onze ans n'a pas grande importance...

Chemin faisant, le père Ceyrac – enfin – en vient au dossier.

– Majesté, il nous faudrait votre aide suprême pour créer une fondation afin de construire un hôpital pour enfants.

– Mais, Père, répond Sihanouk, aussitôt, d'une voix douce, c'est d'accord.

Alain Deloche admire – comme au spectacle – l'aisance politique dont fait preuve le jésuite. Les interlocuteurs commencent à ébaucher la composition du conseil d'administration de la Fondation, avec des membres français et cambodgiens.

Le père Ceyrac lance :

– Majesté, il ne faudrait pas que du français et du cambodgien...

Sihanouk reprend :

– Vous avez raison, mettons un peu de japonais...

L'entretien semble en voie de conclusion. Erreur. le père Ceyrac poursuit :

– Comment allons-nous obtenir de l'argent ?

Les deux solliciteurs souhaitent que le roi écrive à toutes les grandes entreprises présentes dans son pays, Coca-Cola, General Electric, Toyota, pour recueillir des fonds...

A la sortie, satisfait, le père Ceyrac glisse au docteur Deloche :

– Je ne m'attendais pas à un tel résultat.

L'hôpital, premier centre cardio-vasculaire du Cambodge, sera inauguré le 2 novembre 2001 à Phnom Penh.

Après cette « escapade » cambodgienne, de retour au Loyola College de Chennai-Madras, ragaillardi, Ceyrac souhaite rejoindre Sarajevo, avec son ami John Bingham. Les deux missionnaires ont adressé une demande en ce sens au Service jésuite des réfugiés (JRS). Leurs candidatures sont refusées. Ils proposent alors leurs services pour le Rwanda. Rejetés aussi. Pierre est trop âgé pour un travail difficile, jugent ses supérieurs qui préfèrent l'envoyer en Zambie, dans un camp immense de soixante kilomètres de long. Il y crée une nouvelle « université de la forêt », comme en Thaïlande, avec John – les étudiants africains y apprennent à lire à leurs compatriotes qui ne savent pas. Mais le père Ceyrac s'ennuie. Cette mission – ponctuelle – ne présente aucun intérêt pour lui.

L'ombre le rattrape. Dans ces moments de doute, il se rassure en se disant que la lumière surgit souvent de l'obscurité, suivant la profonde maxime de saint Bernard : *Umbra lux dei.* « L'ombre, c'est la lumière de Dieu. » En ces instants, cette sainte sagesse lui est d'un grand secours. Il ne sait plus où aller, il se demande ce qu'il va pouvoir faire. Pendant trois mois, il s'interroge. Il vit une sorte de traversée du désert. Comment peut-il s'en sortir ? Il se cramponne à cette expression dont il a fait une philosophie :

« *Umbra lux dei...* Tout homme a besoin de l'ombre.

Ce sont nos échecs, nos bêtises, nos erreurs, nos terreurs qui révèlent la lumière de Dieu. Si je n'avais pas échoué à un examen, j'aurais eu une vie différente, je n'aurais pas été aumônier des étudiants de l'Inde – ce qui fut le grand départ de ma vie. J'aurais peut-être connu une vie terne, beaucoup moins intense que celle qui fut la mienne. *Umbra lux dei...* Avec ce genre de phrases, on ne regrette jamais rien... »

*

Un soir, alors qu'il sort de la résidence jésuite du Loyola College, sous la pluie, un jeune homme surgit de l'obscurité et l'agrippe. Ils sont des dizaines de mendiants à attendre ainsi devant chez lui. L'adresse du prêtre est connue dans la ville – on sait qu'il aide les pauvres, qu'il fait l'aumône...

– Father, father..., lui dit l'homme en le tirant par la chemise.

Le père Ceyrac s'arrête, il regarde son interlocuteur. Il est d'une taille petite, il a des cheveux mi-longs, un regard de braise, il paraît fatigué...

– Father, je m'appelle Kalei, je suis photographe, j'ai adopté trente-huit orphelins...

Le père Ceyrac écoute. Son visiteur se lamente :

– Je n'ai pas assez d'argent pour nourrir mes enfants, je ne possède même pas un appareil de photo, je dois en louer chaque jour pour travailler... Père, pourriez-vous m'aider ?

Le prêtre remonte dans sa chambre, et revient quelques instants plus tard avec une enveloppe. Celle-ci contient une somme conséquente en roupies.

– Amène-moi tes enfants ! Je voudrais les voir..., glisse le missionnaire.

Le lendemain, l'homme revient avec ses enfants, tous alignés devant l'église du collège. Ils sont beaux, bien arrangés, souriants. Le père Ceyrac aussi sourit.

Qui est donc ce Kalei ?

L'histoire qu'il raconte est pour le moins rocambolesque. Il dit s'appeller Kalei Veeramani. Il n'a jamais connu son père – celui-ci est mort quand il était âgé d'à peine deux mois. Il est né en prison, à Vellore Jail, un très gros centre pénitentiaire du sud du pays où sa mère était incarcérée. Puis, sa mère s'est suicidée, en se jetant sous un train. Il a été adopté par un orphelinat, et il a étudié. Il a grandi dans les rues. Il a écrit et joué en public des textes de tragédie et de comédie inspirés des vies de Kennedy, Jésus-Christ, Socrate, Lénine, le Dr Ambedkar... Il a travaillé aussi sur des « scripts » pour les studios de cinéma de Chennai. Puis, il est devenu photographe dans la police indienne, pour fabriquer les passeports... Kalei ne dort jamais dans un lit – il n'a pas de maison. Il passe ses nuits dans des voitures, des trains, des vans... Il n'est pas marié, mais il a trente-huit enfants, des orphelins ou des gosses que leurs parents ne peuvent pas nourrir. Il vit pour eux. Il se voit comme une sorte de prêtre. Une nuit, il y a une vingtaine d'années, assure-t-il, il a rêvé du père Ceyrac – on lui avait parlé de cet homme comme de quelqu'un de très bon.

Faut-il avoir confiance en cet homme ? Le père Ceyrac ne se pose pas trop de questions, il se laisse guider par l'émotion. L'Inde est la terre des rêves et des dieux, sur laquelle tous les destins sont possibles. Les enfants qu'a recueillis Kalei Veeramani sont soignés et paraissent épanouis. Au milieu de cette période sombre que le prêtre traverse, cette rencontre lui semble providentielle. Il croit cet homme quand celui-ci dit qu'il l'a vu en songe. « Il existe des modes de connaissances qui dépassent deux et deux font quatre », pense le mystique Ceyrac.

Malgré les suspicions de son entourage, Pierre Ceyrac décide d'aider Kalei et ses enfants. Ceux-ci seront bientôt des milliers, rassemblés dans un mouvement baptisé en tamoul « Les mains d'amour ». Le missionnaire cherchait un nouveau champ de lutte, le voici. Ce n'est pas le seul. Un second s'ouvre à lui.

Ce combat-ci est celui d'un prêtre jésuite que le père Ceyrac a connu à la fin des années soixante-dix, lors de la destruction criminelle des maisons des villageois *dalits* de Villupuram. Après un doctorat à l'université Loyola de Chicago, le père Anthony Raj, de retour en Inde, est devenu l'un des porte-parole du sud de l'Inde pour la promotion des intouchables. En 1987, il a rédigé un rapport sur les « discriminations à l'encontre des chrétiens *dalits* au Tamil Nadu ». Au nombre de douze millions, selon le recensement de 1991, ceux-ci restent majoritaires dans une communauté de près de dix-neuf millions d'individus. Mais ils sont encore (très) minoritaires dans le clergé et continuent, à la fin du XXe siècle, de subir humiliations et vexations. Au sein de l'Eglise indienne, les jésuites sont les plus en pointe pour faire évoluer les mentalités. La Congrégation provinciale propose même, en juin 1990, de transformer le Loyola College, l'institution jésuite de Chennai, en une université réservée aux *dalits* et les trois premières *high schools* en *high schools dalits* – le projet restera lettre morte.

Le père Anthony Raj est l'initiateur d'un Mouvement pour la libération des chrétiens *dalits*. Son militantisme fait de lui un personnage controversé. Son caractère n'arrange pas cette réputation. Avec sa tête qui semble sculptée dans l'ébène, sa voix grave et son éternel cigare aux lèvres, le père Anthony Raj fait impression. Il le sait, il en joue. Ce prêtre a un faux air de Marlon Brando dans le film *Apocalyse Now*. Anthony Raj ne se livre pas au premier venu, il a des positions arrêtées, il peut se montrer violent. Qui ne le connaît pas peut croire à de l'arrogance. Il ne faut pas se fixer sur cet abord rude. Raj est un combattant, il est né dans la misère, il lutte contre une injustice ancrée dans le système social et les mentalités de l'Inde. Cet homme de Dieu est un dur. « Si vous interrogez l'Eglise indienne, on vous dira que nous vivons en frères et sœurs. Mais ce n'est pas vrai, explique Anthony Raj. En tant que *dalits*, nous souffrons de discriminations au sein de la société. Et à celles-ci s'ajoutent les discriminations que nous subissons en tant que *chrétiens dalits*. »

Cet homme est un lutteur, et il combat pour une cause juste, Ceyrac l'admire. Un jour, le père Anthony Raj vient trouver son collègue jésuite, et lui propose : « Pierre, j'aimerais que tu travailles avec nous, que tu fasses partie de notre équipe *dalit*. »

A la fin de l'année 1994, Pierre Ceyrac s'installe pour quelques mois auprès d'Anthony Raj, à Madurai – tout en conservant son adresse officielle à Loyola College. De là, il n'est qu'à une cinquantaine de kilomètres de « sa » ferme de Manamadurai dont il peut par conséquent – en même temps – suivre les projets d'extension pilotés par Thanappan.

La ferme de Manamadurai est en train de devenir un pôle local de développement économique et social. L'organisation a permis de creuser des centaines de puits, de mettre sur pied des dizaines de coopératives composées de vaches laitières, de moutons, de chèvres, dans les villages environnants. L'activité de la ferme s'étend désormais sur vingt villages – l'ambition est d'en « couvrir » deux cents à brève échéance. Autour de Manamadurai naissent des projets ruraux mais aussi sociaux, éducatifs et caritatifs.

Un jour, Thanappan et le père Ceyrac décident de bâtir sur un terrain donné par le gouvernement du village pour des lépreux. Le projet se heurte à l'opposition des villageois voisins. Le terrain est éloigné, mais il surplombe leurs habitations. Des bannis ne peuvent pas les dominer, et, de plus, leurs déjections, leurs excréments, leurs eaux usées vont s'écouler jusque chez eux... Les villageois ne tolèrent pas cette situation. La colère enfle, puis devient violente. Thanappan reçoit de nombreuses menaces, certains parlent même d'égorger sa femme. D'autres disent qu'ils vont brûler la voiture du père Ceyrac. La situation est si tendue que Thanappan est obligé de cacher le prêtre.

Comment sortir de cette impasse ? L'Indien a une solution. Il décide d'attendre les élections pour bâtir les premières maisons ; le projet profitera ainsi des surenchères électorales – les lépreux votent, ils représentent à eux seuls une trentaine de voix. La partie est gagnée. Ceyrac applaudit la finesse tactique de son protégé. A partir de ce jour, le village ne cessera de gagner en importance et aux lépreux se mêleront des étudiants...

L'expansion de Manamadurai suit toutes les directions. En contrebas du village des lépreux, sur une partie du terrain de la ferme, on construit un centre destiné à accueillir des enfants atteints de la polio. Des petites maisons qui servent d'habitation, des salles de classes, une salle d'ordinateurs... Les bâtiments sont construits par les étudiants de grandes écoles françaises – il en vient une trentaine chaque été. Les « chantiers Ceyrac », initiés avec des étudiants indiens dans les années cinquante, continuent avec des Français – plusieurs générations d'hommes et de femmes qui, depuis, occupent des postes à responsabilité au sein de la société française se sont succédé ici. Chaque soir, à cinq heures, les enfants marchent pendant une heure pour activer leurs muscles débiles devant les maisons. Les uns claudiquent, les jambes arquées, cassées ; les autres se traînent dans la poussière. Ces enfants attendent une opération – Thanappan refuse les chaises roulantes du gouvernement, les enfants doivent remarcher sur des jambes solides... Tous sourient, malgré les douleurs qu'avive l'exercice. Quand le père Ceyrac paraît, ils viennent vers lui, ils le touchent, ils le prennent par la main, ils l'embrassent. A travers eux, le prêtre revoit cette petite Indrah qui, à douze ans, atteinte de la polio, ne trouvait aucun garçon pour elle et qui, cinq ans plus tard, une fois ses jambes redressées, est très courtisée – elle est aujourd'hui mariée.

Au contact des enfants, le vieux missionnaire retrouve l'enthousiasme et l'exaltation de ses vingt ans. Il faut le voir dans les villages fendre des marées de gamins qui hurlent « Father Ceyrac ! ». Il est transporté. Il irradie, soudain. Voilà pourquoi il finance, par les dons qu'il reçoit, le mouvement initié par Kalei qui rassemble maintenant plusieurs dizaines de milliers de garçons et de filles regroupés dans différents villages.

L'organisation de Kalei – composée de divers centres qui portent le nom du père Ceyrac – est devenu un grand mouvement structuré. La journée, les enfants sont pris en charge par des *teachers* (des professeurs), des jeunes filles qui ont terminé leurs études secondaires et n'ont pas assez de moyens pour aller à l'université. Le soir, elles passent le relais à des veuves qui logent les enfants orphelins chez elles. Kalei prend de plus en plus de place auprès du père Ceyrac. Il gère ses problèmes d'intendance, ses déplacements, sa logistique... Il se présente comme « Kalei Ceyrac », il fait imprimer des T-shirts à l'effigie de Father Ceyrac. La plupart des amis du missionnaire s'inquiètent... D'où vient Kalei ? Qui est-il ?

Le père Ceyrac lui-même, parfois, s'interroge, comme dans cette lettre à des proches où il dit trouver le jeune homme « toujours très amical, mais pas transparent ».

Pourtant, le père Ceyrac défend toujours Kalei quand celui-ci est attaqué par son entourage. Il respecte son histoire – telle qu'il la raconte. Il voit le bien que cet homme accomplit pour ses enfants pauvres. Il sait que Kalei, au caractère dépressif, se raccroche à lui. Et il considère qu'il a une dette à son égard : ce jeune homme plutôt surprenant et « ses » enfants l'ont sorti de l'obscurité...

Malgré l'âge qui avance, la santé qui décline – mais ne semble pas avoir de prise sur lui – le missionnaire continue à sillonner son cher pays tamoul en train ou enfoncé sur la banquette arrière d'une Ambassador, les vieilles voitures blanches laissées par les Anglais... Il multiple les allers-retours dans le sud profond, entre la ferme de Manamadurai et la ville de Madurai. Il poursuit sa route, il continue l'aventure, sans trop savoir ce qui se passera demain. C'est ce qu'il aime. « Tout au long de ma vie, je n'ai jamais su ce qui se profilait devant moi ; on part, et on verra bien..., dit-il. Nous sommes faits pour sortir de chez nous tout le temps ! C'est la grande phrase de Yahwé à Abraham : "Sors de chez toi !" »

Il s'installe avec le père Anthony Raj à Vilangudi, un quartier de Madurai dans lequel les deux prêtres essaient d'éduquer la communauté *dalit*. L'initiative ne plaît pas à tout le monde – une nuit, des inconnus agressent même Anthony Raj... L'attaque ne les démobilise pas pour autant. Quelque temps plus tard, ils fondent la Doctor Ambedkar Cultural Academy (DACA), à douze kilomètres au sud de la ville de Madurai, dans un lieu-dit baptisé « Mandela Nagar », en hommage au leader sud-africain dont Raj partage le combat. La première pierre de ce centre est posée le 9 novembre 1997. Le but tel qu'il est exprimé par le jésuite indien est le suivant : « Eradiquer l'intouchabilité et rendre leur dignité aux *dalits*. » L'objectif est d'offrir à ces jeunes hommes et femmes que l'on dit « intouchables » les moyens d'une promotion sociale et politique. Ce centre accueille des enfants en cours du soir, des élèves de secondaire, et des étudiants en informatique, couture, formation technique... Il fournit un logement aux plus défavorisés. La discipline est jésuite : lever à cinq heures du matin, classe à sept heure trente.

La clé de la réussite est toujours dans l'éducation. « Le Bihar devrait être l'Etat le plus riche de l'Inde, parce qu'il dispose de la vallée du Gange qui est beaucoup plus riche que celle du Nil, explique le père Ceyrac. Dans le sous-sol de cet Etat, on trouve des mines d'acier et de charbon. Mais le manque d'éducation produit la confusion et empêche le développement. Ils ont tout, et ils ne l'exploitent pas. »

Au DACA a été adjoint un centre médical comprenant cinquante lits, une salle d'opération, une unité de soins intensifs... Ce petit hôpital de campagne, dirigé par un *dalit*, porte le nom du père Ceyrac – La Ceyrac Medical Foundation, financée par le Luxembourg – et offre gratuitement des soins médicaux aux *dalits* pauvres des alentours.

Il a toujours mené sa vie tambour battant, il a toujours refusé de se laisser enfermer, il s'est toujours méfié de « l'« esprit de clocher » comme il dit, il a toujours préservé jalousement sa liberté. Il n'a jamais été très habile dans la gestion, dans l'organisation, éternel homme du mouvement qui passe, guide les individus, les met en relation et repart vers d'autres horizons... Il ne possède rien, juste ce dont il a besoin, quelques vêtements, quelques livres. Et voici que ce prêtre d'une humilité exemplaire, ce *man for others*, cet « homme pour les autres », au soir de sa vie, se retrouve à la tête d'un petit... « Ceyrac Trust ». Cet embryon d'organisation a été mis en place pour rassembler les sommes d'argent qu'il récolte au cours de ses déplacements en Europe et assurer ainsi la continuité des projets...

Dans des villages, il a son portrait peinturluré sur des murs, son nom apposé sur des pancartes de centres sociaux, éducatifs, sanitaires – Ceyrac Home, Ceyrac Children Center, Ceyrac hospital... Ces initiatives le flattent sans aucun doute. Mais, évidemment, il se passerait bien de ce genre de publicité, lui qui fuit toute expression d'une quelconque gloriole terrestre. Il le répète souvent, comme dans cette lettre à sa nièce

Véronique. « Tout cela me gêne un peu... je me sens presque coupable ! écrit le père Ceyrac. J'ai tellement peu fait moi-même. Ce sont eux, ces jeunes Indiens, qui font tout... Et ils mettent notre nom partout ! Ce n'est presque pas honnête. »

Il cherche le Seigneur dans le visage des pauvres. Et les pauvres, eux, le trouvent en lui.

CHAPITRE 14

« LA LAMPE DU CORPS, C'EST L'ŒIL »

Charles est mort. A soixante-dix huit ans, le quatrième frère Ceyrac s'est effondré au Salon de l'agriculture à Paris, d'une crise cardiaque. La veille, il était encore sur une échelle en train de tailler la vigne vierge de La Serre... Prévenu à Madras, le père Ceyrac saute dans un avion pour Paris. A son arrivée à l'aéroport de Roissy-Charles-de-Gaulle, un comité d'accueil quelque peu spécial l'attend. L'Elysée a, en effet, dépêché deux collaborateurs pour recevoir le prêtre.

Charles Ceyrac avaient des liens proches – et forts – avec Jacques et Bernadette Chirac. Les relations entre les deux familles seraient même plus anciennes, puisqu'il semble que le contrat de mariage des parents du futur président de la République ait eu pour notaire Me Paul Ceyrac. Charles fut « un des premiers supporters de Jacques », comme il disait souvent à Bernadette Chirac, qu'il a connue, avec son frère François, dès la première élection de celui-ci comme député d'Ussel en 1967. Agriculteur respecté et Corrézien truculent, maire de Collonges pendant trente ans et conseiller général du canton, Ceyrac avait pris en politique le sillage du leader néo-gaulliste. Puis, devenu président du conseil général de Corrèze, il se rapprocha de son épouse, élue du canton de Corrèze.

Bernadette Chirac conservera toujours une photographie de Charles Ceyrac dans son bureau de l'Elysée. Elle portait une sincère affection à cet homme doué d'humour et chaleureux, qui tutoyait tout le monde, aimait bien se mettre à table et défendait son terroir. Charles Ceyrac avait créé en 1982 l'Association des plus beaux villages de France.

Voici pourquoi, en ce début du mois de mars 1998, deux collaborateurs du chef de l'Etat guettent le père Ceyrac à Roissy. Ils ont pour mission de l'accompagner jusqu'à l'aéroport de Villacoublay où l'attend le président.

« Tout avait été calculé pour que mon mari puisse prendre le père Ceyrac à Paris et l'amène avec lui à Collonges-la-Rouge, se souvient Bernadette Chirac. Les deux collaborateurs de mon mari accueillent le père Ceyrac, puis, le temps d'un contrôle, ils le perdent de vue, et voilà que le père Ceyrac disparaît. Impossible de le retrouver. Collonges était noir de monde ; il était venu du monde de bien au-delà du département. On se demandait si le père Ceyrac allait arriver. Savez-vous où il se trouvait ? Il avait quitté Roissy avec son petit baluchon, il était parti à pied, il ne savait pas trop comment il allait rejoindre Collonges, mais il y allait, à la grâce de Dieu... »

A la grâce de Dieu... Un jour, dans un village du fin fond de l'Inde, un autre, dans un salon d'Europe pour – discrètement – obtenir des fonds pour les pauvres. Pierre Ceyrac a beau avoir près de quatre-vingt-cinq ans, il ne décroche pas. L'homme n'est pas du genre à prendre sa retraite, la vie est un bien trop précieux, et il a encore du travail. Le petit soldat de Dieu poursuit éternellement sa mission. Le voici dans l'avion entre Madras et Singapour où il écrit une lettre à sa nièce Véronique « en dégustant un verre de champagne (par fidélité au père John Bingham) », précise-t-il. Au milieu des nuages, il suggère, à l'occasion d'un rassemblement familial, la constitution d'« un petit "fonds" de famille (un petit fonds "Ceyrac" si tu veux) ». Le but ? « Elargir nos horizons jusqu'aux extrémités du monde... et aux plus pauvres des pauvres – c'est la seule manière, pour nous, d'être dignes de ceux qui nous ont précédés et à qui nous devons d'être ce que nous sommes aujourd'hui. » Et il conclut par ces lignes enflammées : « Nous survolons le golfe du Bengale et un peu de l'océan Indien, en route pour le détroit de Malacca, Singapour et les mers de Chine... Des mers que saint François Xavier a traversées, il y a cinq cents ans, sur des "caravelles". »

La lettre est longue, émouvante et convaincante. Sans doute trop au goût de son signataire. Car quelques heures plus tard, parvenu à destination, celui-ci adresse un nouveau message à Véronique – détail piquant : il a glissé les deux missives dans l'enveloppe. « Je viens de relire la longue lettre ci-jointe écrite dans l'avion Air India. Et j'ai failli la déchirer ! corrige le père Ceyrac. C'est trop long, trop sentimental... Garde-la pour toi. La famille a déjà été si généreuse pour moi. »

A petits pas, le père Ceyrac trace son chemin, poursuit sa mission. A l'automne 1998, il est en Thaïlande et au Cambodge pendant deux mois. « J'ai revu dans les prisons de Bangkok une cinquantaine de mes anciens réfugiés des camps de la frontière, écrit-il à l'abbé François Vayrac, curé de Saint-Martin à Brive-la-Gaillarde, le 20 décembre 1998. Ce sont des Vietnamiens – dont 12 enfants et 15 catholiques – qui pourrissent derrière des barreaux de fer, pour avoir refusé de rentrer dans un pays encore marxiste... Je leur ai promis de faire tout mon possible pour les faire sortir de cet enfer (ils y sont depuis dix ans !). Cela pourrait m'obliger à faire sans trop tarder un voyage rapide en France pour y rencontrer les “pouvoirs en place” – ministres et autres. » Quelques semaines plus tard, il est à Calcutta pour suivre, pendant huit jours, une retraite spirituelle avec son ami Jean Vanier, le fondateur du mouvement de l'Arche auprès duquel travaille sa nièce Odile, la fille de son frère Bernard.

Le temps semble ne pas avoir de prise sur lui. En l'an 2000, alors qu'il vient de se faire opérer pour la pose d'une prothèse de la hanche, il grimpe à Lhassa – 3 650 mètres d'altitude – visiter son compagnon des camps, le père John Bingham. Celui-ci a été envoyé par le père général des Jésuites en mission d'observation au Tibet. Les prêtres étant mal vus par les autorités chinoises, celui-ci vit à Lhassa sous une fausse identité, celle de *carpets dealer* – « marchand de tapis ». Ensemble, les deux missionnaires, en compagnie de deux autres pères jésuites, disent la messe dans une chambre minable en face du Potala – l'ancienne résidence des dalaï-lamas. Escapade mémorable – John ne cesse de morigéner son ami Pierre : « Ne parle pas si fort ! dit-il, les Chinois écoutent. »

Tant qu'il est capable d'avancer, il ne s'arrêtera pas. Pourquoi s'arrêterait-il ? « J'ai vécu une vie d'aventures et de risques, raconte le père Ceyrac. Je trouve qu'il y a quelque chose de très grand dans cette existence qui ne fut pas préparée à l'avance. Si tout est prévu, quel est l'intérêt ? Un cobra me pique, et, terminé ! Je n'ai plus que cinq minutes à vivre. C'est ainsi. De nos jours, dans les pays riches, tout est assuré. C'est l'une des faiblesses de nos sociétés actuelles : nous sommes trop pris en charge. Nous devons mettre une ceinture de sécurité et un casque, comme des enfants. Les gens sont prisonniers dans des cadres, des moules, des boîtes. Comme dans cette chanson anglaise qui parlaient des "*small boxes, pink boxes, blue boxes...*" Nous sommes tous placés dans des petites boîtes de couleurs différentes, et on n'en sort plus. Il faut se laisser porter, comme dans cette autre chanson anglaise, "*floating in the wind*", se laisser flotter dans le vent... »

Au printemps 2003, il est opéré d'une tumeur cancéreuse à l'oreille à Paris. L'intervention engendre des complications, il souffre, il doit être réopéré. La famille, ses amis s'inquiètent. Etendu sur son lit d'hôpital, le père Ceyrac semble épuisé, proche de la mort... Une seule visite rallume une petite flamme dans son regard. Celle de son vieil ami des camps cambodgiens, le professeur Alain Deloche. L'année précédente à Phnom Penh, le missionnaire a promis à celui-ci de l'accompagner en Afghanistan, pour la pose de la première pierre d'un hôpital destiné à accueillir les femmes et les enfants bâti par l'association *La chaîne de l'espoir* que dirige Alain Deloche et le docteur Eric Cheysson – par ailleurs, neveu de l'ancien ministre Claude Cheysson.

– Alors, Pierre, on va à Kaboul, hein ? lance Alain Deloche, en plantant son regard dans celui du père Ceyrac, alité.

Deux jours après sa seconde opération, le prêtre est dans l'avion affrété pour ce voyage humanitaire dont la qualité des participants est digne d'une visite d'Etat. Il porte un gros pansement sur l'oreille droite, il paraît très fatigué aux yeux de ses trente-cinq compagnons de voyage. Mais il ne se plaint pas. Il revit.

Dans ce Transall de l'armée, accoutré d'un gilet pare-balles qui lui semble peser des tonnes, le père Ceyrac admire par le hublot ce pays lunaire, avec ses pics, ses fossés immenses, ses sommets de montagnes qui culminent à cinq mille mètres d'altitude... Il s'étonne d'avoir vécu soixante ans en Asie sans connaître l'Afghanistan. Arrivé dans ce Kaboul tout juste libéré de l'emprise des talibans, son regard fouille partout. Il est malade, mais il enregistre. « La lampe du corps, c'est l'œil », dit Matthieu dans le Sermon sur la Montagne. Le père Ceyrac se transforme en reporter, comme en 1946 lors de sa traversée de l'Himalaya avec ses amis jésuites à dos de mules pour aller voir le Tibet... Il s'émeut de ce pays parmi les plus durs au monde, ce plateau sec sur lequel se trouve Kaboul, les dégâts incroyables dans cette ville en partie détruite par les bombardements russes et américains. Il regarde, il détaille les visages, il relève. Les Afghans sont aryens ; ils ont les yeux clairs – de type grec, pour nombre d'entre eux ; beaucoup d'hommes se rasent la barbe. L'éternel optimiste Ceyrac ne désarme jamais. Dans cet Etat naufragé, il s'attache aux notes d'espoir. Le nombre de voitures, l'importance des embouteillages – c'est un pays qui croît vite, se dit-il. La force de ce peuple courageux, en guerre depuis près de vingt-cinq ans, et qui a perdu dans les combats deux millions des siens. Deux millions de morts sur trente millions d'habitants... « Il y a quelque chose de fort dans cette race, on le voit, songe le missionnaire. Les Afghans forment un magnifique genre humain, enraciné dans une très vieille culture. Je suis dans l'admiration de ces gens... »

Avant de partir, il a laissé un petit message dans la pierre inaugurale de l'hôpital de Kaboul. Une phrase de Dostoïevski : « Sauver un enfant, c'est sauver le monde. »

Ce grand intuitif s'est toujours laissé guider par ses émotions. « Une vie sans émotions n'est pas une vie complète, souligne le père Ceyrac. Pour être un homme, il faut de la compassion, et la compassion est de l'émotion. Jésus a pleuré devant des foules qui avaient faim. L'émotion vient du fond des entrailles. Changer le monde nécessite d'en changer les structures iniques, injustes. Bouleverser les structures impose de bouleverser l'échelle des valeurs – tant que l'argent sera la valeur numéro un, les structures du monde resteront les mêmes. Et pour chambouler les valeurs, il faut de la compassion. Il existe donc trois échelons : compassion, valeurs, structures. Et le processus doit partir du fond des entrailles, de la racine de l'homme. »

De retour pour quelques semaines en France, pour bénéficier de soins médicaux et voir des amis, il revoit ses frères et sa sœur au cours de repas rituels – ils appellent cela « faire le carré », parce qu'ils ne sont plus que quatre, après la mort de Jacques et de Charles. Dans les petits salons de la maison jésuite de la rue de Grenelle où il loge quand il est à Paris, il reçoit des gens de toutes sortes. Voici Marann Pan, la rescapée cambodgienne – elle vit à Paris depuis 1993, grâce à son intervention. Elle se jette à ses pieds, elle lui baise la main.

– Oh ! Père Pierre...

La chaleur est écrasante dans la capitale française en ce mois de juin. Le père Ceyrac est pourtant emmitouflé dans un vieil imperméable gris, un pull bleu marine, une écharpe indienne. Il a l'air épuisé. Mais il s'amuse de la sensation qu'a produite cette actrice superbe, Aishwarya Rai, ex-reine de beauté et star à vingt-neuf ans, des studios de cinéma indiens – que l'on surnomme Bollywood – lors de son irruption quelques jours plus tôt au Festival de Cannes. Les grands yeux vert-bleu sublimes d'Aishwarya Rai ont envoûté la France... Ce regard, il le connaît, il l'a vu récemment sur une publicité en Inde. Le slogan disait : « Quand je mourrai, je voudrais que l'on donne mes yeux à quelqu'un qui en a besoin. » Il s'illumine quand il parle des yeux d'Aishwarya. C'est la beauté de l'Inde qui s'affiche, qui conquiert le monde ! Mais la beauté qui émeut le plus l'homme de compassion, évidemment, est plus discrète. C'est celle de ces femmes que l'on aperçoit au bord des routes indiennes transportant sur leurs têtes de lourds sacs, s'arrêtant parfois pour poser leur chargement sur des petits portiques en pierre que l'on dénomme *soumei tangui* – ce qui signifie en tamoul les « porteurs de fardeaux »... Elles assument le quotidien, la maison, la responsabilité de la vie. Elles portent l'âme de l'Inde. Comme il les trouve belles ces femmes pauvres dans leurs saris de coton qui sont peut-être moins voyants que les saris en soie des riches mais que, lui, juge plus jolis... Le père Ceyrac pourrait en parler des heures. Il a toujours goûté la compagnie des femmes. « J'apprécie beaucoup la beauté, et les femmes représentent quand même dans le monde la beauté ! s'exclame-t-il. J'ai aimé quelques femmes, mais l'idée ne m'est jamais venue de quitter la vie religieuse pour l'une d'entre elles. Je reste très proche de nombreuses femmes, jeunes ou âgées. Elles ont en elles tant d'amour, de douceur, de tendresse... »

*

A Chennai-Madras, il a retrouvé son « quartier général » du Loyola College, la solitude de sa minuscule chambre de jésuite, au premier étage, sous les arcades de la résidence. Une petite porte bleue surmontée d'une pancarte : « F. P. Ceyrac, s. j. ». Un simple lit en fer avec des barres sur lesquelles sont suspendues quelques étoles. Une bibliothèque en tourniquet où les écrits de Gandhi voisinent avec quelques livres de témoignages et des Ecritures saintes. Une tablette à droite sur laquelle est posé un ordinateur. Les pales du ventilateur tournent. Sur son bureau, des piles de lettres attendent...

Les mendiants patientent devant la résidence. Il a préparé deux enveloppes pour deux femmes. Il leur donne à chacune, discrètement, derrière un pilier. L'une se prosterne pour le remercier, en lui touchant les pieds. Un vieil homme très maigre le poursuit jusque dans sa chambre. Il reste devant la porte fermée. Il ne veut pas partir. Le vieillard gémit, tombe à genoux les mains jointes en prière. Le père Ceyrac le rabroue. L'homme est déjà venu dix fois. Sa fille a un cancer, il apporte toujours les factures de l'hôpital au prêtre. A chaque fois, le père Ceyrac règle ; à chaque fois, l'homme dit qu'il ne reviendra plus ; à chaque fois, il revient.

Une fois de plus, le père Ceyrac donne au vieil homme. Peut-il agir autrement ? « A travers ces pauvres gens, c'est Jésus-Christ qui vient frapper à ma porte », dit-il. Il est le seul prêtre de Loyola à faire l'aumône ainsi aux mendiants – ce n'est pas dans les coutumes indiennes. Il ne peut pas faire un pas sans que les pauvres s'accrochent à lui, implorent. Comment résister ? « Regarde cette femme qui me suivait hier pour me demander de l'argent, elle vit avec huit euros par mois pour nourrir trois enfants ! La pauvreté tue. Une fois que ces gens ont payé le loyer, il ne leur reste plus d'argent pour acheter de l'eau minérale ou même du charbon ou du bois pour faire bouillir de l'eau. Ils boivent de l'eau croupie, et ils meurent. »

II est harcelé par la pauvreté. Chaque fois qu'il donne à l'un, dix, vingt, plus parfois suivent... Comment lutter contre un système qui produit autant de misères ? Quelques hommes ne peuvent pas porter sur leurs épaules les faillites d'un système global, politique. « L'Inde a suffisamment de denrées pour nourrir l'ensemble de sa population, constate le père Ceyrac. Mais des hommes meurent de faim à cause de la mauvaise distribution. Des tonnes et des tonnes de marchandises pourrissent dans les entrepôts. On exporte du riz, des légumes frais, des tomates, des oignons qui sont très prisés dans la cuisine indienne. »

Il y a quelques années, un homme est venu un soir, comme les autres, au Loyola College, frapper à sa porte, pour lui demander de l'argent, une grosse somme – cinq à dix mille roupies. Il a refusé. Le lendemain, c'est le frère de cet homme qui est venu. Pour lui dire que celui-ci s'était immolé par le feu. Personne ne connaît la motivation exacte de son acte. Mais l'homme est mort dans des souffrances atroces ; l'agonie a duré trois jours. Le père Ceyrac est allé le voir à l'hôpital, puis il a pris en charge toute la famille. Il n'a jamais oublié le visage de cet homme. Il lui revient en mémoire chaque fois qu'il est obligé de refuser de l'argent à un mendiant.

CHAPITRE 15

JUSQU'AU DERNIER SOUFFLE...

« Je vais m'asseoir sur cette chaise, d'ici, je suis moins en vue... » Ce 25 novembre 2003, en fin d'après-midi, la foule se presse dans les salons du palais de l'Elysée. Le père Ceyrac se faufile au milieu du monde, recherchant la discrétion. C'est pourquoi il a visé cette chaise en retrait, derrière le pupitre présidentiel, entre deux huissiers. Mais, malgré ses efforts, impossible pour lui de passer inaperçu. Ce jour-là, le missionnaire reçoit, des mains de Jacques Chirac, un prix décerné par un jury prestigieux d'intellectuels, de sommités scientifiques, d'hommes politiques de premier plan.

L'Elysée a déployé ses fastes, mais le père Ceyrac n'a pas changé ses habitudes. Il porte ses éternels vêtements – pull bleu marine, châle indien, pantalon beige rapiécé, baskets... Le prêtre ne prise pas – on s'en doute – ce genre de cérémonie, les médailles, les prix, les distinctions... A chaque fois, son humilité est mise à l'épreuve. « Si vous voulez vivre comme des justes, évitez d'agir devant les hommes pour vous faire remarquer », dit l'évangéliste Matthieu dans le Sermon sur la Montagne.

Le père Ceyrac voulait se faire discret, on est venu le chercher pour l'installer au premier rang, aux côtés de sœur Emmanuelle. Dans un long et vibrant hommage, la voix caressante, le président de la République retrace les grandes étapes de la vie du missionnaire, célèbre son engagement au service de l'humanité, son universalisme, sa noblesse. Et achève son discours en disant : « Vous êtes un homme qui permet l'avenir, conscient comme Camus que "si l'homme échoue à concilier la justice et la liberté, alors il échoue à tout". »

Au fur et à mesure de l'éloge, l'intéressé s'enfonce dans son fauteuil, la tête baissée vers ses chaussures. Que répondre à tant de compliments ? Le père Ceyrac se lève, timidement. La veille encore, il était hospitalisé, ses proches ne savaient pas si son état de santé lui permettrait de participer à cette cérémonie...

D'une voix douce, il improvise : « Je ne suis pas très à l'aise dans la splendeur de l'Elysée... » Il marque un temps. « Nous acceptons ces distinctions au nom de ceux que nous représentons... »

Sa voix est prise par les sanglots. « ... Je reçois ce prix au nom des centaines de milliers d'Indiens, les *dalits*, mes frères... Nous ne luttons pas pour les droits de l'homme, nous luttons pour le droit d'être un homme. Il est de notre devoir d'étendre sans cesse les espaces de l'amour et de la charité, comme le proclamait saint Augustin. »

L'homme est plus à l'aise dans la poussière d'un village perdu de l'Inde ou d'un camp de réfugiés que dans un salon à la moquette profonde ou au parquet ciré. Mais il sait glisser avec dextérité dans ces lieux policés. Il a le talent de se muer quand il le faut en homme du monde. Il maîtrise les codes, le langage, les réseaux de l'élite – par son éducation familiale et jésuite. Il respecte l'étiquette – c'est son côté « vieille France ». S'il apprécie la compagnie des puissants – pour défendre ses causes – il les sollicite peu. La plupart du temps, ce sont eux qui viennent à lui... « Le père Ceyrac sait que ma porte lui est ouverte, et qu'il trouvera toujours un appui dans cette maison », affirme ainsi Bernadette Chirac. Quand elle sait qu'il est à Paris, l'épouse du président français demande souvent à le rencontrer. « Je pense que le père Ceyrac est un homme très rare qui pourrait être un jour béatifié, souligne Bernadette Chirac, qui n'a jamais fait mystère de son catholicisme. Il suscite l'adhésion, il entraîne derrière lui. Dans son regard d'ascète très maigre, on lit sa foi, sa générosité, le cœur, l'esprit, sa volonté de servir les pauvres. Il va jusqu'au bout du don de soi, jusqu'aux limites de la santé. »

Sur sa route, cet homme a croisé des papes, des hommes d'Etat, de hautes figures historiques, des grands noms de l'aristocratie et de l'industrie. De temps en temps, sans en avoir l'air, par habileté ou pour s'amuser, il lâche ici ou là, au cours de la conversation, un nom. Mais il a toujours su garder distances et discrétion, sans jamais perdre de vue son objectif de missionnaire. « Pierre est un homme très puissant dans le monde, relève son ami jésuite indien, le père Claude D Souza. Sa vie même prouve que le pouvoir ne consiste pas seulement en une collection de diplômes ou un portefeuille bien garni. Jésus-Christ était un homme de pouvoir : il n'avait rien, mais les gens venaient à lui. »

Pourquoi ce prêtre qui ne possède rien fascine-t-il

autant de personnes qui ont tout ? « Le père Ceyrac est un homme écorché vif doté d'une telle force, d'une telle puissance, d'un tel charisme... Même si vous ne croyez pas aux saints, vous êtes convaincus d'être face à quelqu'un qui appartient à une catégorie différente des autres », dit le journaliste et écrivain Franz-Olivier Giesbert, assurant que le missionnaire compte parmi les trois ou quatre rencontres qui l'ont le plus impressionné au cours de sa vie. « Je retrouve dans Ceyrac certains traits de caractère du sculpteur Alberto Giacometti qui m'avait beaucoup marqué quand j'étais adolescent, poursuit-il. Comme Giacometti, Pierre Ceyrac poursuit son but en vivant en dehors de la réalité du monde, du moins de notre réalité à nous. Il ne pense jamais à lui, il ne s'intéresse jamais à lui. C'est un être qui se consume pour les autres. On sent bien à sa façon de parler qu'il est ici, mais ailleurs en même temps. »

Mais qui est-il donc ce père Ceyrac ? La catholique Bernadette Chirac le compare à un « apôtre », le protestant Alain Deloche le perçoit comme un « grand messager de l'homme, pas loin de Camus », l'athée Bernard Kouchner en fait un « chevalier de l'aventure humanitaire »...

Le missionnaire est – évidemment – tout cela. C'est la force du père Ceyrac. Chacun, d'où qu'il vienne, quel qu'il soit a l'impression de se retrouver en lui. « Sa vie est une pédagogie de l'écoute de l'autre, il semble toujours avoir le temps, ne paraît jamais dérangé », relève une femme qui le connaît bien, catholique engagée, Odile de Sinety. Il est disponible pour tous, mais il ne dérogera jamais à sa ligne de conduite : secourir les plus faibles. Le père Ceyrac est capable de faire patienter un ministre pour rester au chevet d'une amie qui se meurt. Ou de refuser le report d'un rendez-vous avec un chef d'Etat – le président Mitterrand – parce que des pauvres l'attendent à l'autre bout de la planète. « C'est un homme qui ne s'appartient pas, qui se dépouille en permanence de son être, de son identité, de ses idées pour répondre à la demande, et souffrir avec les pauvres », admire son ami jésuite, Maurice Joyeux. Malgré son âge, et deux cancers qui l'accablent, il continue de filer à travers le monde, comme le vent. Un jour, on le croit mort, on commence à murmurer autour de lui... Quelques heures plus tard, il paraît étonnamment vivant, et ses amis recommencent à rire de ses facéties de gamin qui jongle avec la planète... « Il n'est pas un surhomme, pas un illuminé, pas un fanatique, mais il est un être à part, insaisissable, qui ne correspond ni aux règles, ni aux intérêts du monde », note le journaliste chrétien Paul de Sinety, qui l'a suivi pendant des mois sur les routes de l'Inde.

Où court le père Pierre Ceyrac, prêtre missionnaire jésuite ? Le voici qui sort du Loyola College, à Madras. Il traverse le carrefour encombré de voitures, de motos, de *rickshaws*. Il tente de se frayer un chemin dans la déferlante, en agitant un petit mouchoir blanc. Il a ressorti une vieille soutane blanche, qu'il porte le col ouvert. Ce soir, il est invité à une réception sur le bateau de commandement de la flotte française de l'océan Indien. Il monte dans un *rickshaw*. Le bruit est assourdissant, la touffeur terrible, écrasante. Le chauffeur se faufile avec dextérité dans les embouteillages, il se perd, il ne trouve pas le quai sur lequel est amarré le bateau. Le missionnaire s'agite dans tous les sens, demande son chemin, en présentant son carton d'invitation aux armes de la République française sous le nez d'un policier, bombant la poitrine dans sa soutane : « *We are from Loyola College, we are looking for French Navy* ! »

Il aime circuler d'un monde à l'autre, rencontrer des gens de toutes sortes, solliciter l'imprévu, l'aventure... Le père Ceyrac n'est pas un puritain pudibond. Il sait jouir de la vie. Il se faufile avec aisance dans des univers aux antipodes les uns des autres. Mais il n'est jamais aussi bien que dans les villages du sud profond de l'Inde, parmi les pauvres, ses frères... D'ailleurs, il dit toujours « nous » en parlant d'eux. Nous, les éboueurs, nous, les lépreux, nous, les intouchables, nous, les réfugiés... « Je suis chez moi chez les pauvres », résume-t-il.

Le voici en route vers Pondichéry. Il descend par l'East Coast Road, la paisible route neuve du Sud, calé dans la banquette arrière de l'Ambassador blanche. Sur le chemin, il s'arrête dans ce village dénommé naguère Sadras – et, aujourd'hui, *New Town* – et dans lequel avait eu lieu le premier chantier qu'il avait organisé avec des étudiants en Inde. Il prend un petit verre de thé – cette pause est un rituel pour lui. Un mendiant, au torse nu, le teint poussiéreux et la barbichette en pointe, est assis par terre au milieu des voitures, des motos, des bus, de la foule des passants. Malgré le trafic, il ne bouge pas d'un pouce. Le prêtre s'approche, tend à l'homme dix roupies, et lui touche la tête. « Il faut toujours toucher la tête des mendiants et des lépreux parce qu'ils sont considérés comme des intouchables », lance-t-il.

Le va-et-vient urbain continue, les motos arrivent, les passants se pressent et heurtent parfois le mendiant. Celui-ci ne cille pas. « As-tu vu sa dignité ? », admire le père Ceyrac.

Le missionnaire remonte dans l'Ambassador. La voiture redémarre, il baisse la vitre, penche sa tête par la fenêtre, et ferme les yeux, se laissant caresser par le vent. Après quelques kilomètres, il arrive dans l'un des nouveaux centres qu'il a contribué à bâtir avec les dons qu'il reçoit. Dans cet endroit très paisible, au bord d'un fleuve calme et à portée de vue du golfe du Bengale, sont formées les six cents jeunes filles qui s'occupent des enfants de Kalei.

Le père Ceyrac marche de long en large au long du fleuve, il hume l'air. Il a voulu baptiser ce lieu d'une expression tamoule qui signifie l'« endroit de la brise de mer ». Comme cette brise légère dont parle Isaïe dans la Bible... « Il y eut des éclairs, et Dieu n'était pas là, un tremblement de terre, et Dieu n'était pas là, puis, il y eut une brise légère, et Dieu apparut... », proclame le prophète. Trois jeunes filles, sourires aux lèvres, sautent au cou du vieux père : « Father ! Father ! »

– Ce sont elles qui font marcher le monde ! s'exclame-t-il, joyeux.

A intervalles réguliers, sur la route, il s'arrête dans un village, un orphelinat ou un centre social. Des dizaines d'enfants se précipitent, lui prennent les mains, l'enlacent, le caressent. « Father ! », « Apa ! » (Papa). Dans une école, ils sont des centaines en uniforme, en rangs, qui le saluent et chantent pour lui. Il les reçoit avec une infinie douceur dans les gestes. Il ferme les yeux, tend le cou, comme dans un moment extatique, ouvre les mains, et marche flanqué, de part et d'autres, d'une grappe d'enfants...

Il remonte en voiture. Il poursuit sa route vers le sud du Tamil Nadu, jusqu'à son refuge, la ferme de Manamadurai qui, sous la direction du dévoué Thanappan, poursuit son expansion tous azimuts – autour d'elle, se créent des fermes coopératives, des centres sociaux, des écoles, un système de micro-crédit... En chemin, il s'arrête au centre du père Anthony Raj, et rend visite aux médecins, infirmières et malades du petit Ceyrac Hospital voisin... Ce jour-là, une femme de vingt-six ans vient d'être opérée parce qu'elle portait une tumeur de six kilogrammes et demi dans le ventre – elle avait accouché de son second enfant, les médecins croyaient qu'elle était à nouveau enceinte... Son bébé dort au pied de son lit, par terre. Le corps médical ignore les causes de la tumeur... Penché à son chevet, dans une chambre dénudée et sombre, le père Ceyrac, tenant sa main dans la sienne, lui prodigue des paroles douces en tamoul, la jeune malade sourit...

Il est, il sera éternellement « *a man for others* » – « un homme pour les autres ». Chaque été, il continue d'accueillir des dizaines de jeunes Français, sur des chantiers. Certains même reviennent d'une année sur l'autre. A l'image de ces trois jeunes Corréziennes – qui en sont à leur troisième séjour –, fascinées par cet homme « pétri d'émotions, toujours en vadrouille, jamais au même endroit trois jours de suite et qui, à son âge, est capable de parcourir cinq cents kilomètres en train pendant dix-sept heures juste pour nous voir, donner quelques roupies et piquer un roupillon sous les arbres... ».

Le sourire rayonnant et l'enthousiasme juvénile du vieux missionnaire font venir à lui garçons et filles de vingt ans. « Quand on croise cet homme, il vous donne des ailes, on se sent porté par son élan ; le père Ceyrac dit souvent : "Il faut réaliser ses rêves, mais qu'est-ce qu'un rêve ? Il faut rêver ses rêves" », explique cette jeune Parisienne, Maud Pichard qui a passé six mois en Inde à ses côtés.

A Madras, les jeunes coopérants se repassent l'adresse du missionnaire avec ce conseil : « Si vous avez un coup de déprime, allez le voir ! ». Et c'est ainsi que chaque semaine apporte son lot de nouvelles têtes, sa cure de jouvence... Le père Ceyrac aime à évoquer la petite histoire de lord Curzon qui, nommé très jeune – à vingt-cinq ans – vice-roi de l'Inde, en 1910, voit défiler devant lui tous les plus grands dignitaires du pays. Ceux-ci, au vu de son jeune âge, lui disent : « Nous sommes venus mettre notre expérience à votre service. » A chacun, Curzon rétorque : « Mais, non, vous vous trompez : c'est moi qui suis venu corriger votre expérience. » Le père Ceyrac a à sa disposition des dizaines de petits Curzon. Il a repris à son compte la maxime du jeune aristocrate anglais. « Je l'utilise souvent, dit-il. Les jeunes sont en effet là pour *corriger* mon expérience. Un vieux croit toujours qu'il sait tout... »

« On ne passe jamais deux fois le chemin de la vie. » La Vie ! Cet homme âgé qui s'est retrouvé aux prises avec les souffrances et les pires horreurs terrestres continue de répéter à satiété qu'« il faut regarder la beauté du monde » et que « personne ne résiste à l'amour ». Il le dira, il le vivra, jusqu'au dernier souffle... « Même chez les plus grands criminels, il reste toujours une facette qui est le reflet de Dieu, affirme le père Ceyrac. A Paris, on m'a fait venir un jour dans une prison où étaient enfermés des condamnés à mort. Je rentre dans l'enceinte, les portes métalliques se referment derrière moi. Une quarantaine de ces hommes se tiennent rassemblés, devant leurs cellules. Tous sont des assassins. Eh bien, tous m'ont donné ce qu'ils possédaient pour les pauvres... Je me souviens aussi de ce prisonnier à Bordeaux, un grand criminel, qui m'envoyait des timbres en dons parce qu'il ne pouvait pas posséder d'argent. Je crois profondément que l'amour est toujours plus fort que la haine. Et que nous les hommes sommes des machines à aimer la beauté ! Quand nous parviendrons à aimer, les problèmes de la planète se résoudront. "Tellement de gens meurent de froid dans le monde parce que nous ne brûlons pas d'amour", dit l'écrivain François Mauriac. C'est une belle phrase, non ? »

L'homme du mouvement ne relâche pas prise. Chaque matin, après la prière aux aurores, il jette un coup d'œil aux nouvelles du jour, dans *The Hindu*, il répond à son courrier – postal ou électronique. Puis, il établit le programme de sa journée... Et il part sur le terrain. Un voyage, une visite dans un bidonville ou un hôpital, des rendez-vous avec des solliciteurs. L'heure de la retraite n'a pas sonné. Sonnera-t-elle d'ailleurs un jour ? Quand Anne d'Autriche demandait à saint Vincent de Paul : « Monsieur Vincent, que pouviez-vous faire de plus ? », celui-ci répondait : « Davantage, Madame ! » le père Ceyrac, lui, dit : « J'aurais pu faire mieux, et plus. »

Homme de fluidités, il s'est toujours projeté dans

l'avenir, épousant la grande course du monde, refusant de s'appesantir sur les souvenirs – « Le passé ne m'intéresse pas, affirme-t-il. Si je vivais dans le passé, je ne ferais rien. Je ne suis jamais revenu dans un endroit où j'ai travaillé. J'ai bâti avec mes étudiants des milliers de maisons, d'hôpitaux, d'écoles, je retourne rarement les revoir. » Au soir de sa vie, il ne déserte pas les champs de bataille. Mais il éprouve de plus en plus un sentiment nouveau pour lui : la nostalgie. Ainsi, au cours d'un séjour à Paris, a-t-il soudain exprimé l'envie, alors qu'il sentait la mort approcher, d'aller voir Verdun. Pour visiter ces tranchées symboles de cette Grande Guerre où son père était parti combattre l'année même de sa naissance... Ce voyage était une sorte de pèlerinage, comme un retour aux sources, au commencement. Voir Verdun, et mourir...

C'était un jour d'automne. Il faisait un froid glacial, le ciel était bas, gris et verdâtre, quelques rayons de soleil se faufilaient par endroits à travers les nuages pour éclairer la vallée. Au Chemin des Dames, emmitouflé dans son manteau, le père Ceyrac remontait les allées couvertes de petites croix blanches, lisant à voix haute les noms gravés sur chacune d'entre elles, puis les bénissant une à une. « Tout Français devrait voir Verdun », avait-il dit à ses compagnons. Au cœur de ce froid humide d'automne, le père Ceyrac avait pleuré en pensant à son père, dans ces tranchées sinistres. Celui-ci ne faisait pas partie de la « chair à pâté » comme il disait, mais cet homme bien en chair de la Corrèze, ce notable respecté avait passé de longues heures ici, les pieds dans la boue, humilié, comme des milliers d'autres. L'horreur de la guerre était là, intacte, dans ces fossés, ces petites croix blanches, ces baïonnettes dont on voyait simplement les pointes dépassant du sol. Le missionnaire imaginait, à l'autre extrémité, dessous, les hommes qui les brandissent... « Ces soldats sont morts debout, pour nous », s'était-il ému devant ses compagnons. Et comme par magie, du fort de Douaumont dominant les hauts de Meuse, en hommage à un chef d'Etat étranger en visite ce jour-là, avait retentit, dans le silence de la vallée, une sonnerie aux morts...

Dans cette ambiance, on aurait presque pu entendre la voix de Pierre Teilhard de Chardin, le grand maître jésuite que Pierre Ceyrac admire. Cette voix qui raconte la « nostalgie du front » : « Je suis monté, au crépuscule, sur la colline d'où l'on découvre le secteur que nous venons de quitter, et où nous remonterons sans doute bientôt, écrit Teilhard de Chardin. Devant moi, au-delà des prairies, voilées de brume naissante, où les coudes de l'Aisne font des taches laiteuses, la crête dénudée du Chemin des Dames se détache, nette comme une lame, sur le couchant doré, moucheté de *drachen.* De loin en loin, une torpille fait jaillir un tourbillon de fumée silencieuse.

« Pourquoi suis-je ici ce soir ?

« En ligne, j'ai peur des obus, comme les autres. Je compte les jours et je guette les symptômes de relève, comme les autres. Quand on "descend", je suis aussi joyeux que personne. Et il me semble, chaque fois, que, ce coup-ci enfin, je suis rassasié, saturé, des tranchées et de la guerre. Pas plus tard que cet après-midi, je buvais encore la joie de revivre, sans arrière-pensée, au sein de la nature inoffensive. Je savourais le bonheur de m'allonger sous les arbres, et de laisser se mirer leur feuillage dans un esprit totalement détendu, en pleine sécurité.

« Et me voilà revenu, comme chaque fois, instinctivement, face au front et à la bataille !... »

Combattant, le père Ceyrac le sera toujours. Mais l'âge, évidemment, se fait sentir. Installé au Loyola College depuis 1952, l'homme est – et depuis longtemps – le dernier missionnaire occidental de Madras. La province de sa Compagnie, qui dépendait de celle de Toulouse en France à son arrivée, est maintenant administrée par des Indiens. Signe d'évolution, le secrétaire de Loyola est un chrétien *dalit*. Le père Ceyrac est toujours chez lui ici. Mais il ressent de plus en plus un écart culturel. Malgré ses efforts, son engagement poussé dans le développement de l'Inde, son sentiment profond d'être indien, il restera toujours un étranger... La couleur de sa peau est différente, ses racines sont en France, on ne rompt jamais avec sa culture antérieure.

Quand il est à Madras, il sort peu le soir, sauf pour aller dîner de temps en temps chez son avocat, l'un de ses anciens étudiants, Dharma Sanjeevi. La vie à Madras lui pèse de plus en plus. Là-bas, il est poursuivi, harcelé, chaque jour, par la misère... Il se rend bien compte que le monde, ce monde qu'il a parcouru de long en large lui échappe. Quand il est arrivé en 1937 à Madras, il y avait très peu de voitures, aujourd'hui traverser le carrefour en face du Loyola College peut lui prendre dix bonnes minutes tant le trafic est dense. Pas un jour ne passe sans qu'un nouvel immeuble sorte de terre dans cette ville qui, comme la plupart des grandes métropoles d'Asie, ressemble à un gigantesque chantier à ciel ouvert. Sur la route de Pondichéry, au milieu de la campagne indienne, des sectes évangélistes américaines se sont installées à grand renfort de dollars dans des baraquements aux allures de camps retranchés ultra-modernes...

Le missionnaire s'inquiète pour l'avenir de l'Inde. « La pauvreté ne s'étend pas, mais elle s'approfondit, soupire-t-il. Les salaires des pauvres n'augmentent pas, mais le prix du riz a triplé en trois ans. Des paysans se suicident quand les moissons sont très mauvaises. » Que va devenir ce pays confronté au déferlement de l'argent et de la culture globale dont il était jusqu'à présent préservé ? Le père Ceyrac craint la dissémination des valeurs que porte ce mouvement irrésistible, et son contrecoup : le repli identitaire. Le nationalisme hindou gagne toutes les strates de la société. L'administration délivre maintenant au compte-gouttes les visas aux missionnaires étrangers. Des prêtres, des religieux, des religieuses sont menacés, enlevés et parfois même assassinés, parce que chrétiens... Qui se souvient encore en Inde de ces pères et sœurs qui, pourtant, ont payé leur tribut au développement de cette terre et au secours de son peuple ? Certains de ces « broussards », ces obscurs fantassins de Dieu qui ont fait la légende des missions jésuites, sont enterrés dans un petit cimetière d'un faubourg ombragé de la ville de Madurai, tout près d'une cathédrale et d'une maison bâties pour la Compagnie par des pères français.

Pierre Ceyrac n'était jamais revenu ici depuis de longues années. Il pousse la petite grille rouillée. Le long d'un muret décrépi, les mauvaises herbes ont envahi les tombes, aucune fleur n'a été déposée, et le temps efface peu à peu les noms sur les croix. Un adolescent, en quête de fraîcheur, lit un livre assis sur une pierre tombale. Le père Ceyrac saute d'une sépulture à l'autre, déchiffrant les identités. Il a connu presque tous ces hommes. « C'étaient des types tous ces vieux broussards ! s'exclame-t-il. Ils ont souffert, ils ne sont jamais revenus chez eux... » Il cherche la tombe de son oncle. En passant, des souvenirs lui reviennent... Des visages, des histoires enfouis. « Ah ! Le père Céré ! Il est mort dans mes bras celui-là, il s'est évanoui dans la voiture. Je venais d'arriver en Inde, je l'ai enterré... » Morère : « Un grand missionnaire, lui ! » Issartel : « Il venait du Puy, en France. Il était tout jeune. Un jour, dans la montagne, il avait dormi dehors avec pour seule protection sa moustiquaire. Un tigre avait surgi, tourné trois fois autour de lui ; Issartel croyait que sa dernière heure était arrivée, puis le tigre était reparti, pensant sans doute que la moustiquaire était un piège... » Voici l'endroit où a été inhumé son oncle Charles. Ou plutôt, comme on peut lire – avec peine, les lettres sont presque effacées : Carolus Ceyrac – mort le 23 juin 1942. Il avait soixante-treize ans...

Le père Ceyrac masque son émotion en en rajoutant dans l'agitation. Il se laisse prendre en photo devant la tombe de son oncle, sourire aux lèvres. « On fait une petite prière ! » lance-t-il. Quelques instants de recueillement. Un rapide signe de croix. Et il repart. Laissant, derrière la petite grille rouillée et le muret décrépi du cimetière des missionnaires de Madurai, ces broussards qui ont chacun sacrifié leur vie à Dieu et au peuple de l'Inde et qui, maintenant, gisent ici pour leur repos éternel, dans l'oubli. A quelques centaines de mètres, au cœur de cette ville de Madurai, se trouve l'un des plus célèbres temples hindous d'Inde, gigantesque labyrinthe de galeries dans lequel s'entremêlent, en une féerie colorée divinités, animaux, marchands, badauds, processions de croyants fervents qui défilent, simplement ceints de *dhotis* autour des reins, les torses nus enduits de signes, dans un nuage d'encens...

*

Qu'est-ce que la foi sinon le témoignage ? Le père Pierre Ceyrac, prêtre missionnaire jésuite parti de France pour l'Inde en 1937, aura toute sa vie durant servi, comme au premier jour, ce en quoi il croit non par des bonnes paroles mais par une action permanente, quotidienne. Il se sera donné tout entier, de manière absolue, dans cette mission. Jour après jour, animé d'une sincérité et d'une force de conviction intactes, cet homme continue de « chercher le visage du Seigneur » à travers celui des autres, tous les autres, quels qu'ils soient, misérables ou puissants, catholiques, protestants, hindous, bouddhistes, musulmans ou juifs, croyants ou incroyants, d'Orient ou d'Occident...

Maintenant il aspire au repos. Lui qui a souvent avoué souffrir de solitude culturelle en Inde, cet « invraisemblable enfouissement » dont parlait le père Montchanin, voudrait achever sa vie dans le silence et la prière. S'enfermer dans une cellule de chartreux d'un monastère des Alpes françaises. Rejoindre le monde clos de cet ordre dont les règles de fonctionnement ont peu changé depuis sa fondation par saint Bruno, en 1084, sans possibilité ni de sorties ni de visites. Après tout, en Inde, il s'est souvent perçu comme un contemplatif en liberté... Lui qui a passé sa vie sur les routes, dans un mouvement perpétuel, à l'écoute du monde, souhaiterait finir à l'écart, dans l'ombre de la terre mais dans la lumière du ciel. Devenir moine. Et regarder Dieu en face.

Souvent la nuit, au Loyola College de Madras, quand tout le monde dort, le père Pierre Ceyrac se relève, sort à pas de loup de sa petite chambre austère et arpente les couloirs déserts de la résidence, sous les arcades qui ouvrent sur le patio. Dans la nuit étoilée et chaude, à peine troublée par le bourdonnement lointain du trafic de la ville, le vieux missionnaire prie en marchant, son Bréviaire ouvert dans une main, son chapelet dans l'autre. « On parlait de lui de plus en plus, disait l'évangéliste Luc à propos de Jésus. De grandes foules accouraient pour l'entendre et se faire guérir de leurs maladies. Mais lui se retirait dans les endroits déserts et il priait. »

ÉPILOGUE

Les écureuils gambadent dans les allées ombragées du Loyola College de Madras. Ils portent sur leur pelage de fines rayures horizontales – la marque de la main de Vichnou, dit la légende. De jeunes garçons et filles déambulent ou discutent sur des bancs, sous les arbres, des dossiers et des livres à la main. Des hommes et des femmes courent, en tenues de sport. Ils sont des dizaines chaque matin et chaque soir à souffler, ahanner, soupirer, suer de la sorte. Les riches enfants de l'Inde prospère viennent évacuer leur stress et perdre leurs kilos superflus dans le dédale de Loyola. Pendant ce temps, l'autre Inde, celle qui va pieds nus et en loques, se faufile avec discrétion à travers les mêmes allées, en rasant les murs des maisons. Derrière les piliers de la résidence des prêtres jésuites, les mendiants guettent une aumône.

Dans ce microcosme de fraîcheur, à l'écart de la ville encombrée, L'Inde grasse et l'Inde maigre se croisent, sans à aucun instant se regarder – chacun suit son *karma*. Au long des allées de ce collège bâti par l'Empire britannique, en un face-à-face qui paraît indécent à l'étranger mais naturel à l'autochtone, se côtoient l'Inde des conquérants, celle des milliardaires de l'informatique, et l'Inde des laissés-pour-compte, celle des miséreux des *slums* de Madras. L'incommensurable richesse et la pauvreté abyssale de ce pays. Chaque jour, en sortant et en rentrant chez lui, le père Pierre Ceyrac a sous les yeux une photographie instantanée de ce qui fut la lutte de sa vie. Bien plus, ce fossé entre ceux qui ont tout et ceux qui n'ont rien est presque une vue caricaturale de l'état de la planète. Que se passera-t-il demain ?

« Cet écart se creuse, s'inquiète le vieux missionnaire. Notre monde manque de plus en plus de compassion. Les gens riches savent que d'autres meurent de faim. Mais que font-ils pour eux ? Ils n'ont pas l'air de réaliser ce qu'ils pourraient accomplir avec les ressources qu'ils détiennent. Ils commettent ce que nous appelons en théologie les péchés d'omission. Voilà le plus angoissant pour moi. Les nations ultra-modernes décollent à toute allure et ne se préoccupent pas des trois quarts de l'humanité qui traînent derrière. Combien de personnes riches sur la planète pensent à donner 10 % de ce qu'elles possèdent aux pauvres ? Le partage est l'enjeu vital pour l'avenir de notre planète. Nous risquons aujourd'hui la tragédie. Certains ont tout, et l'immensité du monde n'a rien. Un jour, cela pourrait craquer. »

Demain, à l'arrière d'une Ambassador, il quittera Madras. Peut-être prendra-t-il l'East Coast Road, la belle et paisible route buissonnière qui longe le golfe du Bengale. Ou peut-être suivra-t-il l'ancienne route, plus commerciale et fréquentée, sur laquelle voitures, camions, carrioles, motos, piétons, animaux avancent de front, frisant à chaque fois la collision – le voyage lui rappellera des souvenirs... Il ne sait pas, il choisira l'itinéraire au dernier moment. Il s'enfoncera dans la banquette confortable de la vieille voiture anglaise, il baissera la vitre de la fenêtre et il fermera les yeux. Tranquillement, se laissant bercer par le roulis et une brise chaude, jetant par moments un coup d'œil à la foule du petit peuple de l'Inde, il descendra vers le sud.

Et il ira embrasser les enfants.

BIBLIOGRAPHIE

Sur les Jésuites

Pour une plus grande gloire de Dieu. Les missions jésuites, Philippe Lécrivain, Gallimard Découvertes.

Les Jésuites, spiritualité et activités, jalons d'une histoire, Editions Beauchesne-Paris/Centrum Ignatianum-Rome, 1974.

Les Caractéristiques de l'éducation jésuite, Maison Généralice des Jésuites, Rome, 1987.

The Jesuits, 1534-1921, Thomas J. Campbell s.j., 1921, Bibliothèque de Loyola College, Chennai (Madras).

Les Jésuites et l'intouchabilité au Tamil Nadu, thèse présentée par le père Alphonse Manickam à l'Ecole pratique des hautes études.

Les Jésuites, une multibiographie, par Jean Lacouture, Seuil, 1991.

Grandes voix jésuites du XXe siècle, sélection de la revue *Etudes*, présentation d'Henri Madelin, Bayard, 2002. De ce livre est tiré le témoignage du père Teilhard de Chardin sur la « nostalgie du front ».

Les Jésuites de France, par Jean-Claude Dhôtel, s.j., Desclée de Brouwer-Bellarmin, 1987.

Born again Jesuits Back in Tamil Nadu, par Leonard Fernando et Bernard D'Sami, Province jésuite du Madurai, 2002.

Les Jésuites, histoire de pouvoirs, par Alain Woodrow, Hachette Pluriel, 1991.

Sur la Corrèze

Le Monument, Claude Duneton, Balland, 2003

La Corrèze, 1900-1920, mémoire d'hier, Lucien Most, préface de Michel Peyramaure, éditions de Borée.

Sur l'Inde et le Tibet

Cette nuit la liberté, par Dominique Lapierre et Larry Collins, Robert Laffont, 1975.

Pour l'amour de l'Inde, Catherine Clément, Flammarion, 1993.
Promenade en Inde, Alexandre Kalda, Grasset, 1997.
Le Voyage en Asie centrale et au Tibet. Anthologie des voyageurs occidentaux du Moyen Age à la première moitié du XXe siècle, sous la direction de Michel Jan, Robert Laffont, 1992.
« L'Inde (sans les Anglais) » de Pierre Loti (1903) et le « Mahatma Gandhi » de Romain Rolland (1924) ont été republiés dans *L'Inde, des rêves des peuples et des dieux*, anthologie de textes réunis et présentés par Christine Guyot-Clément et Jean Clément, Omnibus, 1997.
La Découverte de l'Inde, par Nehru, traduit de l'anglais par Catherine Richard et Dominique Vitalyos, Editions Philippe Picquier, 2002.
Lueurs de l'Inde, par Octavio Paz, traduit de l'espagnol par Jean-Claude Masson, Gallimard, 1997.
La Nuit de l'indigo, Satyajit Ray, Presses de la Renaissance, 1987.
L'Inde contemporaine, de 1950 à nos jours, sous la direction de Christophe Jaffrelot, Fayard, 1997. Très complet et très instructif. La partie sur le bilan des années Nehru et l'affaire Niyogi se réfèrent à cet ouvrage.
Journal du père missionnaire Joseph Bulteau, à bord du « Sphinx » en 1927, site internet des Messageries Maritimes.

Sur le Cambodge

« Dans les camps de réfugiés cambodgiens », le père Pierre Ceyrac, revue *Chine, Maduré, Madagascar* n° 191, février-mars 1983.
Le Livre de Giao, au cœur du Vietnam, par Nguyen Huu Giao, préface de Bernard Kouchner, édition établie par France-Aimée Nguyen, La Table ronde, 2004.

Ouvrages spirituels

Œuvres de Maître Eckhart, sermons-traités, préface de Jean-Pierre Lombard, Gallimard, 1987.
Le Chemin de la perfection, sainte Thérèse d'Avila, Seuil, 1961.
Le Milieu Divin, Pierre Teilhard de Chardin, Seuil, 1957.
L'Action, Maurice Blondel, 1931.
Dictionnaire de la théologie chrétienne, Encyclopædia Universalis/ Albin Michel, préface de Jacques Duquesne, 1998.
Frère François, Julien Green, Seuil, 1983.
Journal d'un théologien, 1946-1956, par Yves Congar, édité et présenté par Etienne Fouilloux, Cerf, 2000.
Pèlerin des frontières, Pierre Ceyrac, propos recueillis par Paul de Sinety, préface de Maurice Joyeux, Cerf, 1998.
Tout ce qui n'est pas donné est perdu, le Père Ceyrac, propos recueillis par Paul de Sinety, Desclée de Brouwer, 2000.

REMERCIEMENTS

Le père Ceyrac a accepté de se confier, en répondant à toutes mes questions, même les plus saugrenues, au cours de nombreux entretiens. Il m'a laissé une liberté rare tout au long de ce projet. Qu'il en soit ici chaleureusement remercié.

Ce livre n'aurait jamais vu le jour sans l'initiative de Xavier de Bartillat, la confiance de bout en bout de Véronique Ponchet-Harris et le soutien du père Maurice Joyeux.

J'exprime ma gratitude à Franz-Olivier Giesbert, directeur du *Point*, qui m'a permis de rencontrer le père Ceyrac, ainsi qu'à Fabien Roland-Lévy et à Emilie Lanez, responsables du service société du *Point*, qui sont à l'origine de cette aventure. J'y associe Jean-Michel Blanquer, témoin de la première heure.

Il serait difficile de citer toutes les personnes qui ont bien voulu me livrer leurs témoignages, ils reconnaîtront ce que cet ouvrage leur doit au fil des pages. Je tiens à remercier particulièrement Bernard Ceyrac, dont le travail minutieux de mémoire m'a été très précieux pour reconstituer la jeunesse et l'environnement familial du père Ceyrac, Alix Ponchet de Langlade et François Ceyrac, pour avoir ravivé leurs souvenirs, ainsi que Bernadette Chirac, Bernard Kouchner et Alain Deloche, pour leurs confidences, malgré des emplois du temps serrés.

Je salue pour leurs soutiens amicaux Sandrine, Muriel et Pascal, Caroline et Laurent, Aude et Christophe, Sophie et Jean-Michel, Sally et Alexandre, Amélie et Karim, Diane et Olivier, Marion et Serge, Isabelle et Frédéric, Eléonore et Thierry, Christine et Jean-Baptiste, Nathalie et Nicolas, Caroline et Patrick, Agnès et Laurent, Eric, Estelle, Juliette, Martin et Philippe. Mention spéciale pour les Basques Caroline et Franck, Nicole et Robert, les Corréziens Joëlle et Francis, ma sœur Agathe, mon frère Romain et mon neveu Félix.

J'embrasse tendrement mes parents, Annie et Jean-Pierre Cordelier, et les remercie pour « la maison aux volets bleus ».

Enfin, je pense à mes grands-parents, Louis et Jeanne Cordelier, dont j'ai pu constater que le souvenir est toujours présent en Corrèze, Madeleine et Robert Goujet, ainsi qu'à mes soeurs, Delphine et Olivia, et à ma tante, Michèle-Annie.

TABLE

La photocomposition de cet ouvrage
a été réalisée par
GRAPHIC HAINAUT
59163 Condé-sur-l'Escaut

Cet ouvrage a été imprimé par la
SOCIÉTÉ NOUVELLE FIRMIN-DIDOT
Mesnil-sur-l'Estrée
pour le compte des Éditions Perrin
76, rue Bonaparte
Paris 6e
en septembre 2004

Imprimé en France
Dépôt légal : octobre 2004
N° d'édition : 1951 - N° d'impression : 70241